Job?

나는 빅데이터 전문가가 될 거야!

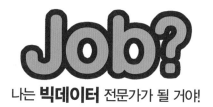

Job?

나는 **빅데이터** 전문가가 될 거야!

Special 05

정용석 글 | **허재호** 그림

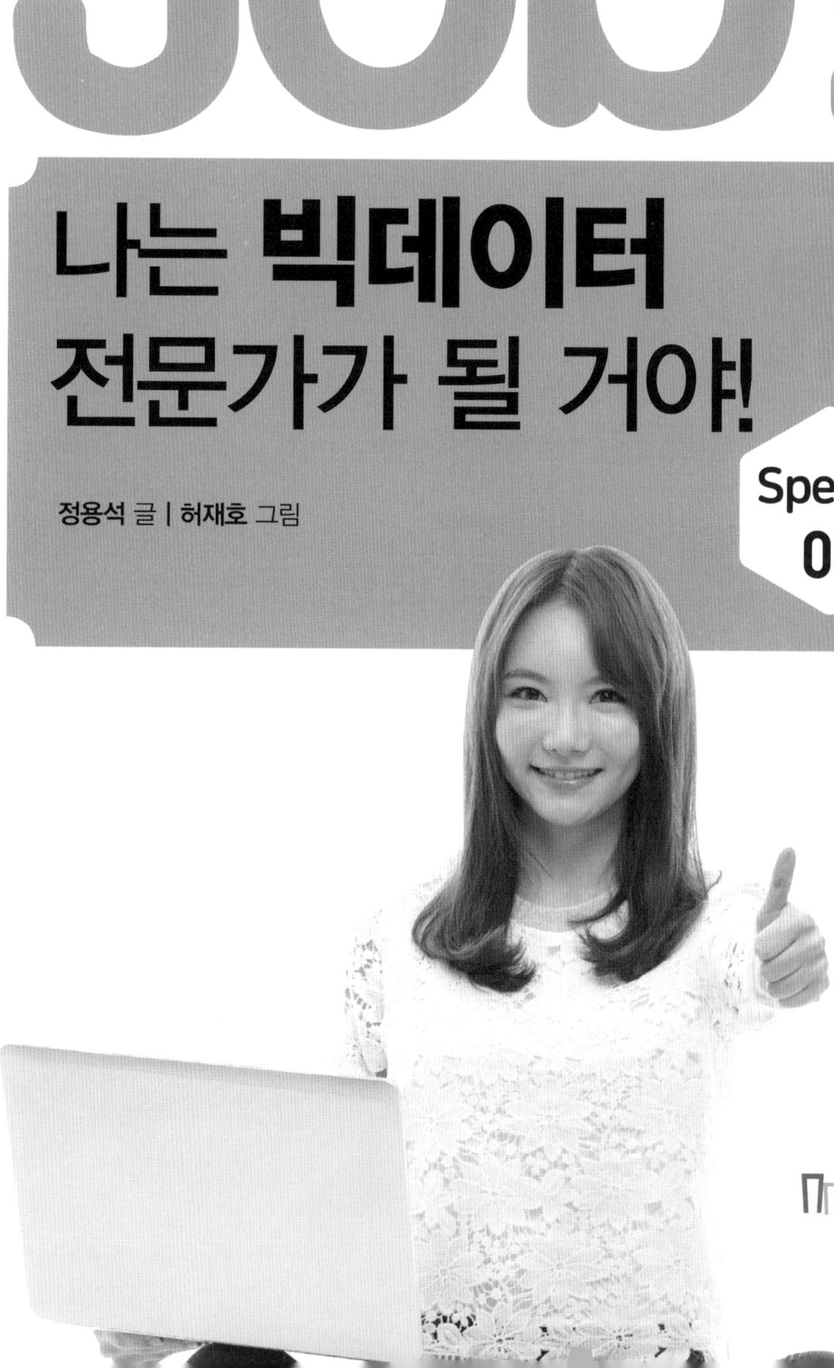

국일아이

차례

직업 탐험 워크북 | 나는 **빅데이터** 전문가가 될 거야!

등장인물

에이스

사건 해결에 탁월한 능력을 보이는 탐정계의 에이스다. 뭐든지 알아내고야 마는 성격 덕에 일을 그르치는 경우가 간혹 있다. 머리로 모든 것을 계산하고 추리하는 비상한 능력자이지만 IT 분야에 취약하다. 그러던 어느 날 사건을 의뢰받는데….

민

탁월한 자료 조사 능력과 서포터 능력으로 에이스를 보좌하는 최고의 조수다. 에이스가 엉뚱한 짓을 할 때마다 옆에서 말리기도 한다. IT에 관한 지식이 수준급이어서 에이스의 부족한 부분을 채워 주고 돕는다.

Dr. 데이터

백두 그룹의 빅데이터 분석가로 에이스에게 사건을 의뢰한다. 괴도X가 저지른 범죄로 백두 그룹의 피해가 막대하니 꼭 잡아 달라는 것이다. 악의는 없어 보이지만 어딘지 모르게 수상한 Dr. 데이터! 그의 정체는 무엇일까?

허탕만 형사

직감이 뛰어난 형사로 탐정인 에이스와 친밀한 관계다. 괴도X의 사건을 개인적으로 조사하여 괴도X의 비밀을 파헤치려 한다. 에이스가 괴도X 사건을 의뢰받았다는 소식을 듣고 자신이 찾은 정보를 알려 준다.

나재벌 회장

세계 최고의 기업인 백두 그룹의 회장이다. 괴도X 사건 의뢰를 뒤에서 지시한 인물이기도 하다. 모든 것이 수상한데 그의 알리바이에는 빈틈이 없다. 과연 그가 숨기고 있는 것은 무엇일까?

괴도X

빅데이터를 이용하여 백두 그룹을 타깃으로 악명 높은 범죄를 일으킨다. 괴도X의 정체는 수수께끼에 쌓여 있고 아무도 그 정체를 알지 못한다. 탐정계의 에이스가 그 정체를 밝히려 하는데…. 과연 괴도X는 누구인가?

꿈을 찾아가는
꿈나무를 위한 길잡이

허영만 화백이 그린 만화 《식객》이 한국 음식 문화의 품격과 철학의 깊이를 더한 '음식 문화서'라고 한다면, 《job?》 시리즈는 '바라고 꿈꾸는 것을 이루기 위해 줄기차게 노력하면 반드시 꿈은 이루어진다'는 교육 철학을 담은 직업 관련 학습 만화입니다. 어린이와 청소년들이 만화를 통해 각 분야의 직업을 이해하고, 스스로 장래 희망을 설정하는 데 도움을 주는 진로 교육서이기도 합니다.

꿈과 희망은 사람을 움직이는 가장 강력한 에너지입니다. 꿈과 희망이 있는 사람은 밝고 활기찹니다. 그리고 호기심과 열정이 가득해서 지루할 틈이 없이 부지런합니다. 특히 어린이와 청소년들에게 꿈과 희망은 삶을 긍정적으로 바라보게 하는 가장 강력한 버팀목 역할을 합니다.

어른이 되어 이루는 성공과 성취는 어린 시절부터 바랐던 꿈과 희망이 이뤄 낸 결과입니다. 링컨과 케네디, 빌 게이츠와 오바마, 이들은 어린 시절에 꾸었던 꿈과 희망을 실현하기 위해 노력한 사람들입니다. 삼성을 일류 기업으로 이끈 고(故) 이병철 회장이나 우리나라 경제 발전에 초석을 다진 현대그룹의 고(故) 정주영 회장도 어린 시절의 꿈을 실현한 대표적인 사람입니다. 꿈과 희망 안에는 미래를 변하게 하는 놀라운 능력이 숨어 있습니다. 꿈과 희망을 품고 노력하면 바라던 것이 이루어집니다.

어린이와 청소년들이 스스로 미래를 준비할 수 있도록 도움을 주고자 기획한 《job?》 시리즈는 우리 사회 각 분야의 직업을 다루고 있습니다. 어떤 분야의 직업을 갖고 사는 것이 좋으며 가치 있을지를 만화 형식을 빌려서 설명하여 이해뿐 아니라 재미까지 더하였습니다.

그동안 직업을 소개하는 책은 많았지만, 어린이 눈높이에 맞춘 직업 관련 안내서는 드물었습니다. 이 책의 차별성은 바로 여기에 있습니다. 단순히 각각의 직업이 무슨 일을 하는지를 소개하는 데 그치지 않고 사회적 측면에서 바라본 직업의 존재 이유와 작용 원리를 적절한 용어를 사용하여 어린 독자들의 이해를 돕습니다. 자칫 딱딱할 수 있는 직업 이야기를 맛깔스러운 대화와 재미있는 전개로 설명하여 효과적인 진로 안내서 역할도 합니다.

이 책이 어린이와 청소년들에게 세상의 여러 직업을 깊이 이해하고 자신의 미래를 여는 데 도움을 줄 것이라 기대합니다. 아울러 장차 세계를 이끌 주인공이 될 어린이와 청소년들이 직업과 관련해서 멋진 꿈과 희망을 얻길 바랍니다.

문용린(서울대학교 교육학과 명예교수)

작가의 말

미래를 그리는 기술, 빅데이터를 아나요?

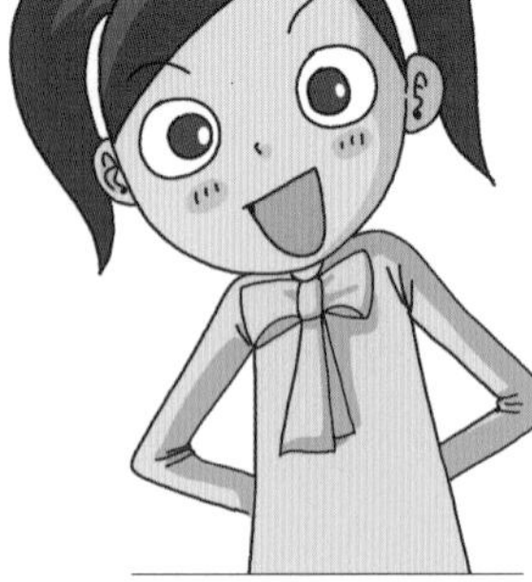

여러분, 스마트폰을 사용하고 있나요? 현재 우리가 읽는 텍스트의 양은 과거와 비교할 수 없을 정도로 많습니다. 그만큼 우리가 많은 정보를 수용하고 의견을 표현한다는 소리죠. 예전에는 필요한 정보를 찾으려면 정보를 열람할 수 있는 곳, 예를 들어 도서관 같은 곳으로 직접 가야 했지요. 하지만 지금은 스마트폰이나 컴퓨터로 검색하기만 하면 언제든 간단하고 쉽게 정보를 얻을 수 있습니다.

이런 모든 정보를 바로 빅데이터라고 불러요. 우리가 쓰는 스마트폰 애플리케이션, 예를 들어 날씨, 지도, 교통 관련 앱 등이 바로 빅데이터를 이용하여 만든 것이에요. 그리고 사려는 물건을 검색하는 순간! 여러분이 찾는 물건과 비교할 수 있는 다른 물건을 보여 주기 시작하죠. 우리도 모르는 사이에 이미 빅데이터는 일상생활의 큰 부분을 차지하고 있답니다.

빅데이터는 공공 기관은 물론 기업에 꼭 필요합니다. 빅데이터를 바탕으로 기상 예보는 물론 마케팅에도 활용하고 있지요. 또한 빅데이터를 이용해서 범죄 수사도 할 수 있답니다. 이미 수사 기관에서 빅데이터를 이용해서 많은 범죄 사건을 해결하고 있습니다. 앞으로 빅데이터가 또 어디에 쓰일지 기대되지 않나요?

《job? 나는 빅데이터 전문가가 될 거야!》는 빅데이터를 활용하여 부가 가치를 창출하고 미래를 예측하여 주도적으로 개척할 수 있도록 돕는 빅데이터 전문가에 관해 재미있게 소개하고 있어요.

꿈나무들이 이 책을 읽고 빅데이터에 관심을 갖고 빅데이터를 활용하여 더욱 창조적인 미래를 만드는 빅데이터 전문가가 되기를 바랍니다.

글쓴이 **정용석**

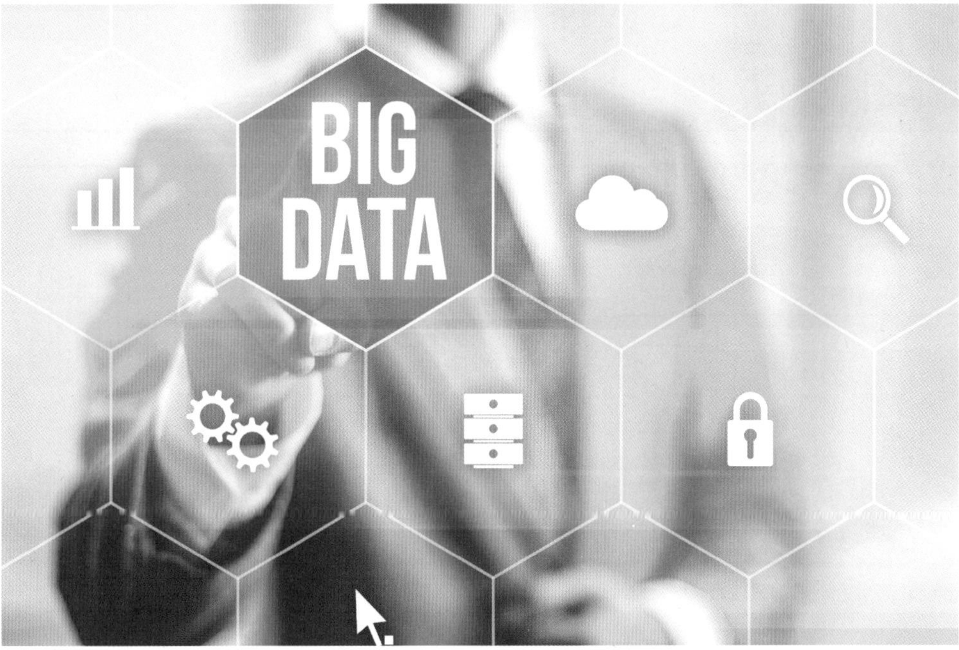
BIG
DATA

Dr. 데이터의 의뢰

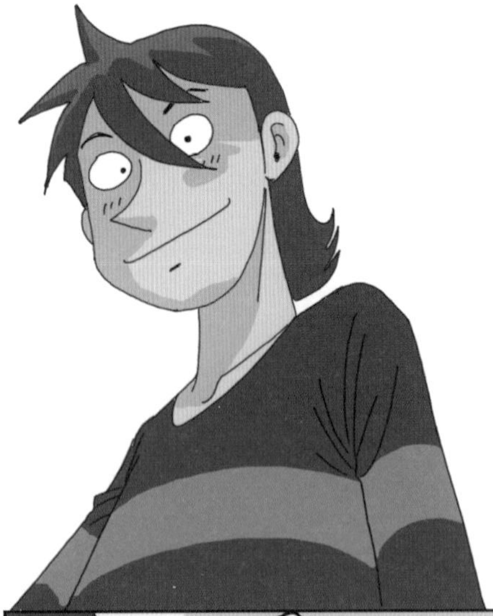

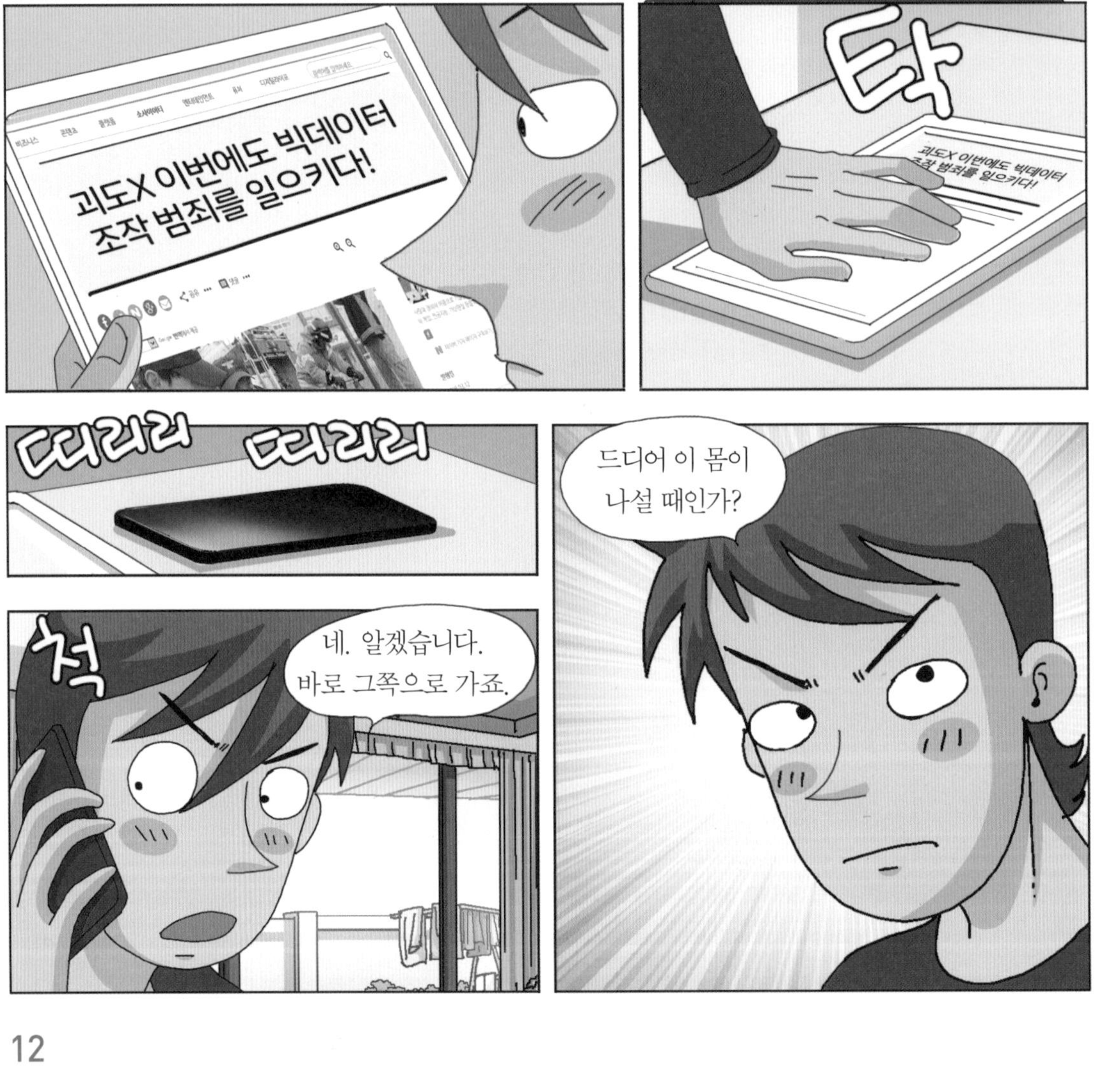
괴도X 이번에도 빅데이터
조작 범죄를 일으키다!
탁
괴도X 이번에도 빅데이터
조작 범죄를 일으키다!
띠리리 띠리리
드디어 이 몸이
나설 때인가?
척
네. 알겠습니다.
바로 그쪽으로 가죠.

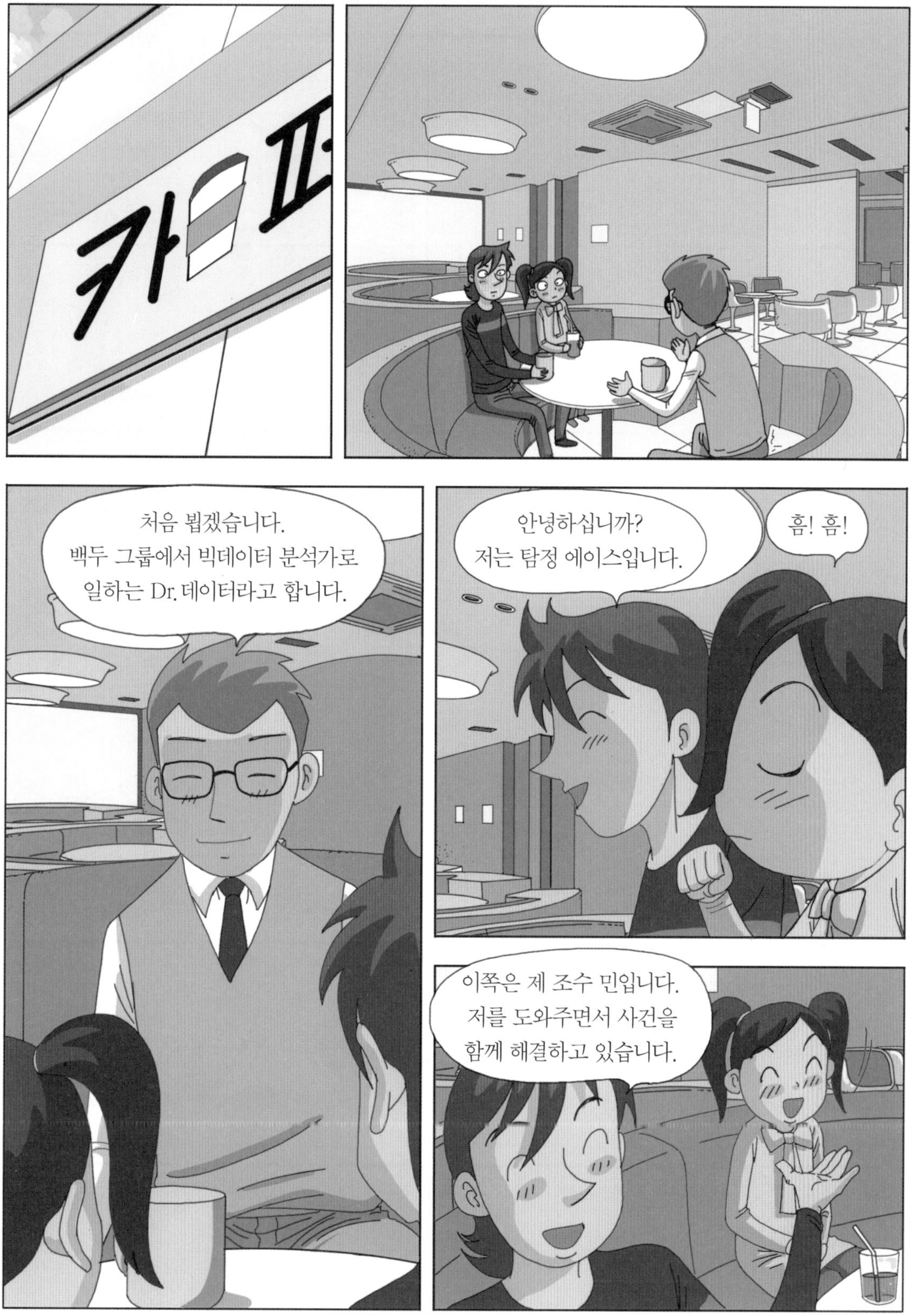
카페
처음 뵙겠습니다.
백두 그룹에서 빅데이터 분석가로
일하는 Dr. 데이터라고 합니다.
안녕하십니까?
저는 탐정 에이스입니다.
흠! 흠!
이쪽은 제 조수 민입니다.
저를 도와주면서 사건을
함께 해결하고 있습니다.

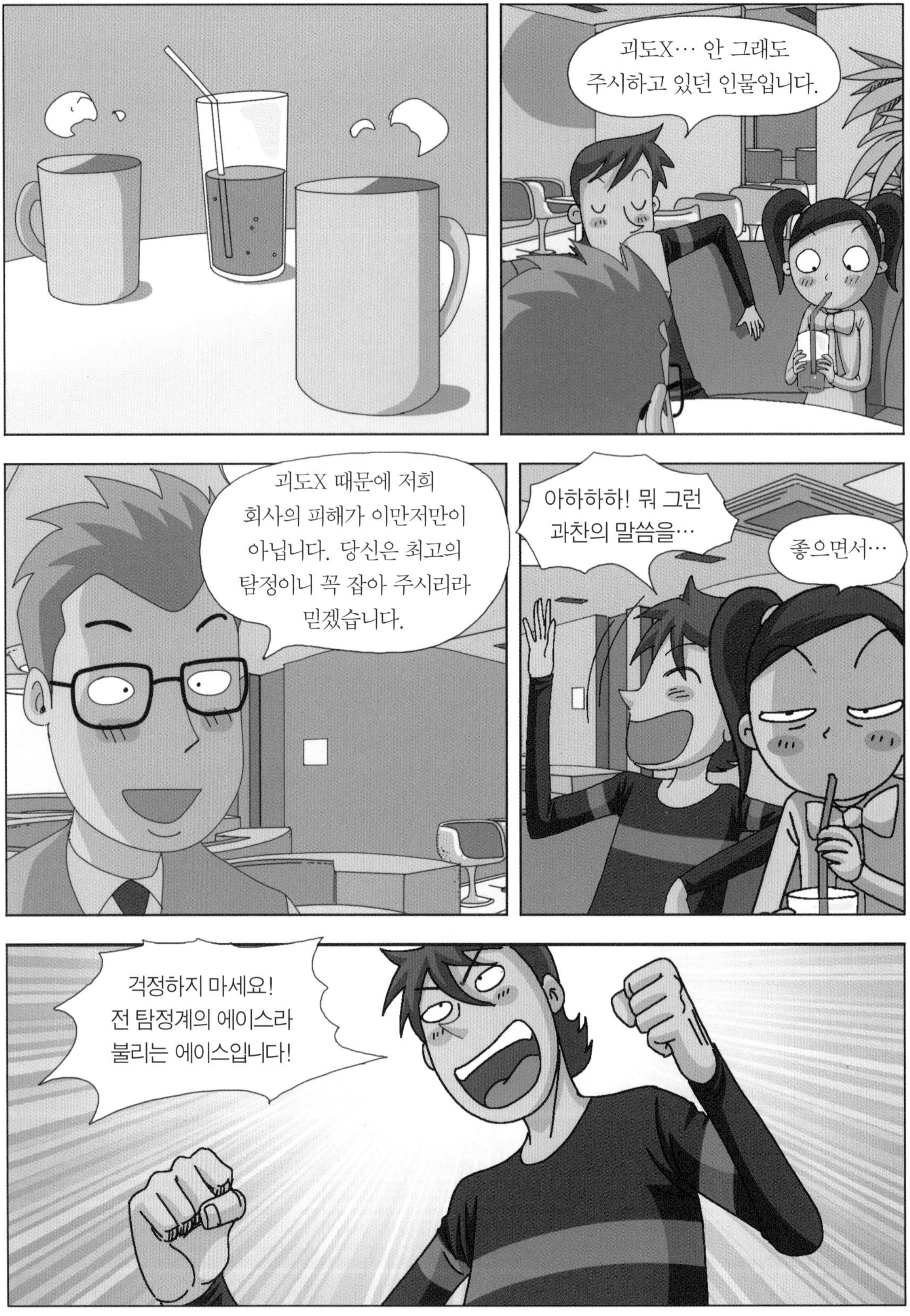

괴도X… 안 그래도
주시하고 있던 인물입니다.
괴도X 때문에 저희
회사의 피해가 이만저만이
아닙니다. 당신은 최고의
탐정이니 꼭 잡아 주시리라
믿겠습니다.
아하하하! 뭐 그런
과찬의 말씀을…
좋으면서…
걱정하지 마세요!
전 탐정계의 에이스라
불리는 에이스입니다!

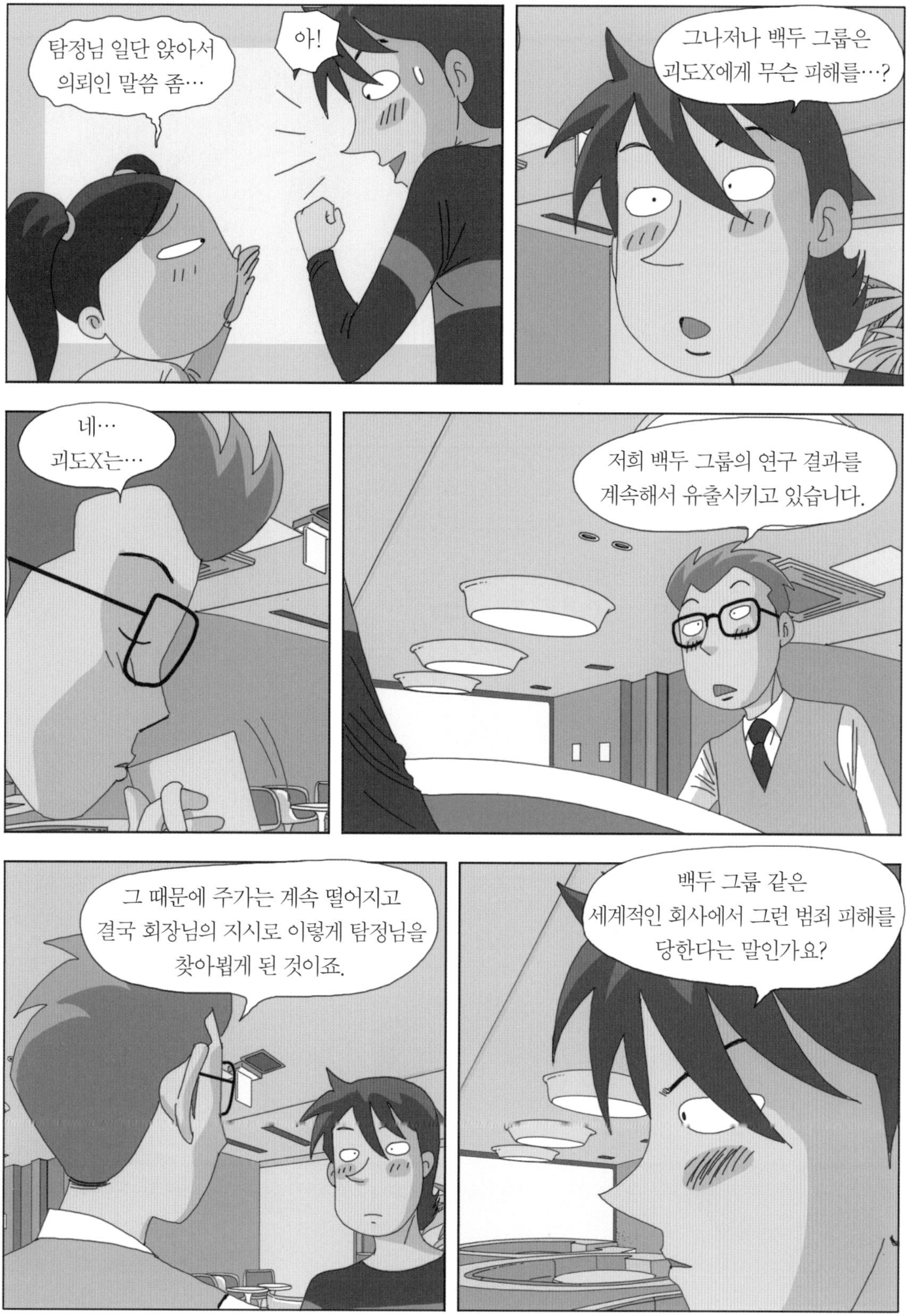
탐정님 일단 앉아서 의뢰인 말씀 좀…
아!
그나저나 백두 그룹은 괴도X에게 무슨 피해를…?
네… 괴도X는…
저희 백두 그룹의 연구 결과를 계속해서 유출시키고 있습니다.
그 때문에 주가는 계속 떨어지고 결국 회장님의 지시로 이렇게 탐정님을 찾아뵙게 된 것이죠.
백두 그룹 같은 세계적인 회사에서 그런 범죄 피해를 당한다는 말인가요?

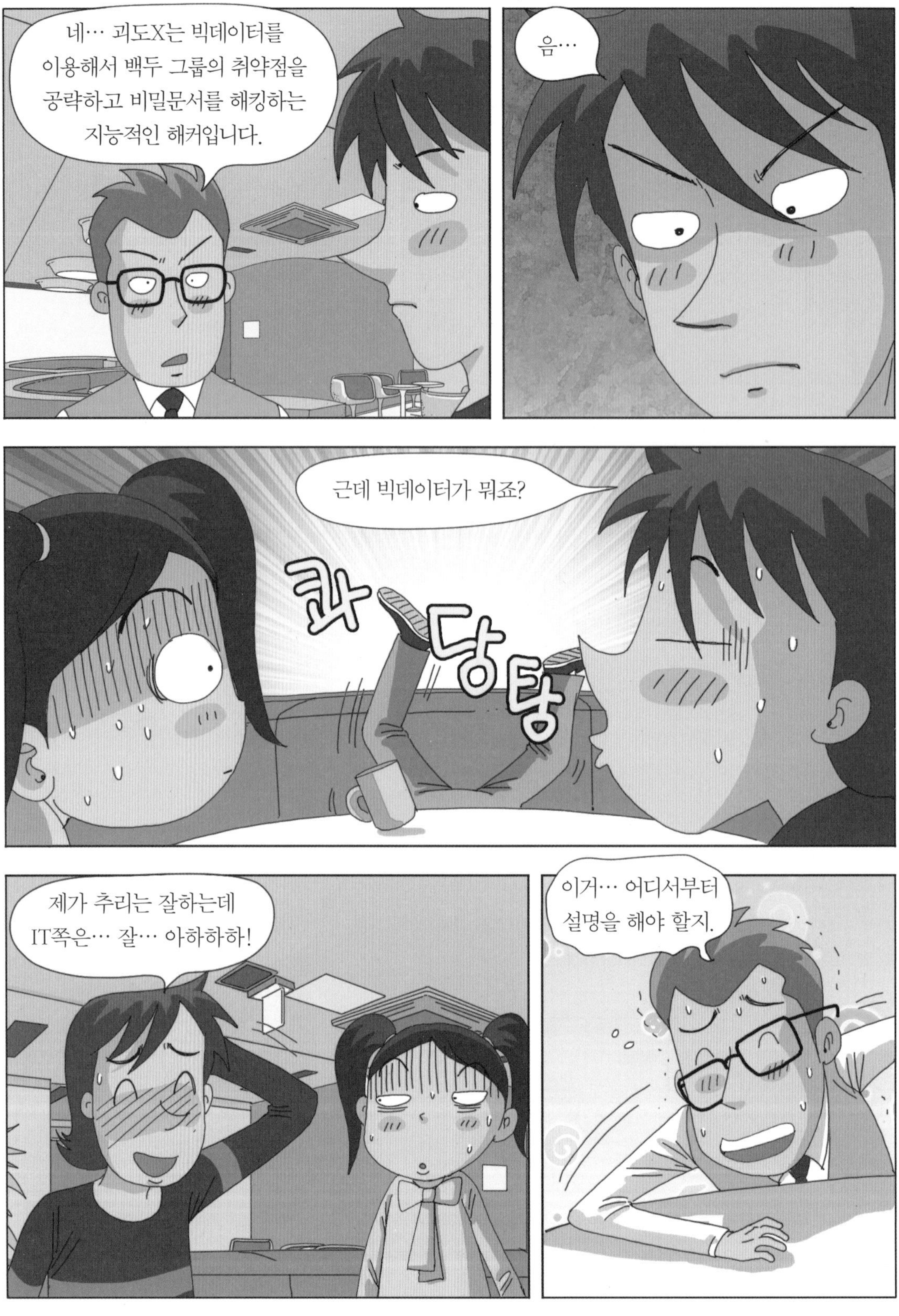
네… 괴도X는 빅데이터를 이용해서 백두 그룹의 취약점을 공략하고 비밀문서를 해킹하는 지능적인 해커입니다.
음…
근데 빅데이터가 뭐죠?
콰당탕
제가 추리는 잘하는데 IT쪽은… 잘… 아하하하!
이거… 어디서부터 설명을 해야 할지.

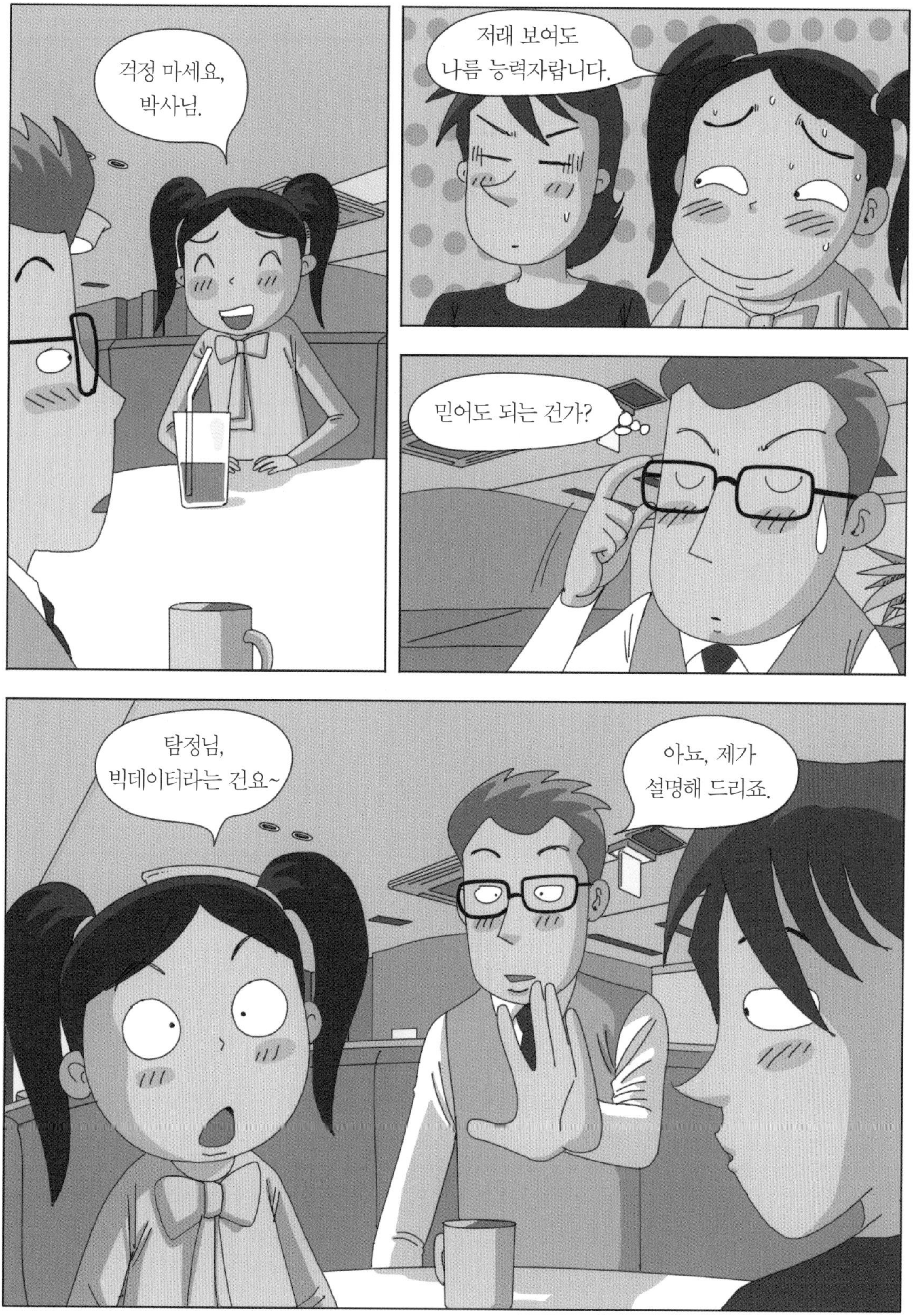
걱정 마세요,
박사님.
저래 보여도
나름 능력자랍니다.
믿어도 되는 건가?
탐정님,
빅데이터라는 건요~
아뇨, 제가
설명해 드리죠.

지금의 현대 사회는 모든 것이
데이터화되어 있습니다.

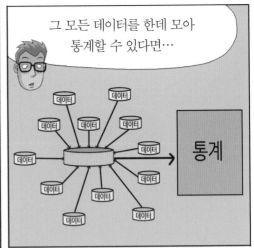

그 모든 데이터를 한데 모아
통계할 수 있다면…

데이터
데이터
데이터
데이터
데이터
데이터
데이터
데이터
데이터
데이터
데이터

통계

좀 더 편한 삶…
응?

머 엉~

정말 탐정 맞아?

조금 쉽게 설명해 드리죠.
밖을 보세요.

?

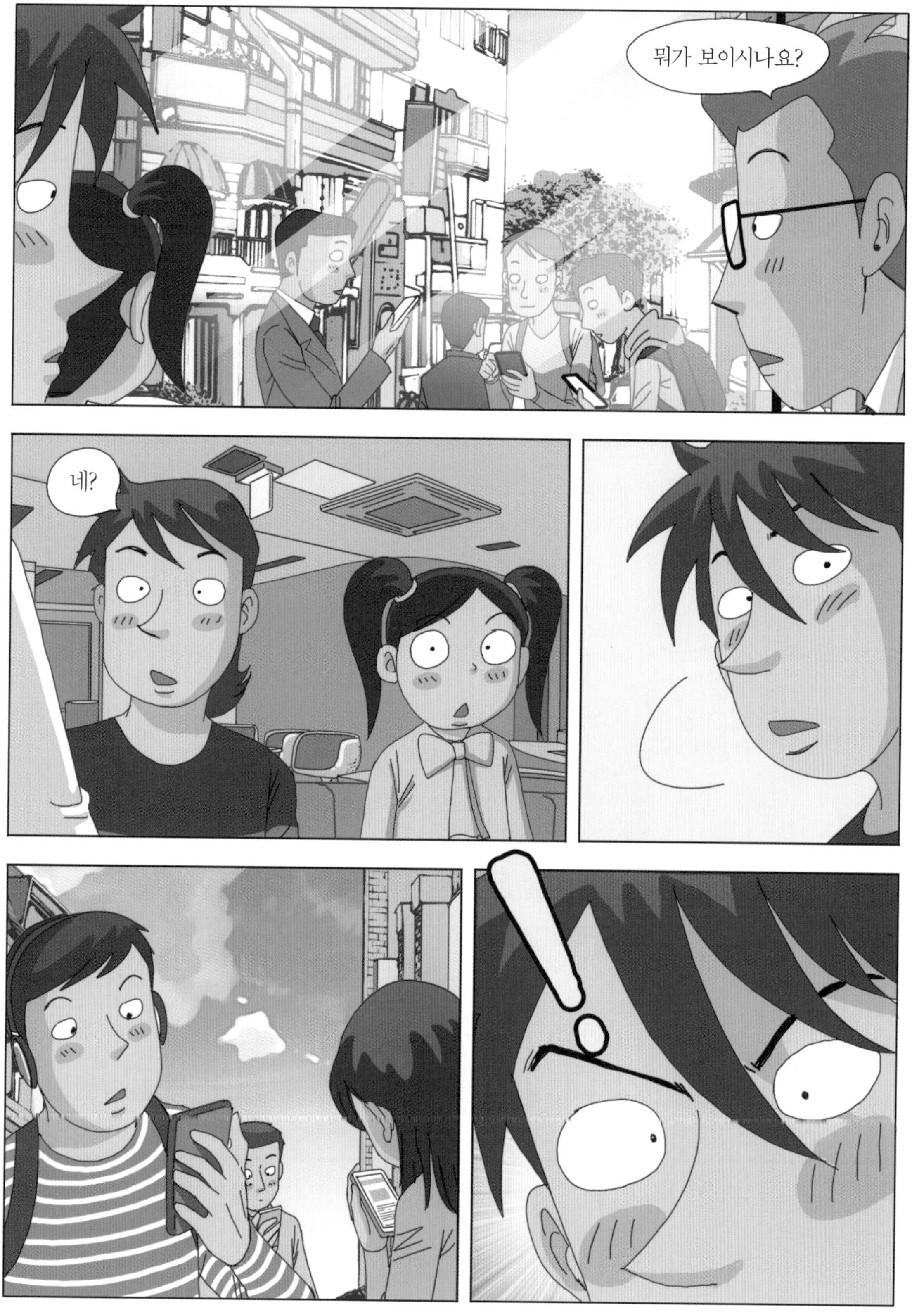
뭐가 보이시나요?
네?
!

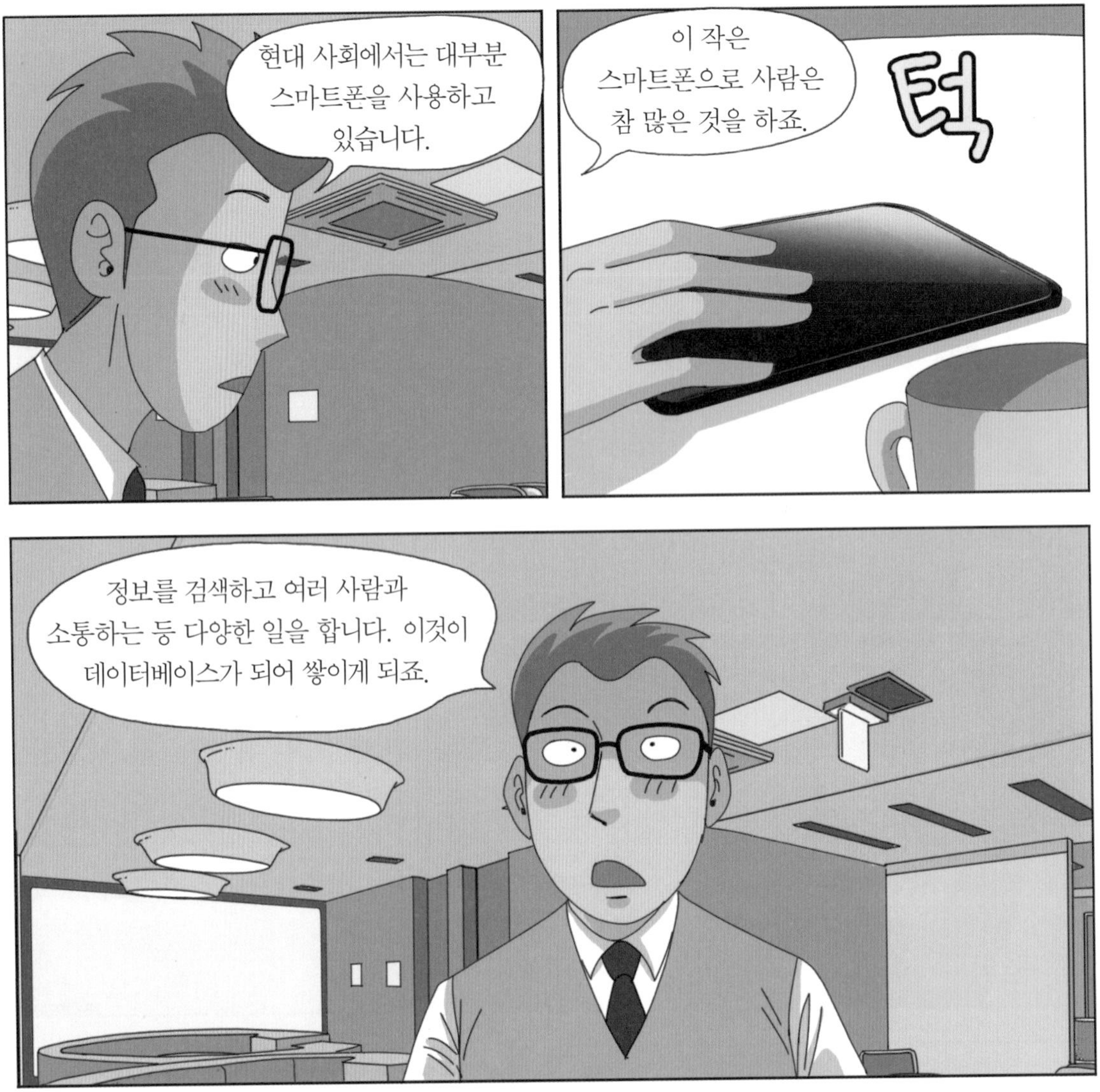
현대 사회에서는 대부분 스마트폰을 사용하고 있습니다.
이 작은 스마트폰으로 사람은 참 많은 것을 하죠.
턱
정보를 검색하고 여러 사람과 소통하는 등 다양한 일을 합니다. 이것이 데이터베이스가 되어 쌓이게 되죠.

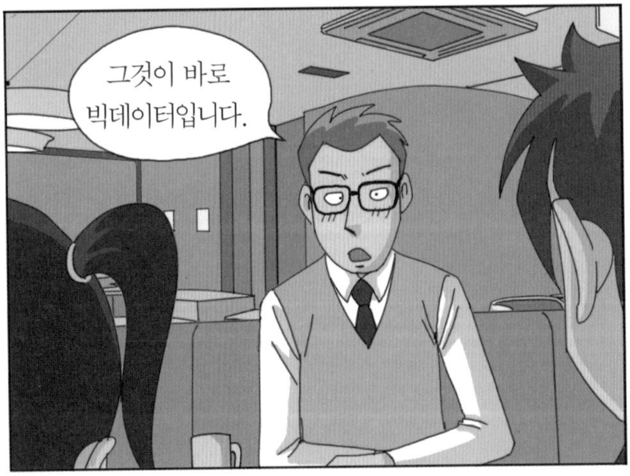
그것이 바로 빅데이터입니다.

빅데이터

빅데이터는 디지털 환경에서 생성되는 수치와 문자, 영상 데이터를 포함하는 대규모 데이터를 말해요. 교통, 정치, 기후 등 생활 전반에 걸쳐 방대한 데이터를 분석해서 의미 있는 정보를 찾아내는 일이 미래 경쟁력을 좌우한답니다.

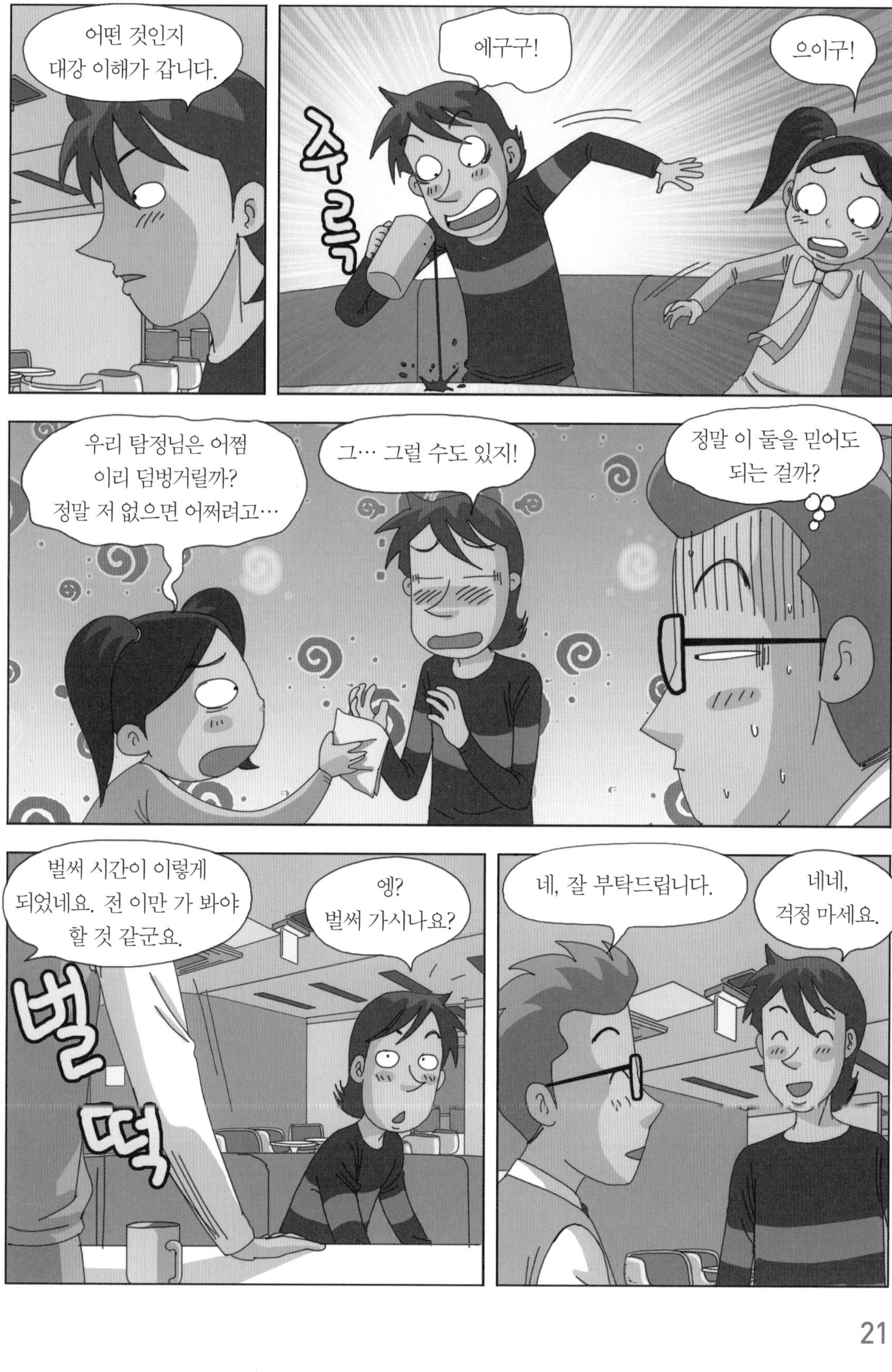
어떤 것인지
대강 이해가 갑니다.
에구구!
주르륵
으이구!
우리 탐정님은 어쩜
이리 덤벙거릴까?
정말 저 없으면 어쩌려고…
그… 그럴 수도 있지!
정말 이 둘을 믿어도
되는 걸까?
벌써 시간이 이렇게
되었네요. 전 이만 가 봐야
할 것 같군요.
벌떡
엥?
벌써 가시나요?
네, 잘 부탁드립니다.
네네,
걱정 마세요.

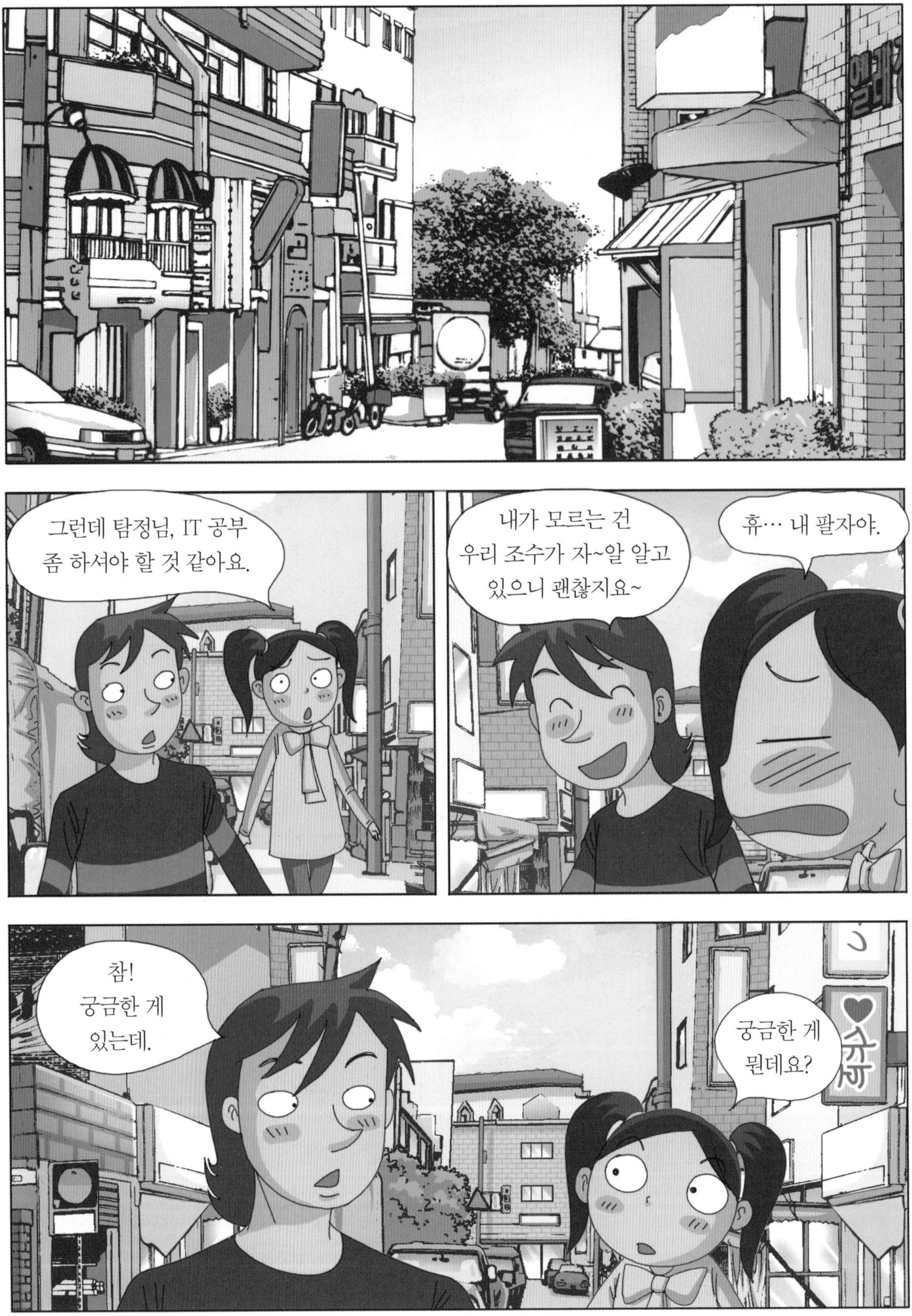
그런데 탐정님, IT 공부 좀 하셔야 할 것 같아요.
내가 모르는 건 우리 조수가 자~알 알고 있으니 괜찮지요~
휴… 내 팔자야.
참! 궁금한 게 있는데.
궁금한 게 뭔데요?

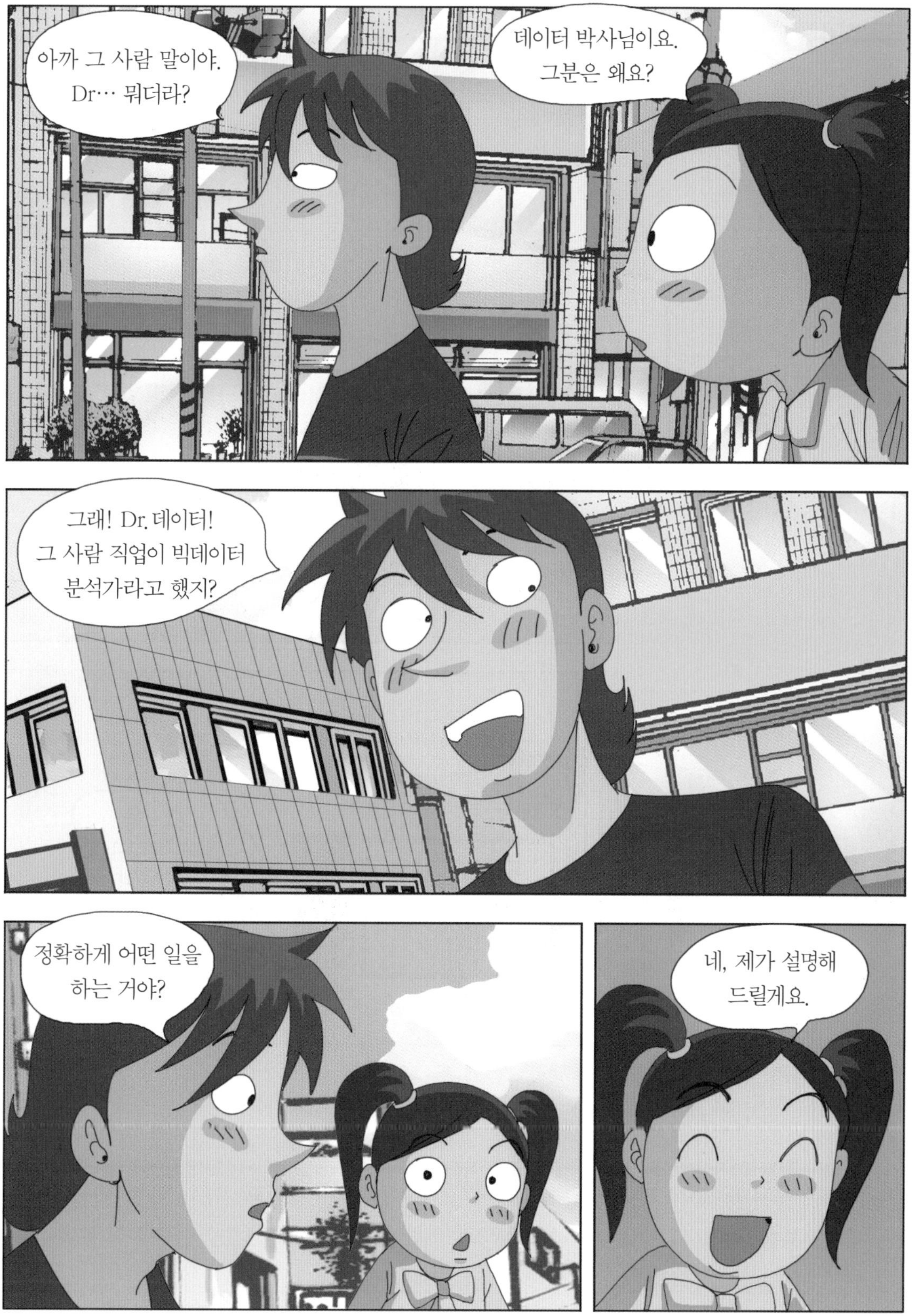
아까 그 사람 말이야. Dr… 뭐더라?
데이터 박사님이요. 그분은 왜요?
그래! Dr. 데이터! 그 사람 직업이 빅데이터 분석가라고 했지?
정확하게 어떤 일을 하는 거야?
네, 제가 설명해 드릴게요.

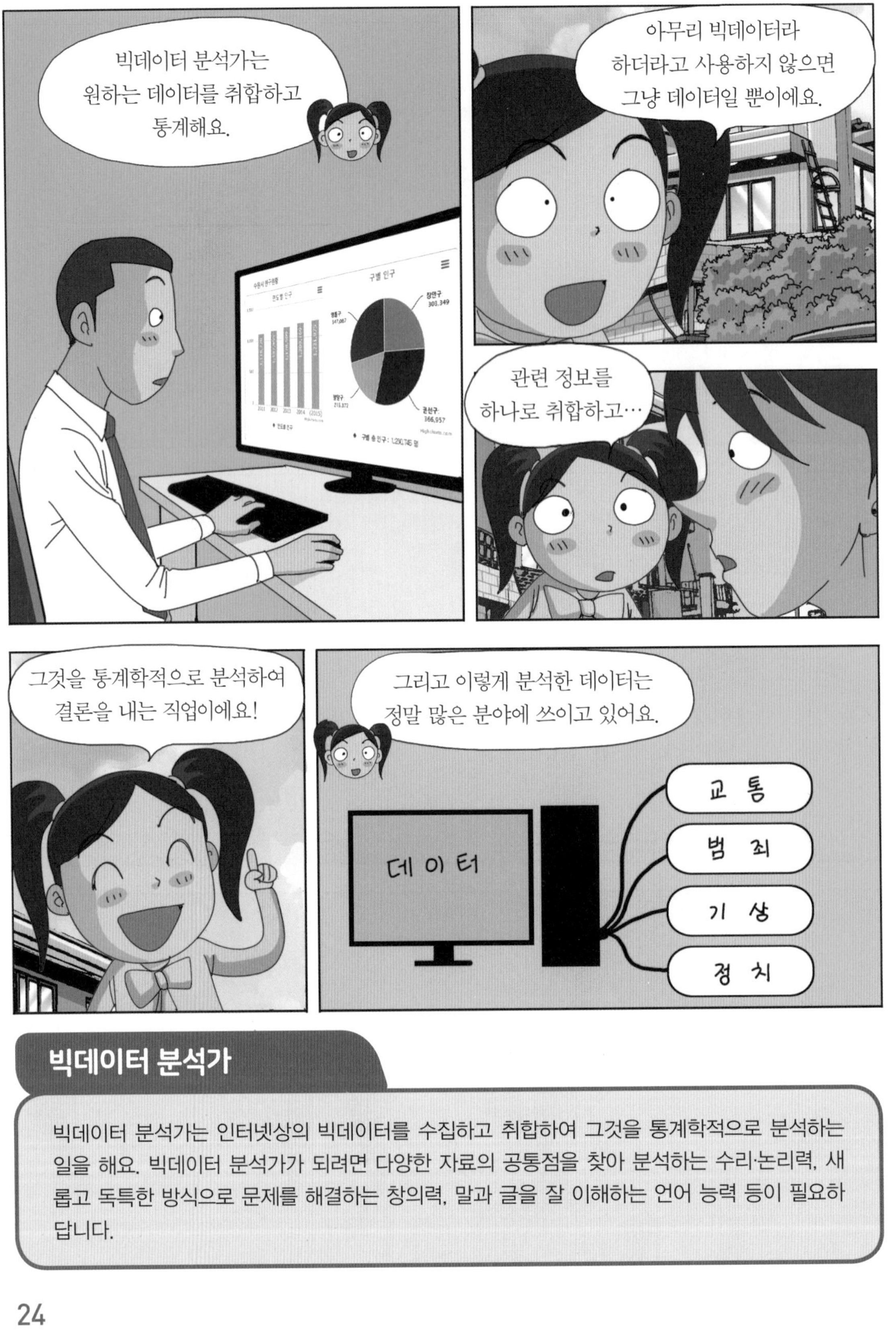
빅데이터 분석가는 원하는 데이터를 취합하고 통계해요.
아무리 빅데이터라 하더라고 사용하지 않으면 그냥 데이터일 뿐이에요.
관련 정보를 하나로 취합하고…
그것을 통계학적으로 분석하여 결론을 내는 직업이에요!
그리고 이렇게 분석한 데이터는 정말 많은 분야에 쓰이고 있어요.
데이터
교통
범죄
기상
정치

빅데이터 분석가

빅데이터 분석가는 인터넷상의 빅데이터를 수집하고 취합하여 그것을 통계학적으로 분석하는 일을 해요. 빅데이터 분석가가 되려면 다양한 자료의 공통점을 찾아 분석하는 수리·논리력, 새롭고 독특한 방식으로 문제를 해결하는 창의력, 말과 글을 잘 이해하는 언어 능력 등이 필요하답니다.

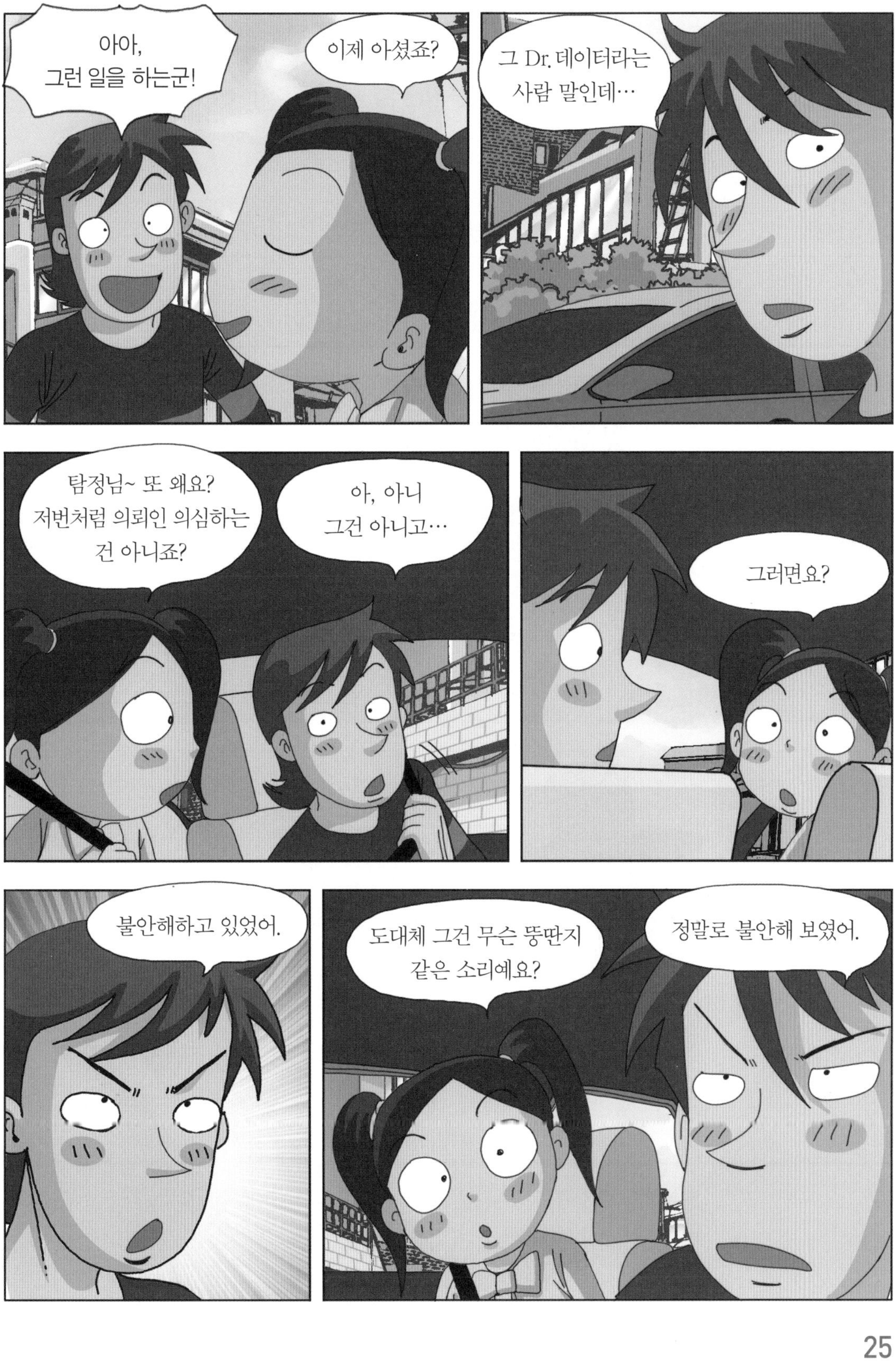
아아,
그런 일을 하는군!
이제 아셨죠?
그 Dr. 데이터라는
사람 말인데…
탐정님~ 또 왜요?
저번처럼 의뢰인 의심하는
건 아니죠?
아, 아니
그건 아니고…
그러면요?
불안해하고 있었어.
도대체 그건 무슨 뚱딴지
같은 소리예요?
정말로 불안해 보였어.

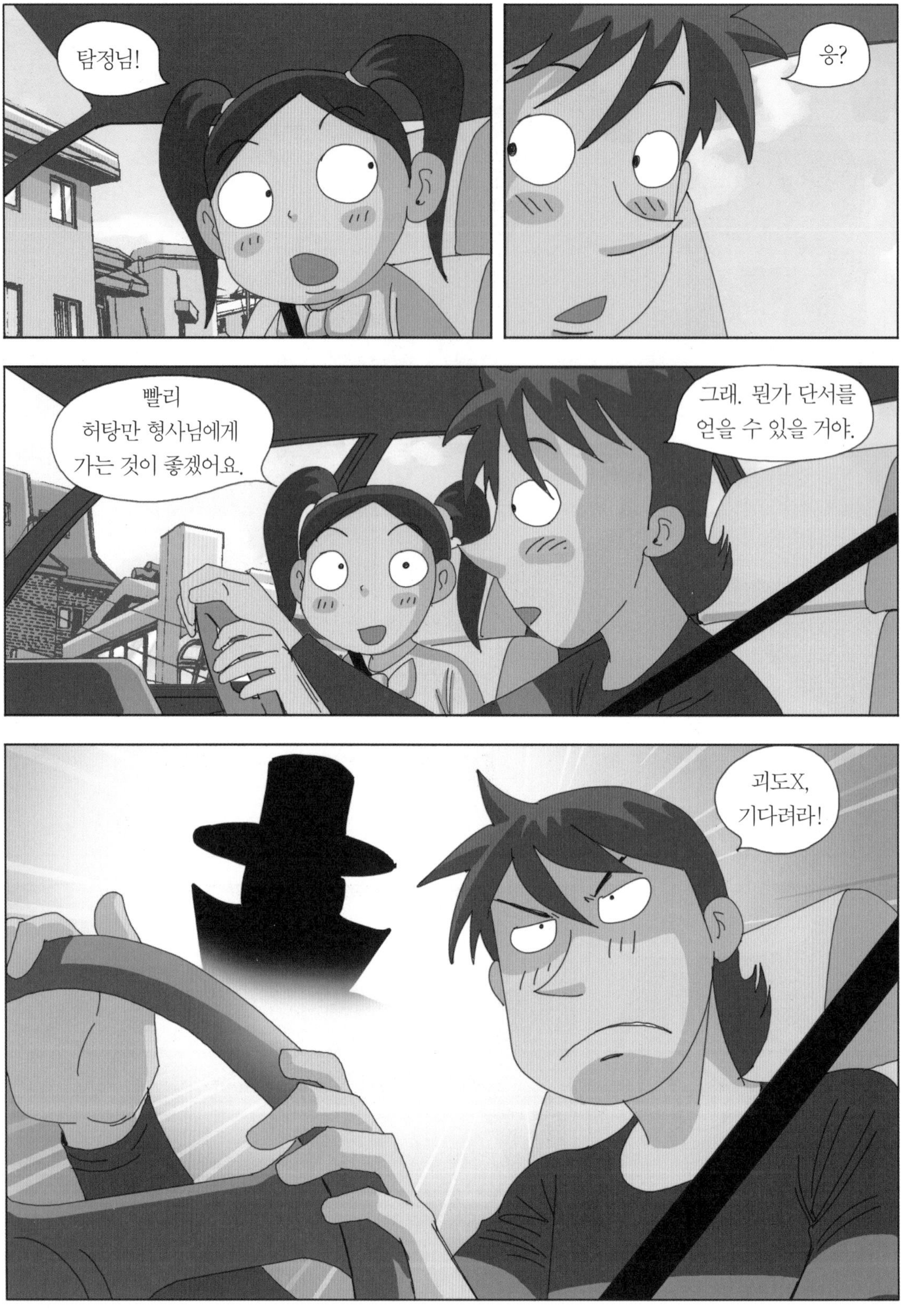
탐정님!
응?
빨리 허탕만 형사님에게 가는 것이 좋겠어요.
그래. 뭔가 단서를 얻을 수 있을 거야.
괴도X, 기다려라!

과거에는 빅데이터가 없었나요?

과거의 데이터는 양적인 측면만 보더라도 빅데이터라고 부르기 어려워요. 현재 우리는 과거의 데이터 환경과는 전혀 다른 빅데이터 시대를 살고 있어요. 앞으로는 사람들이 어떤 분야에 관심이 있는지, 자주 찾는 정보는 무엇인지, 한번 찾으면 얼마 동안 보는지 등을 분석하여 빅데이터를 부가 가치가 높은 소중한 자산으로 만드는 것이 큰 경쟁력을 갖는 지름길이 될 거예요.

과거와 현재 빅데이터의 처리를 표로 정리하면 다음과 같아요.

용도	과거	현재
데이터 형태	특정 양식에 맞춰 분류	형식이 없고 다양함
데이터 처리 목적	과거 분석	최적화 또는 예측
데이터 처리 비용	정부·국가에서 처리 가능	기업에서 처리 가능

물론 예전에도 슈퍼컴퓨터를 이용해 거대한 양의 데이터를 분석할 수 있었어요. 하지만 비용 대비 효과가 낮았어요. 수십 억 원을 들여야만 대용량 데이터를 분석할 수 있었고, 이는 정부 차원에서나 할 수 있는 일이었지요. 하지만 현재는 저렴한 비용으로 엄청난 데이터를 효과적으로 처리할 수 있게 되었어요.

빅데이터 특징

빅데이터는 1880년대에 미국에서 처음 사용한 용어예요. 기존의 관리 방법으로 처리하기 어려울 정도로 많은 데이터를 말해요. 빅데이터의 특징을 알아볼까요?

① 규모(Volume)

빅데이터는 엄청나게 많은 양의 데이터를 뜻해요. 페타바이트(약 100만 기가바이트) 이상의 엄청난 양을 말하는 것이니, 그 규모가 어떠한지는 상상도 할 수 없지요.

② 다양성(Variety)

빅데이터는 정형 데이터와 비정형 데이터 모두를 포함해요. 우리가 친구와 대화하는 내용이나 인터넷 검색 기록 등 모든 것이 빅데이터가 되지요.

③ 속도(Velocity)

빅데이터는 컴퓨터는 물론이고 스마트폰이나 태블릿 등의 정보 기기를 통해 매우 빠르게 만들어져요. 그렇게 생성된 데이터는 실시간으로 수집되어 활용된답니다.

④ **정확성**(Veracity)

빅데이터는 많은 데이터를 분석하는데, 그 데이터를 신뢰할 수 있느냐의 문제가 있어요. 기업이나 기관에서 수집한 데이터가 정확하고 분석할 만한 가치가 있는지 살피는 것이 중요하지요.

⑤ **가변성**(Variability)

SNS 등의 확산으로 자기의 생각을 글로 적어 표현하는 사람이 늘어났어요. 하지만 자신의 의도와는 달리 글로 표현할 때는 다른 사람에게 오해를 불러일으키기도 해요. 데이터가 맥락에 따라 의미가 달라진다고 해서 '가변성'이 새로운 속성으로 제시되고 있어요.

⑥ **시각화**(Visualization)

빅데이터를 모아서 용도에 맞게 정보를 가공하는 과정을 거치는데, 이때 중요한 것은 그 정보를 사용하는 사람이 그것을 얼마나 쉽게 이해하는지에 관한 문제예요. 사람은 눈으로 본 것을 더 잘 기억하기 때문에 데이터를 시각화하는 것이 중요해졌지요.

허탕만 형사의 도움

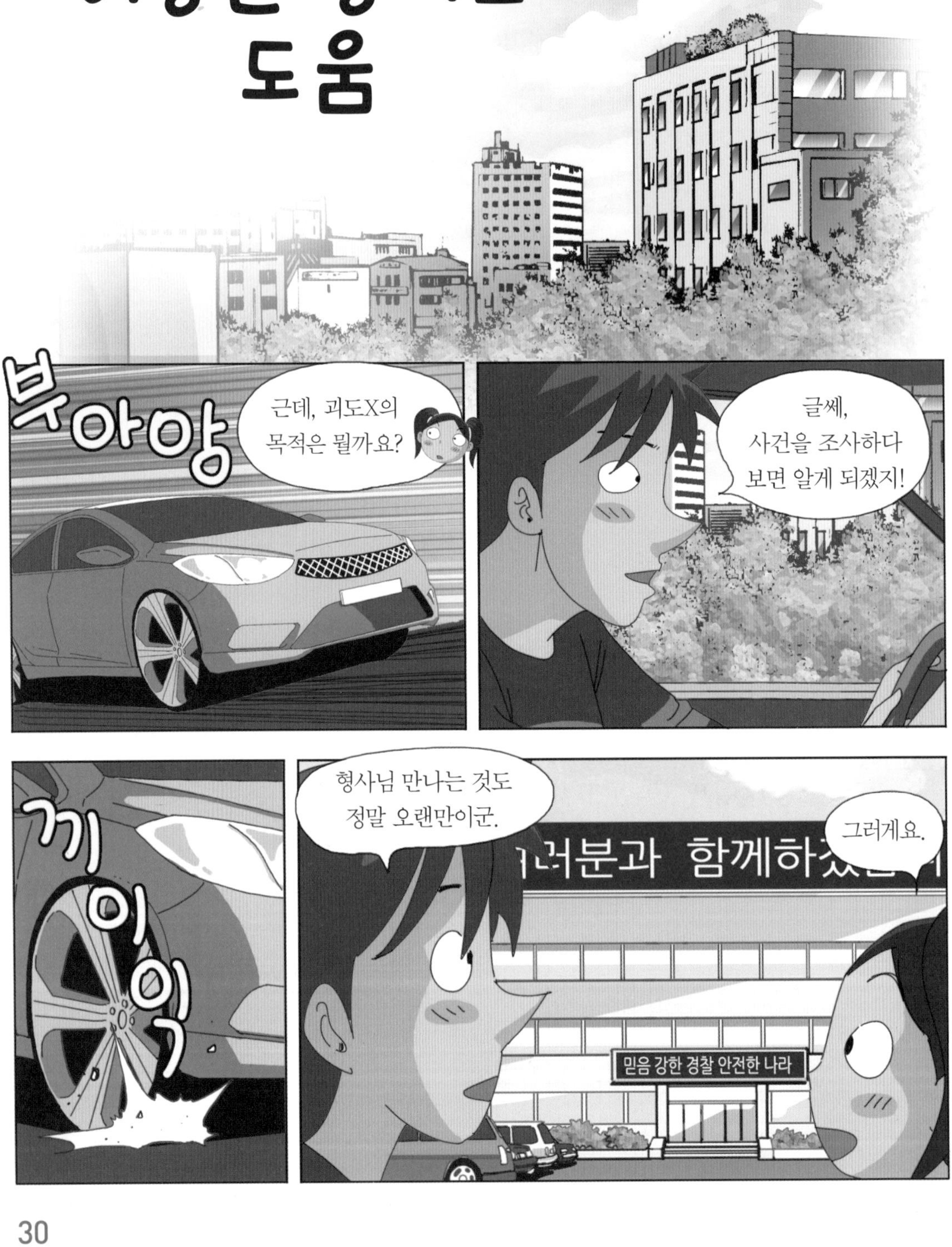
부아앙
근데, 괴도X의 목적은 뭘까요?
글쎄, 사건을 조사하다 보면 알게 되겠지!
끼이익
형사님 만나는 것도 정말 오랜만이군.
그러게요.
믿음 강한 경찰 안전한 나라

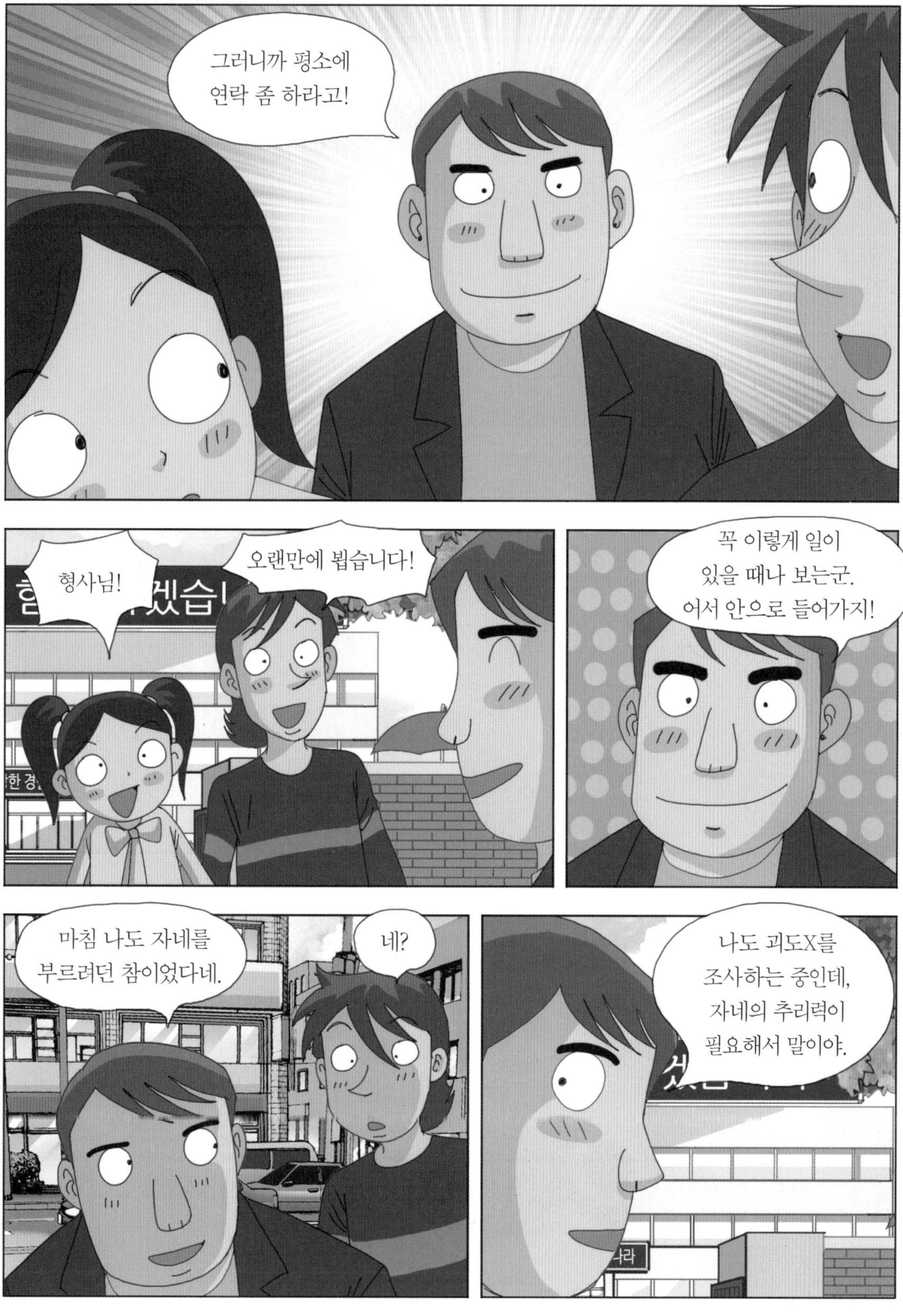
그러니까 평소에
연락 좀 하라고!
형사님!
오랜만에 뵙습니다!
꼭 이렇게 일이
있을 때나 보는군.
어서 안으로 들어가지!
마침 나도 자네를
부르려던 참이었다네.
네?
나도 괴도X를
조사하는 중인데,
자네의 추리력이
필요해서 말이야.

그래서 자네에게 수사 협조를 요청하고 싶었다네. 내가 조사한 것도 공유하면서 말이지.

그럼 얼른 조사한 자료부터 보여 주세요!

하하하하. 자네 성격은 여전히 급하군!

사무실에 자료가 있다네. 너무 조급해 하지 말라고~

빨리 해결하고 싶은 거죠.

히히히.

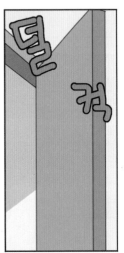

덜컥

우와!

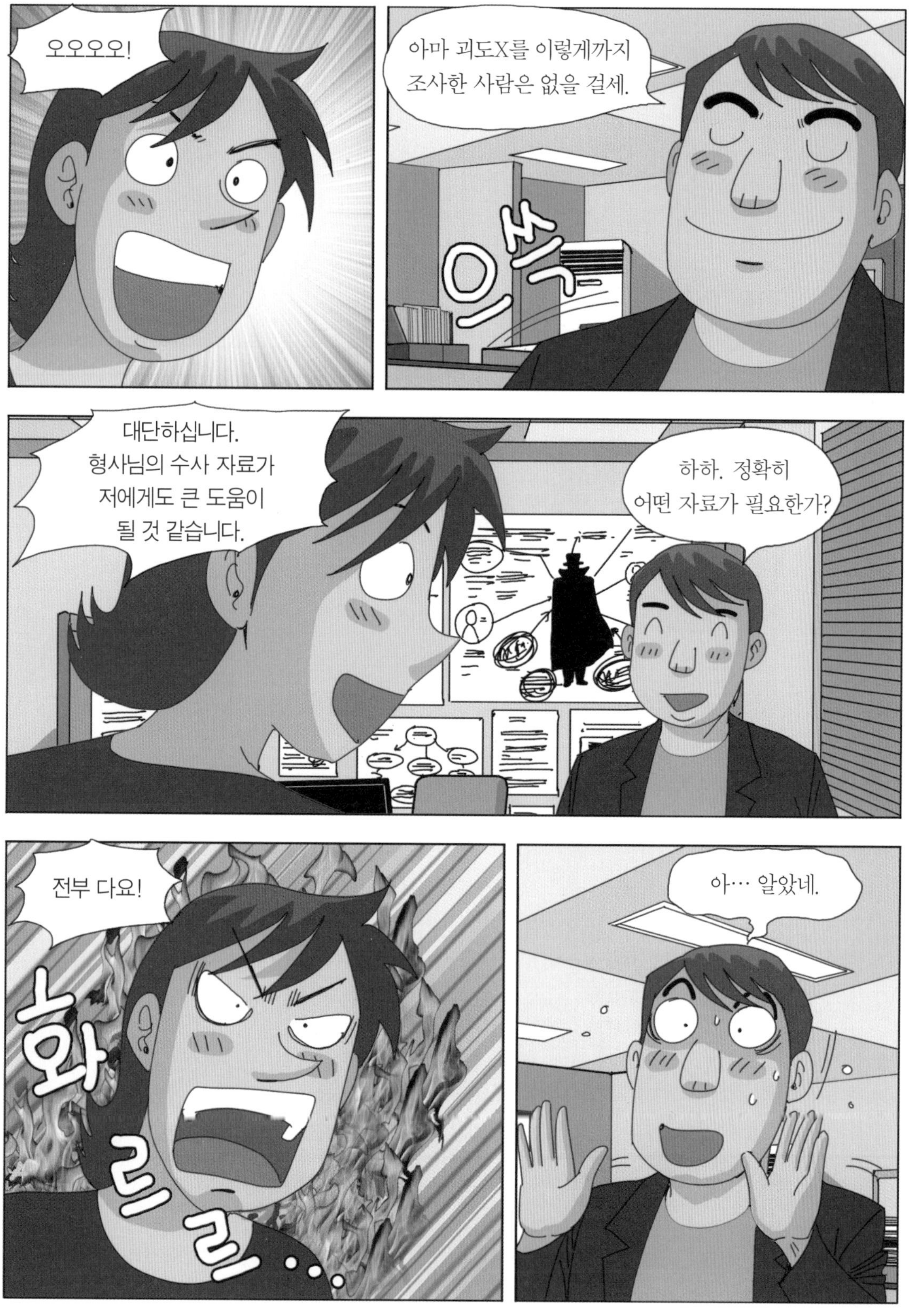
오오오오!
아마 괴도X를 이렇게까지 조사한 사람은 없을 걸세.
으쓱
대단하십니다. 형사님의 수사 자료가 저에게도 큰 도움이 될 것 같습니다.
하하. 정확히 어떤 자료가 필요한가?
전부 다요!
화르르…
아… 알았네.

그럼 내가 분석한 자료를 토대로 말해 주겠네.

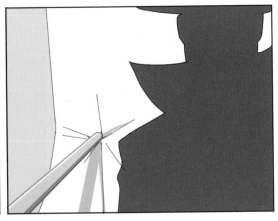

괴도X의 범죄에는 일정한 패턴이 존재한다네.

패턴이요?

내가 이용하는 빅데이터 관련 시스템을 활용해서 조사한 결과 일정한 패턴이 있더군.

어떤 식으로 빅데이터를 이용하신 거죠?

경찰에서 이용하는 빅데이터 방식도 있지만, 난 SNS를 이용해 다른 방향에서 괴도X의 패턴을 연구했지.

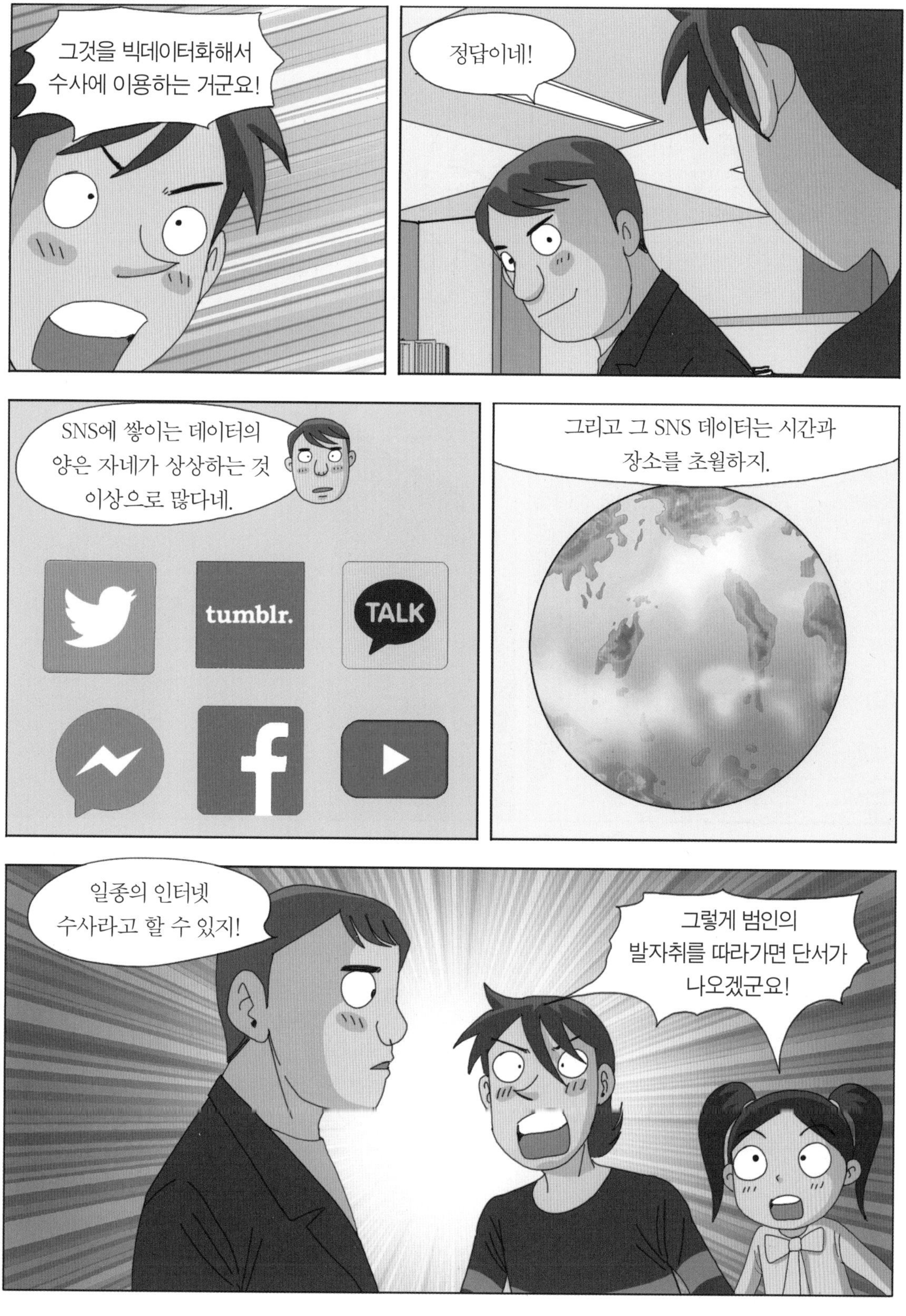
그것을 빅데이터화해서 수사에 이용하는 거군요!
정답이네!
SNS에 쌓이는 데이터의 양은 자네가 상상하는 것 이상으로 많다네.
tumblr.
TALK
그리고 그 SNS 데이터는 시간과 장소를 초월하지.
일종의 인터넷 수사라고 할 수 있지!
그렇게 범인의 발자취를 따라가면 단서가 나오겠군요!

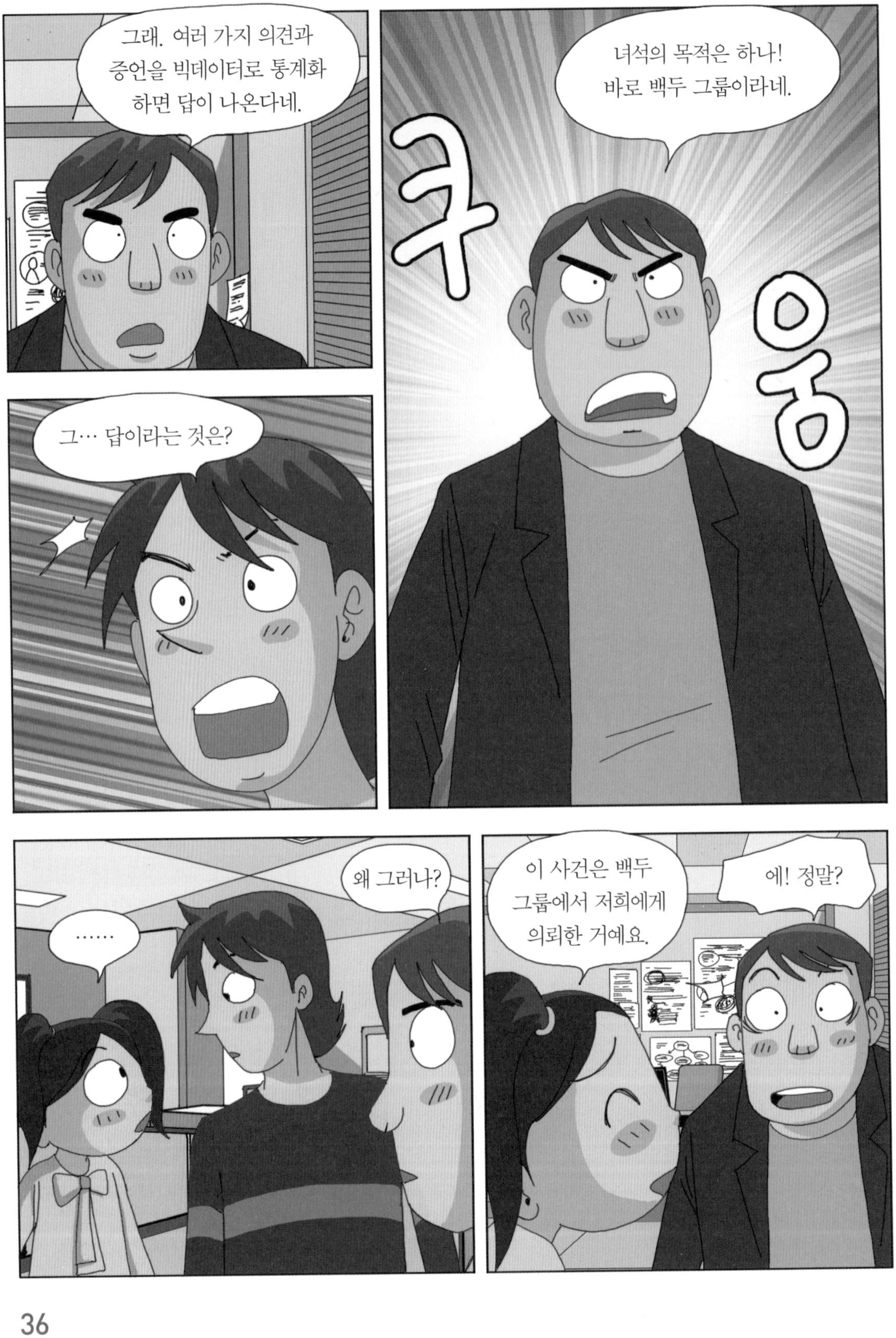
그래. 여러 가지 의견과 증언을 빅데이터로 통계화 하면 답이 나온다네.
그… 답이라는 것은?
녀석의 목적은 하나! 바로 백두 그룹이라네.
쿠웅
왜 그러나?
……
이 사건은 백두 그룹에서 저희에게 의뢰한 거에요.
에! 정말?

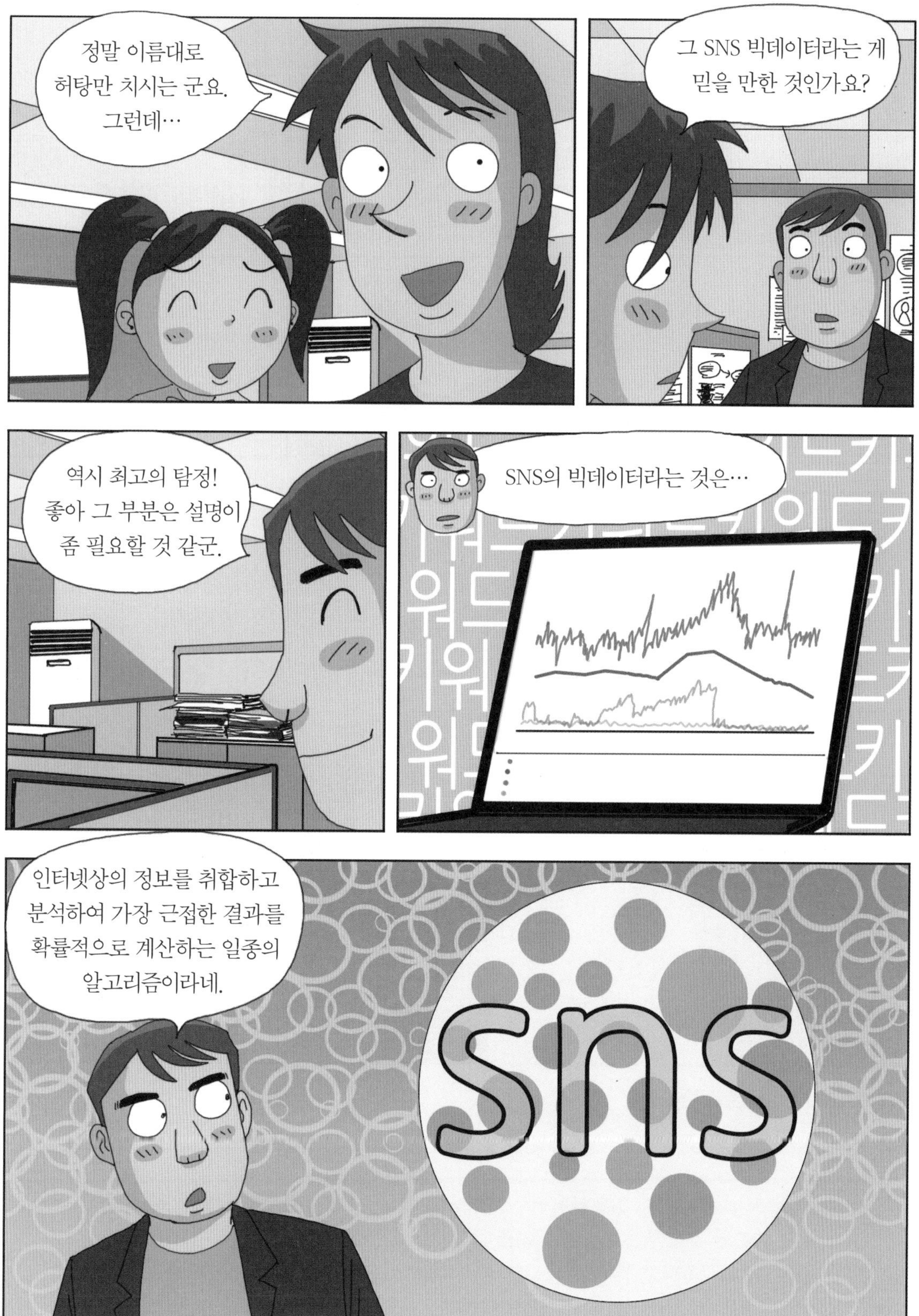
정말 이름대로 허탕만 치시는 군요. 그런데…
그 SNS 빅데이터라는 게 믿을 만한 것인가요?
역시 최고의 탐정! 좋아 그 부분은 설명이 좀 필요할 것 같군.
SNS의 빅데이터라는 것은…
인터넷상의 정보를 취합하고 분석하여 가장 근접한 결과를 확률적으로 계산하는 일종의 알고리즘이라네.
sns

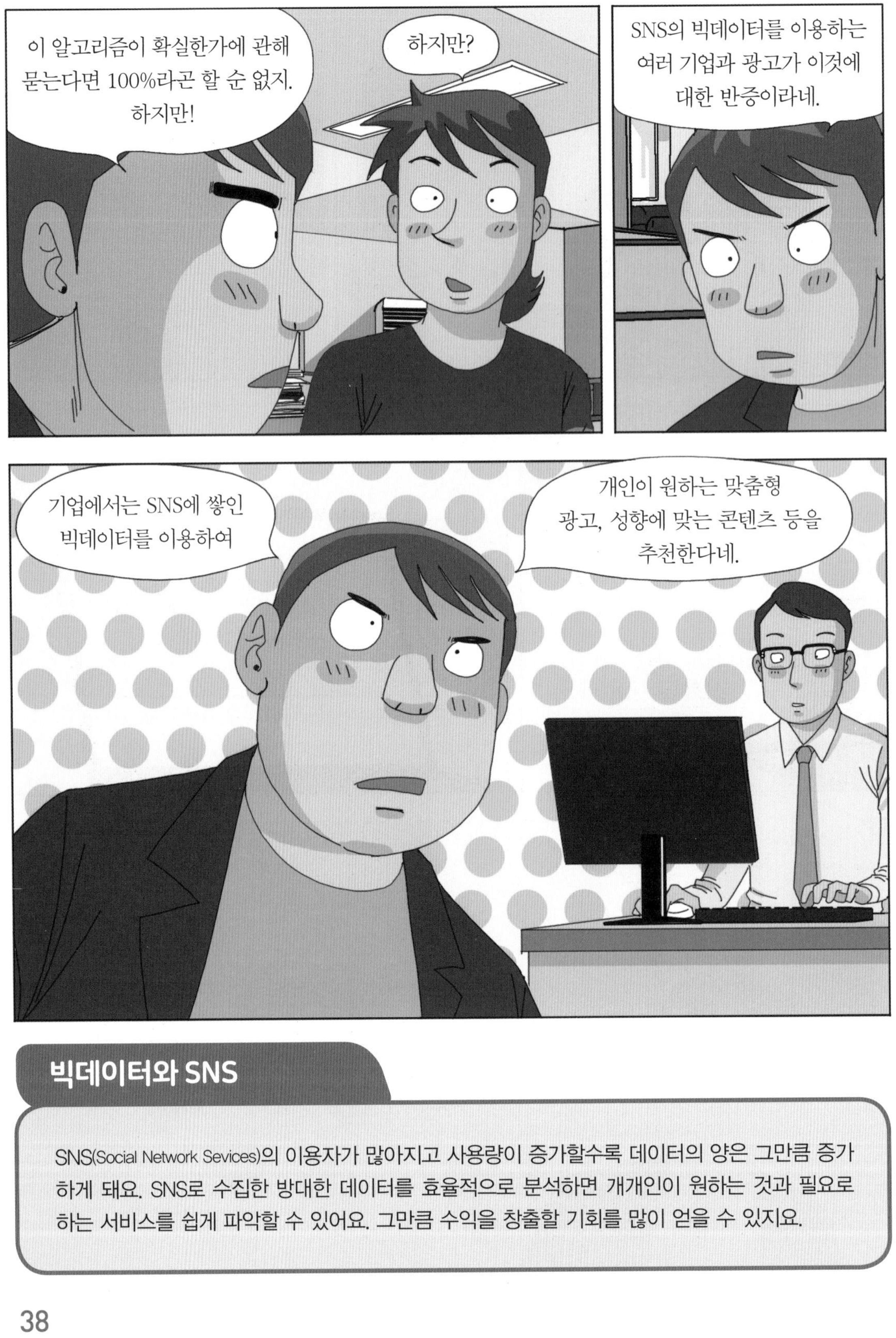

이 알고리즘이 확실한가에 관해 묻는다면 100%라곤 할 순 없지. 하지만!
하지만?
SNS의 빅데이터를 이용하는 여러 기업과 광고가 이것에 대한 반증이라네.
기업에서는 SNS에 쌓인 빅데이터를 이용하여
개인이 원하는 맞춤형 광고, 성향에 맞는 콘텐츠 등을 추천한다네.

빅데이터와 SNS

SNS(Social Network Sevices)의 이용자가 많아지고 사용량이 증가할수록 데이터의 양은 그만큼 증가하게 돼요. SNS로 수집한 방대한 데이터를 효율적으로 분석하면 개개인이 원하는 것과 필요로 하는 서비스를 쉽게 파악할 수 있어요. 그만큼 수익을 창출할 기회를 많이 얻을 수 있지요.

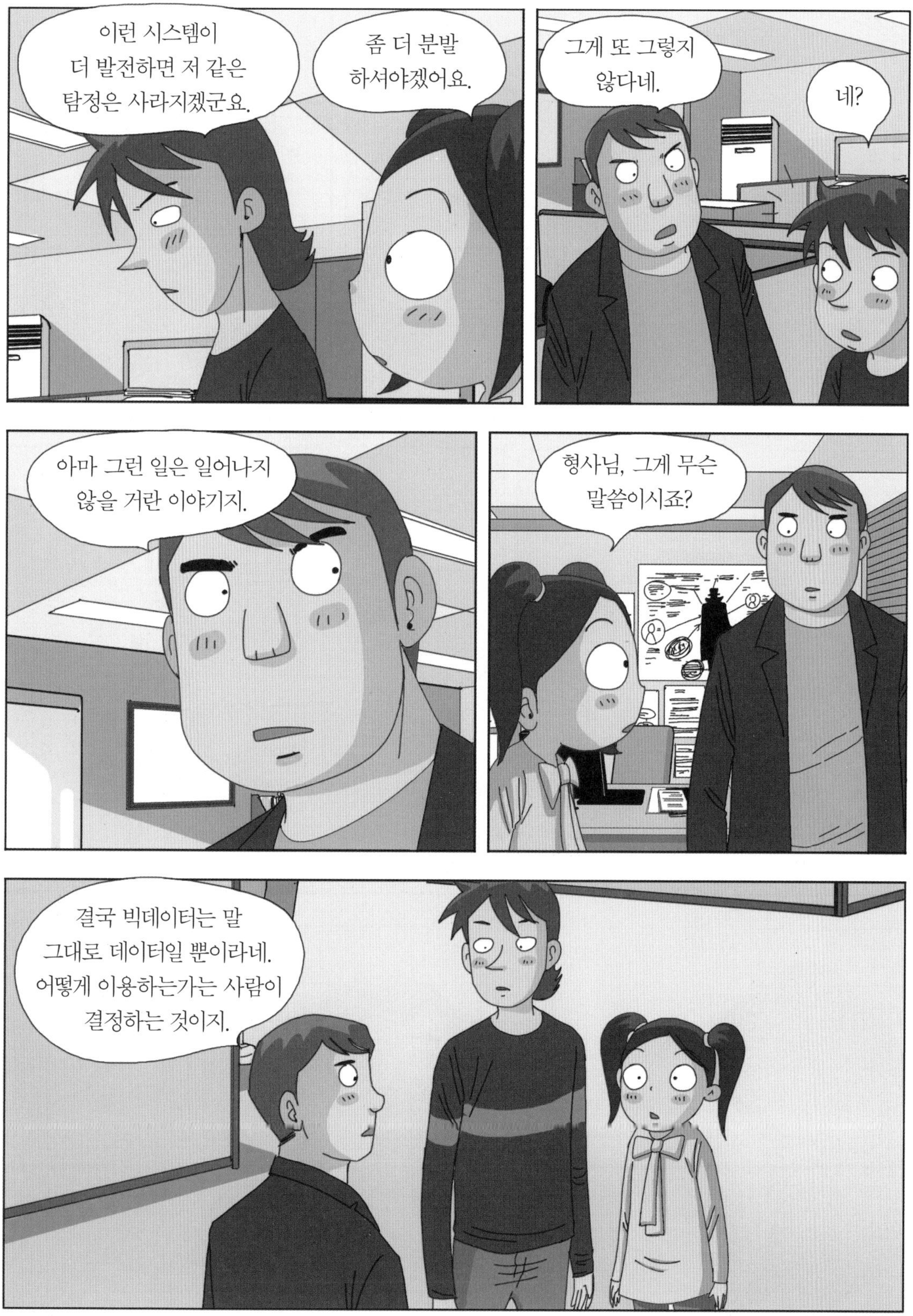
이런 시스템이 더 발전하면 저 같은 탐정은 사라지겠군요.
좀 더 분발 하셔야겠어요.
그게 또 그렇지 않다네.
네?
아마 그런 일은 일어나지 않을 거란 이야기지.
형사님, 그게 무슨 말씀이시죠?
결국 빅데이터는 말 그대로 데이터일 뿐이라네. 어떻게 이용하는가는 사람이 결정하는 것이지.

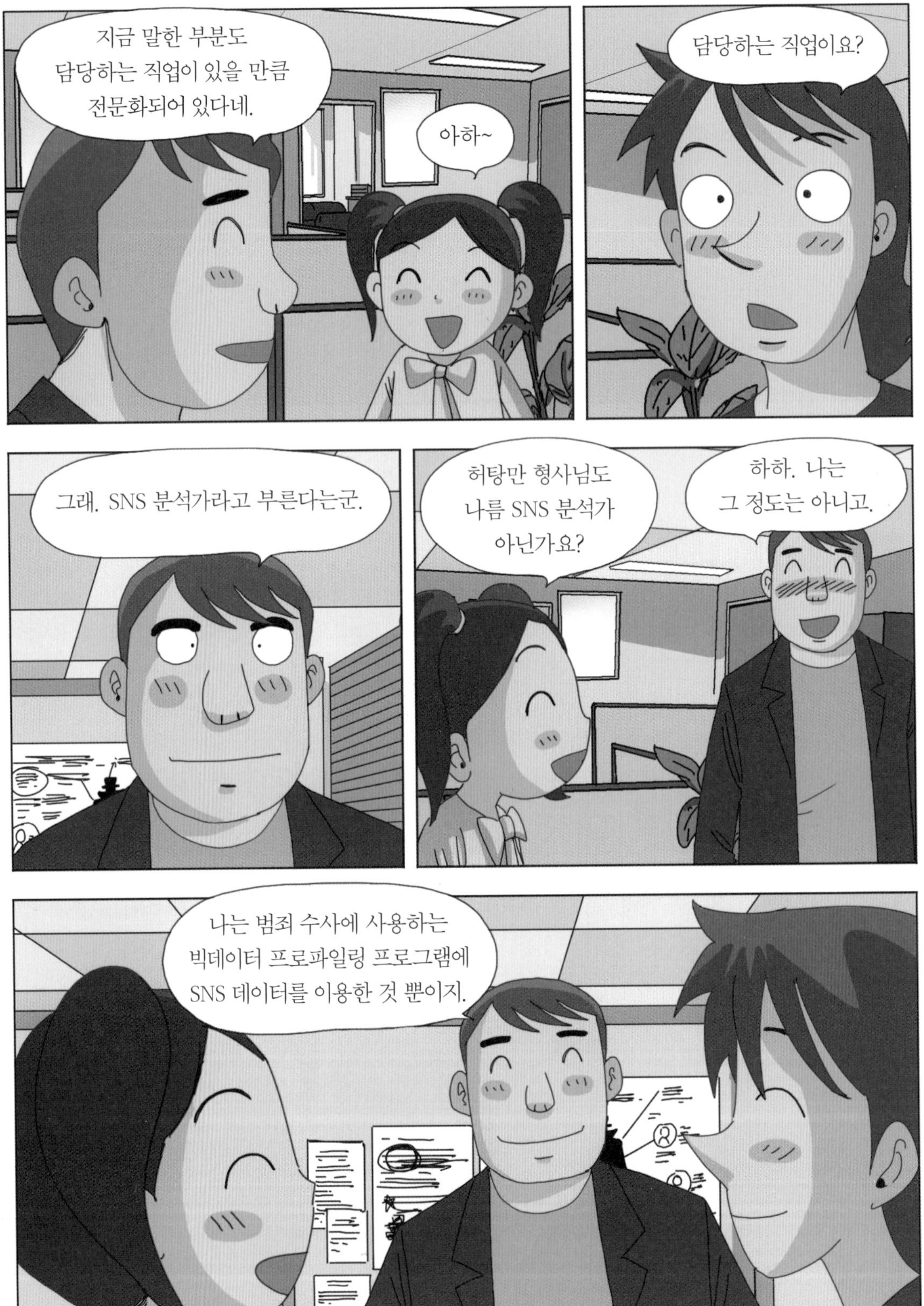

지금 말한 부분도 담당하는 직업이 있을 만큼 전문화되어 있다네.
아하~
담당하는 직업이요?
그래. SNS 분석가라고 부른다는군.
허탕만 형사님도 나름 SNS 분석가 아닌가요?
하하. 나는 그 정도는 아니고.
나는 범죄 수사에 사용하는 빅데이터 프로파일링 프로그램에 SNS 데이터를 이용한 것 뿐이지.

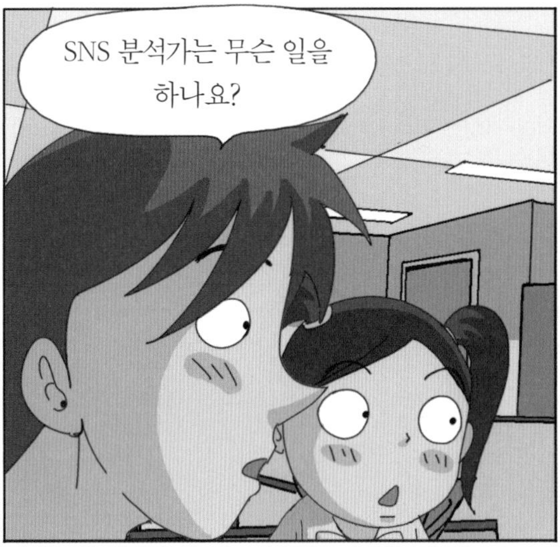
SNS 분석가는 무슨 일을
하나요?

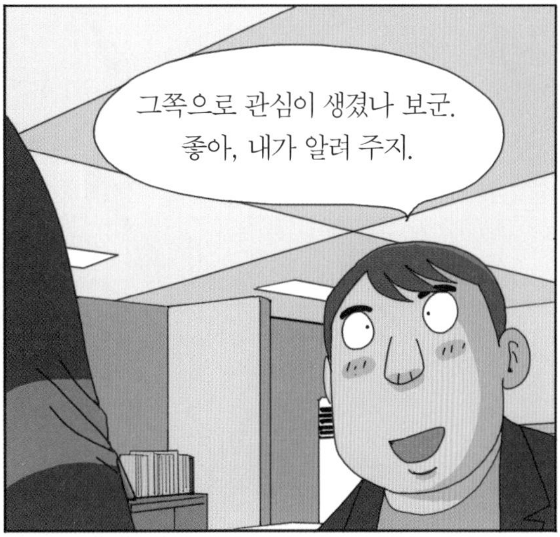
그쪽으로 관심이 생겼나 보군.
좋아, 내가 알려 주지.

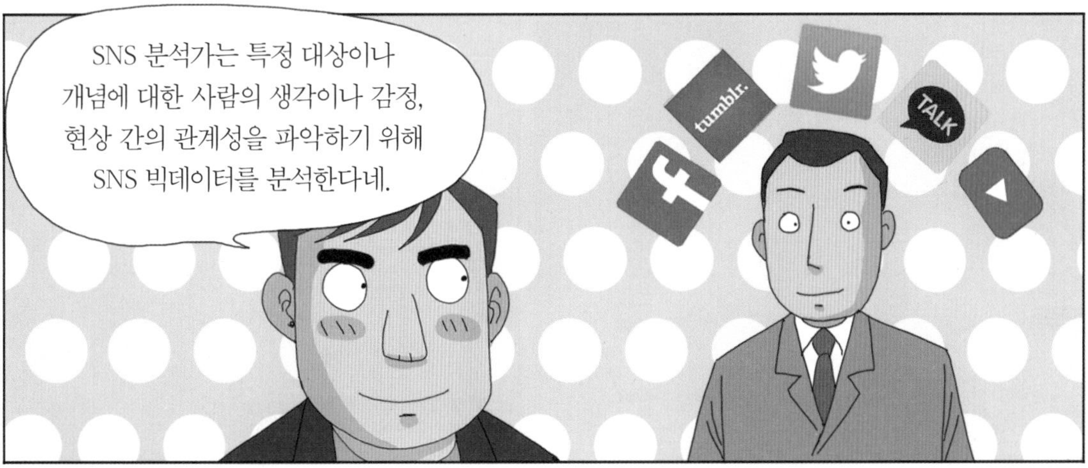
SNS 분석가는 특정 대상이나
개념에 대한 사람의 생각이나 감정,
현상 간의 관계성을 파악하기 위해
SNS 빅데이터를 분석한다네.
tumblr.
TALK

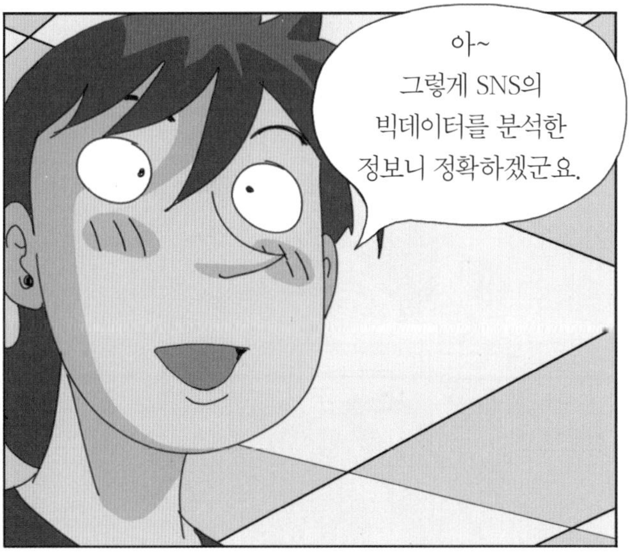
아~
그렇게 SNS의
빅데이터를 분석한
정보니 정확하겠군요.

SNS 분석가

SNS 분석가는 SNS상의 빅데이터 수집, 저장 및 분석, 데이터 시각화 등을 통해 정보를 제공하는 일을 해요.
SNS 분석가가 되려면 사람을 향한 관심이 필요해요. 항상 '왜?'라는 질문을 습관화하고, 오랜 시간이 걸리는 분석 과정을 인내하는 끈기를 길러야 하지요.

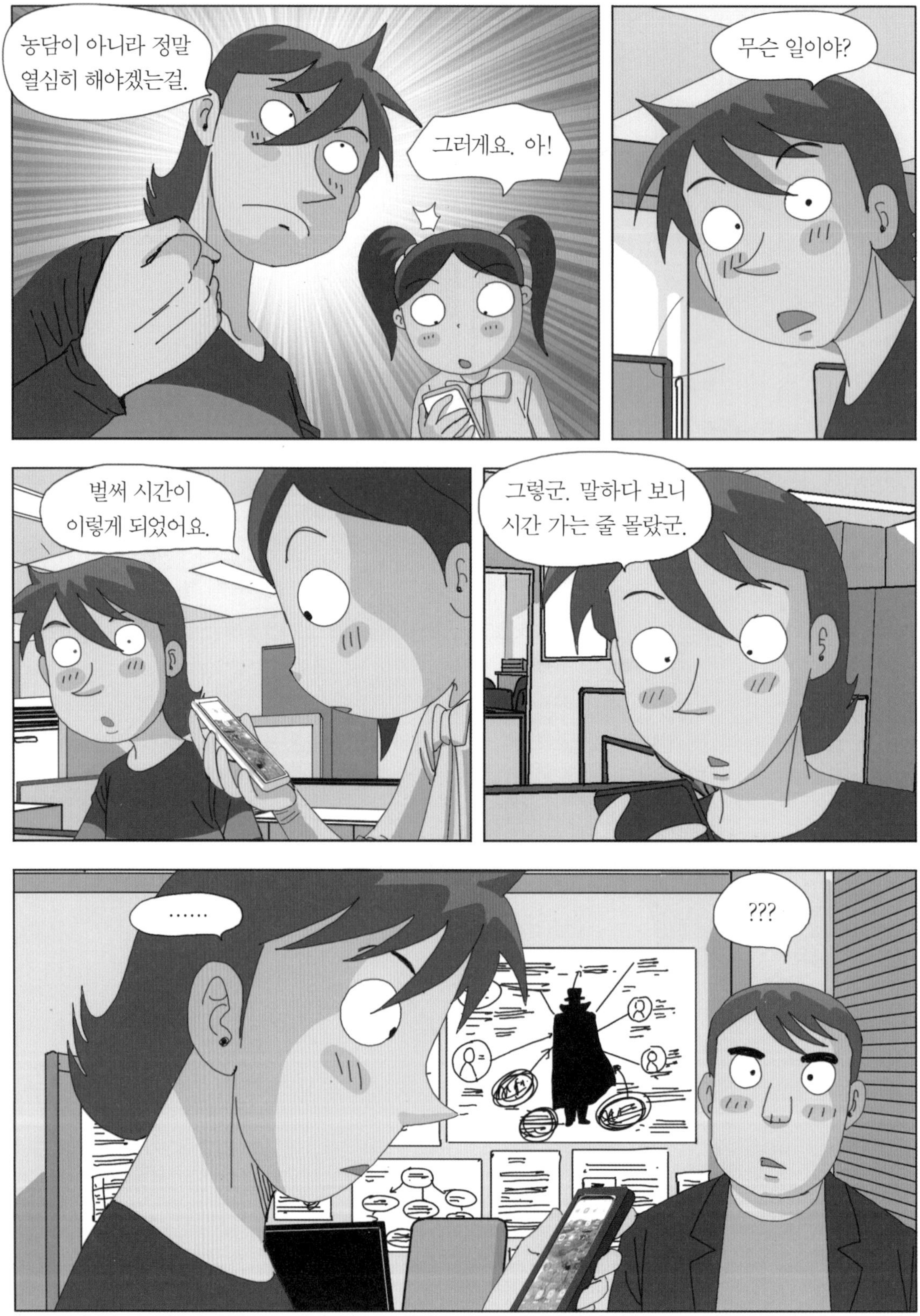
농담이 아니라 정말 열심히 해야겠는걸.
그러게요. 아!
무슨 일이야?
벌써 시간이 이렇게 되었어요.
그렇군. 말하다 보니 시간 가는 줄 몰랐군.
......
???

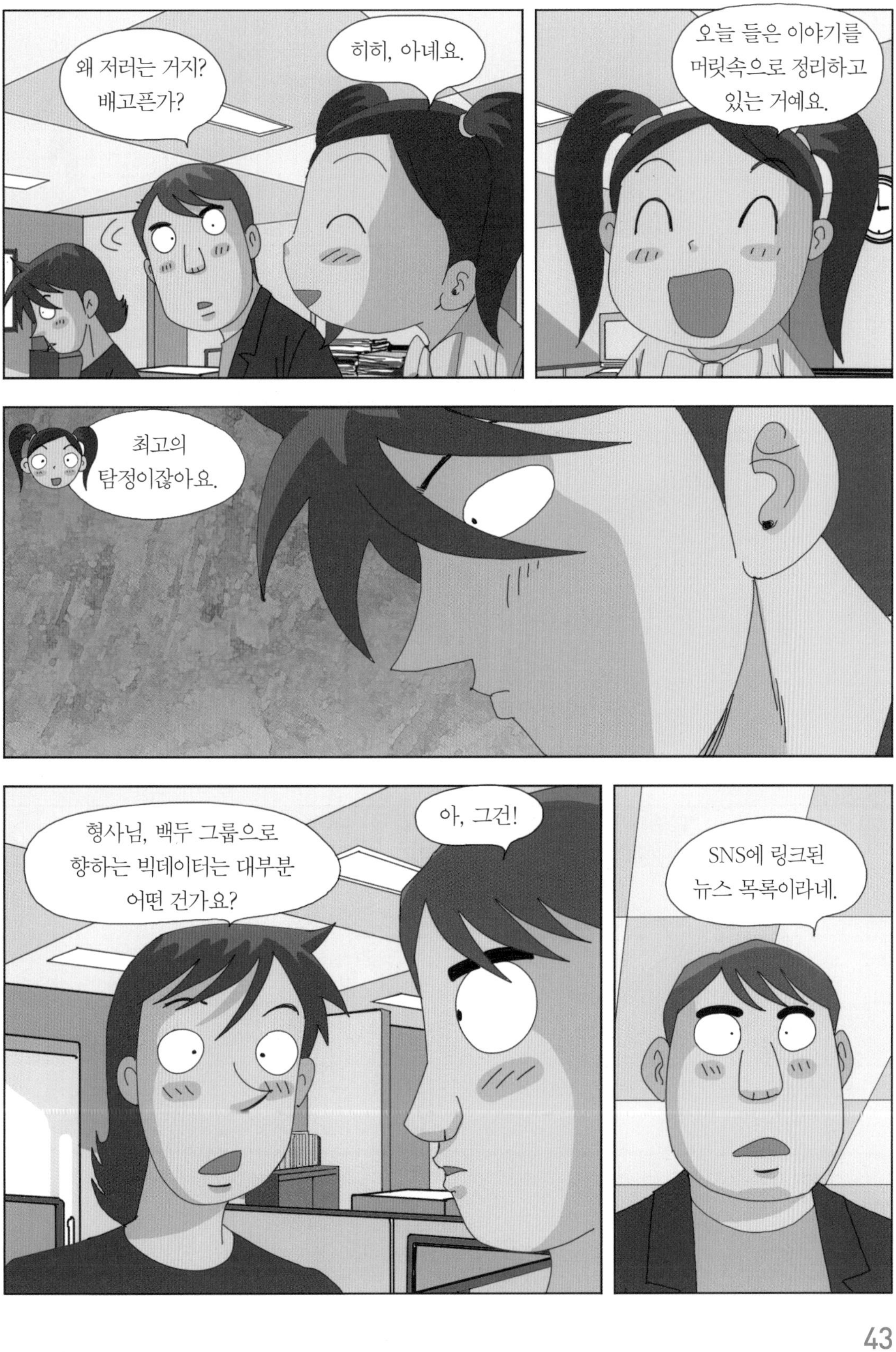
왜 저러는 거지?
배고픈가?
히히, 아네요.
오늘 들은 이야기를
머릿속으로 정리하고
있는 거예요.
최고의
탐정이잖아요.
형사님, 백두 그룹으로
향하는 빅데이터는 대부분
어떤 건가요?
아, 그건!
SNS에 링크된
뉴스 목록이라네.

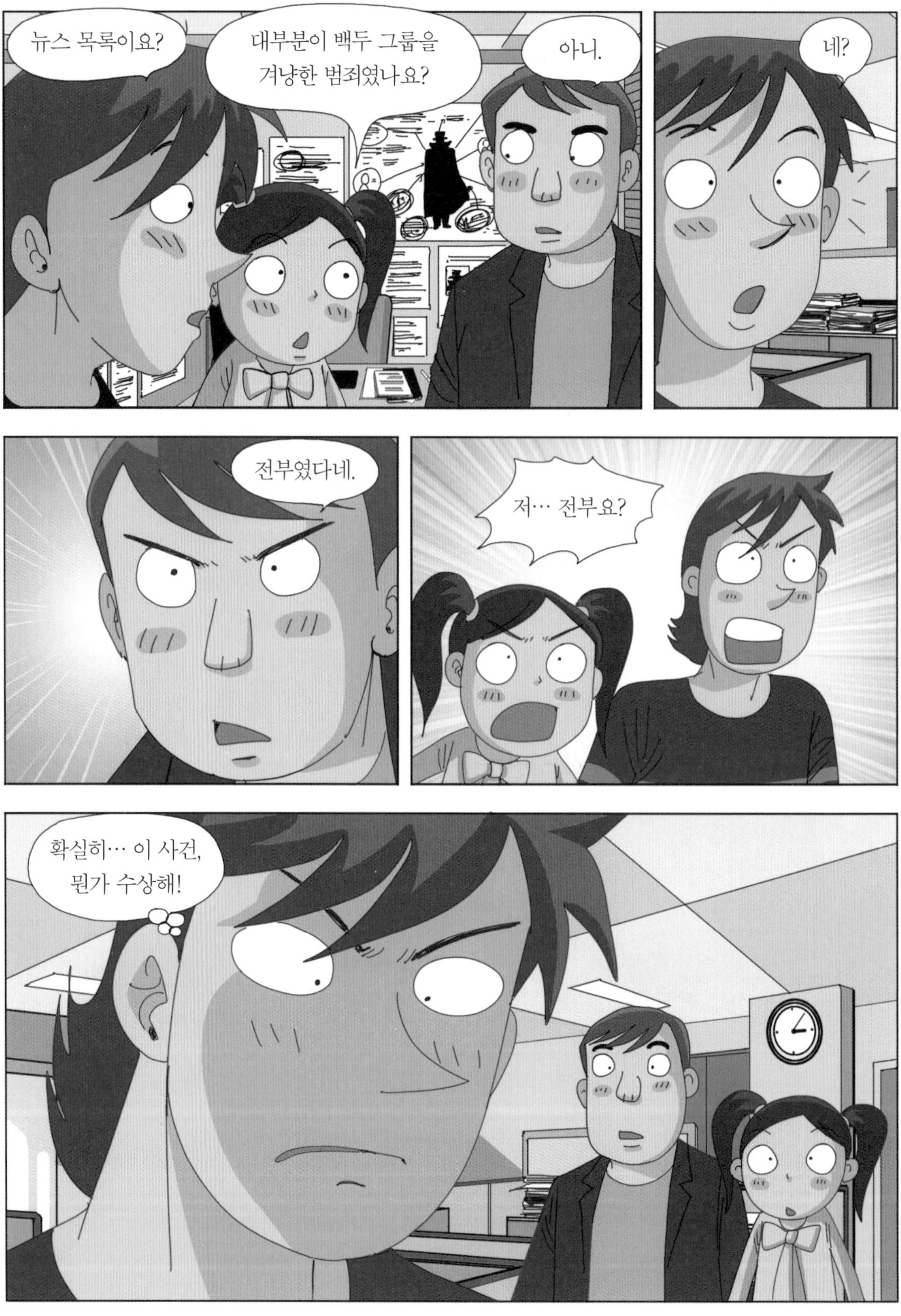
뉴스 목록이요?
대부분이 백두 그룹을 겨냥한 범죄였나요?
아니.
네?
전부였다네.
저… 전부요?
확실히… 이 사건, 뭔가 수상해!

빅데이터 처리 과정

다음은 빅데이터를 활용하기 위해 필요한 기술을 간략하게 정리한 거예요. 빅데이터 처리 과정과 그에 따른 기술을 알아볼까요?

수집 → 저장 → 처리 → 분석 → 시각화

1. 빅데이터 수집 기술: 데이터는 데이터 소스 위치에 따라 내부 데이터와 외부 데이터로 구분해요. 내부 데이터 수집은 내부 파일 시스템이나 데이터베이스 관리 시스템에 접근하는 것을 말해요. 외부 데이터 수집은 인터넷으로 연결된 외부에서 데이터를 얻는 것을 말해요.

2. 빅데이터 저장 관리 기술: 데이터 저장 관리란 추후 데이터를 사용할 목적으로 데이터가 사라지지 않도록 안전하고 영구적인 방법으로 보관하는 것을 의미해요.

3. 빅데이터 처리 기술: 엄청난 데이터양, 빠른 데이터 생성 속도, 다양한 데이터를 통합적으로 다루어야 하기 때문에 처리 기술이 중요하답니다.

4. 빅데이터 분석 기술: 빅데이터를 분석하면 미래가 보인다고 말해요. 미래를 예측하기 위해서는 분석 기술이 필요해요.

5. 빅데이터 시각화 기술: 데이터 분석 결과를 누구나 직관적으로 알 수 있도록 일목요연하게 표현하는 것을 시각화 기술이라고 해요.

괴도X의 출현

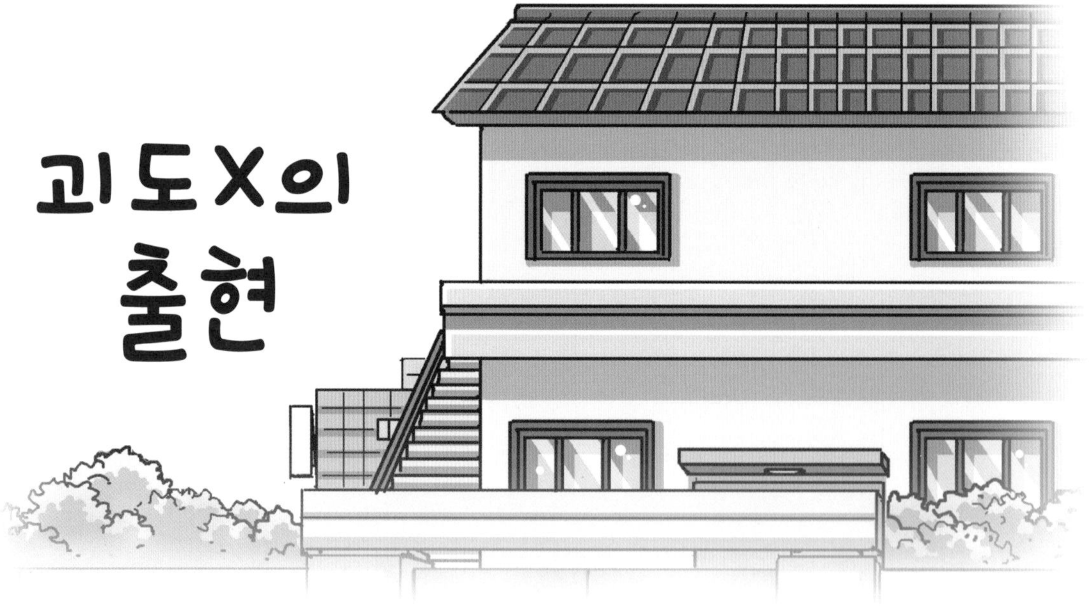

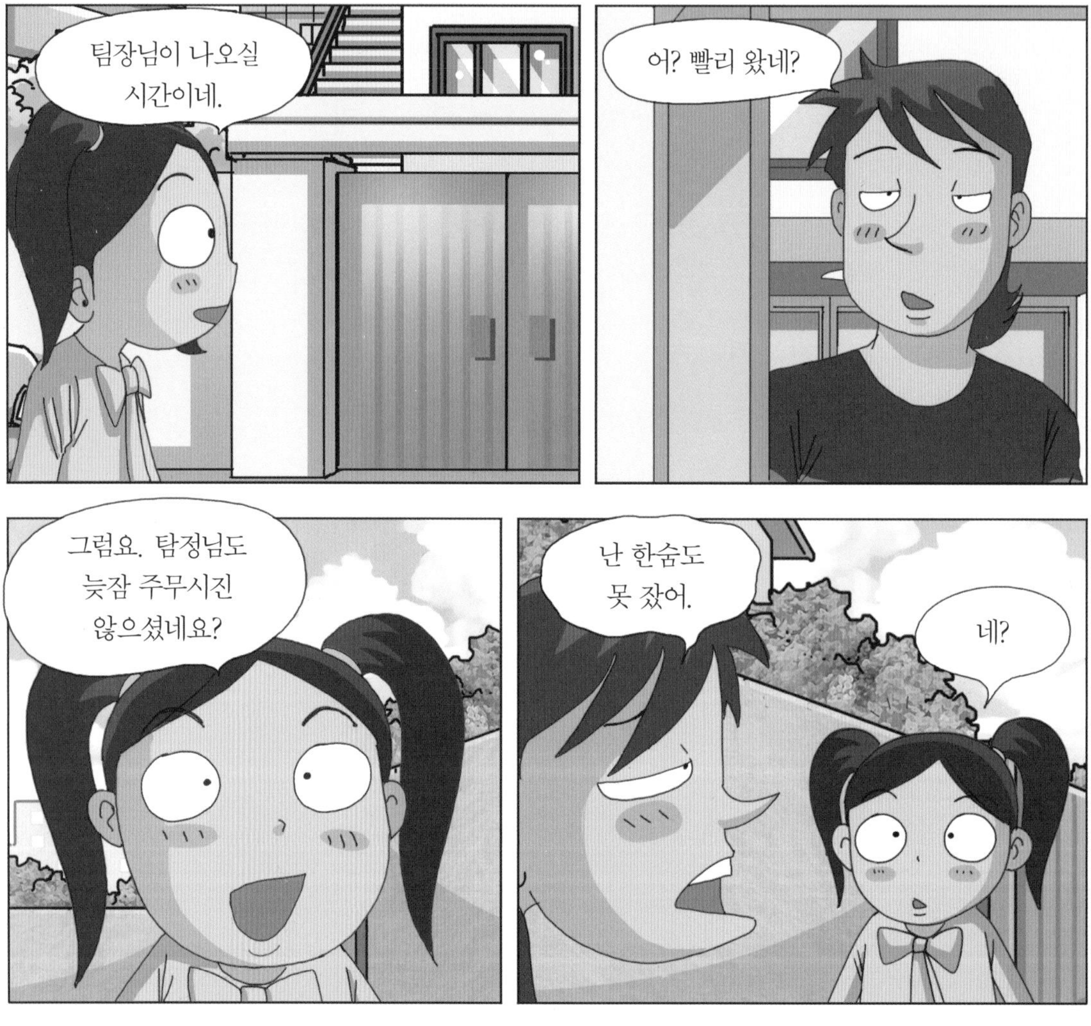
팀장님이 나오실 시간이네.
어? 빨리 왔네?
그럼요. 탐정님도 늦잠 주무시진 않으셨네요?
난 한숨도 못 잤어.
네?

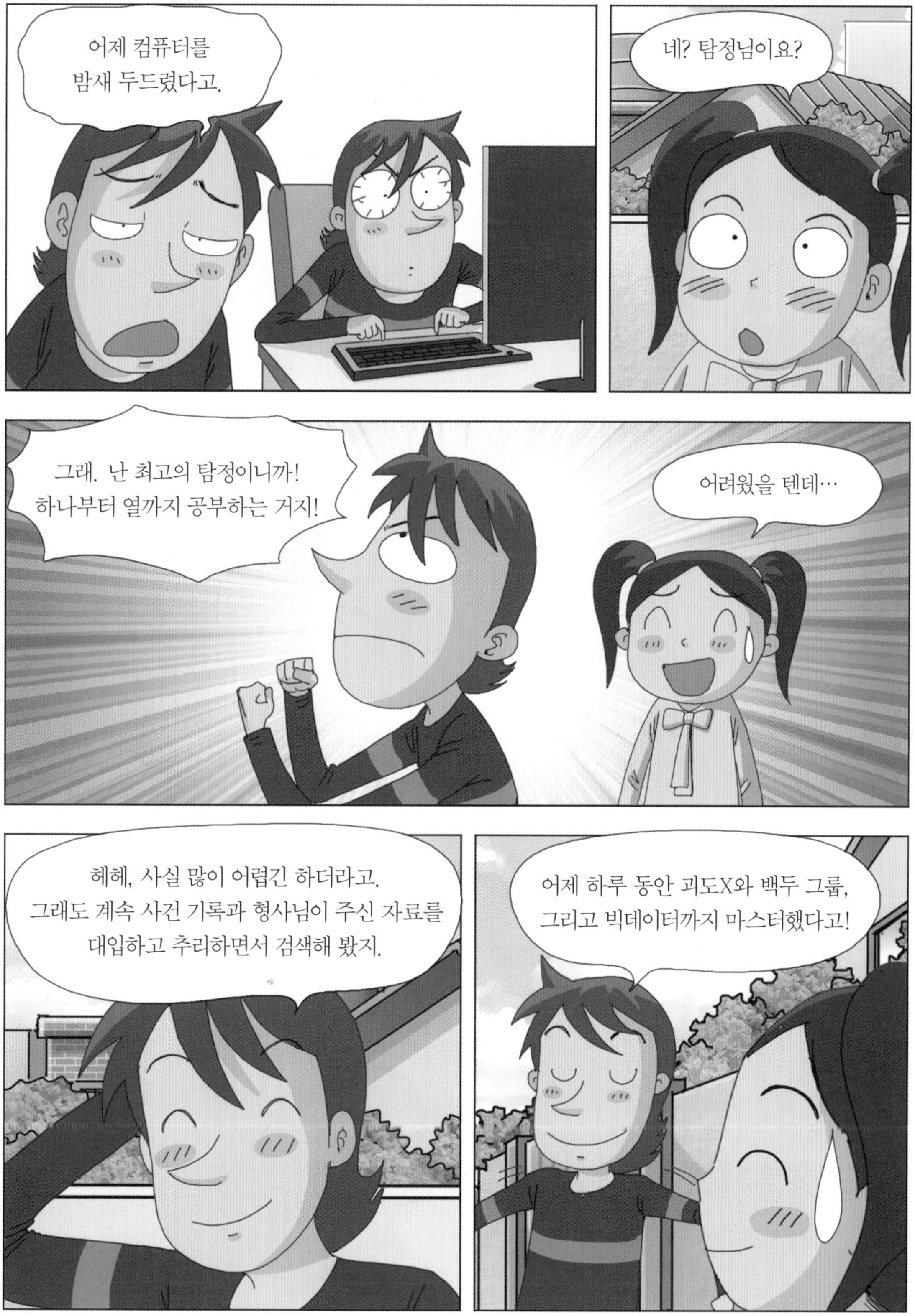
어제 컴퓨터를
밤새 두드렸다고.
네? 탐정님이요?
그래. 난 최고의 탐정이니까!
하나부터 열까지 공부하는 거지!
어려웠을 텐데…
헤헤, 사실 많이 어렵긴 하더라고.
그래도 계속 사건 기록과 형사님이 주신 자료를
대입하고 추리하면서 검색해 봤지.
어제 하루 동안 괴도X와 백두 그룹,
그리고 빅데이터까지 마스터했다고!

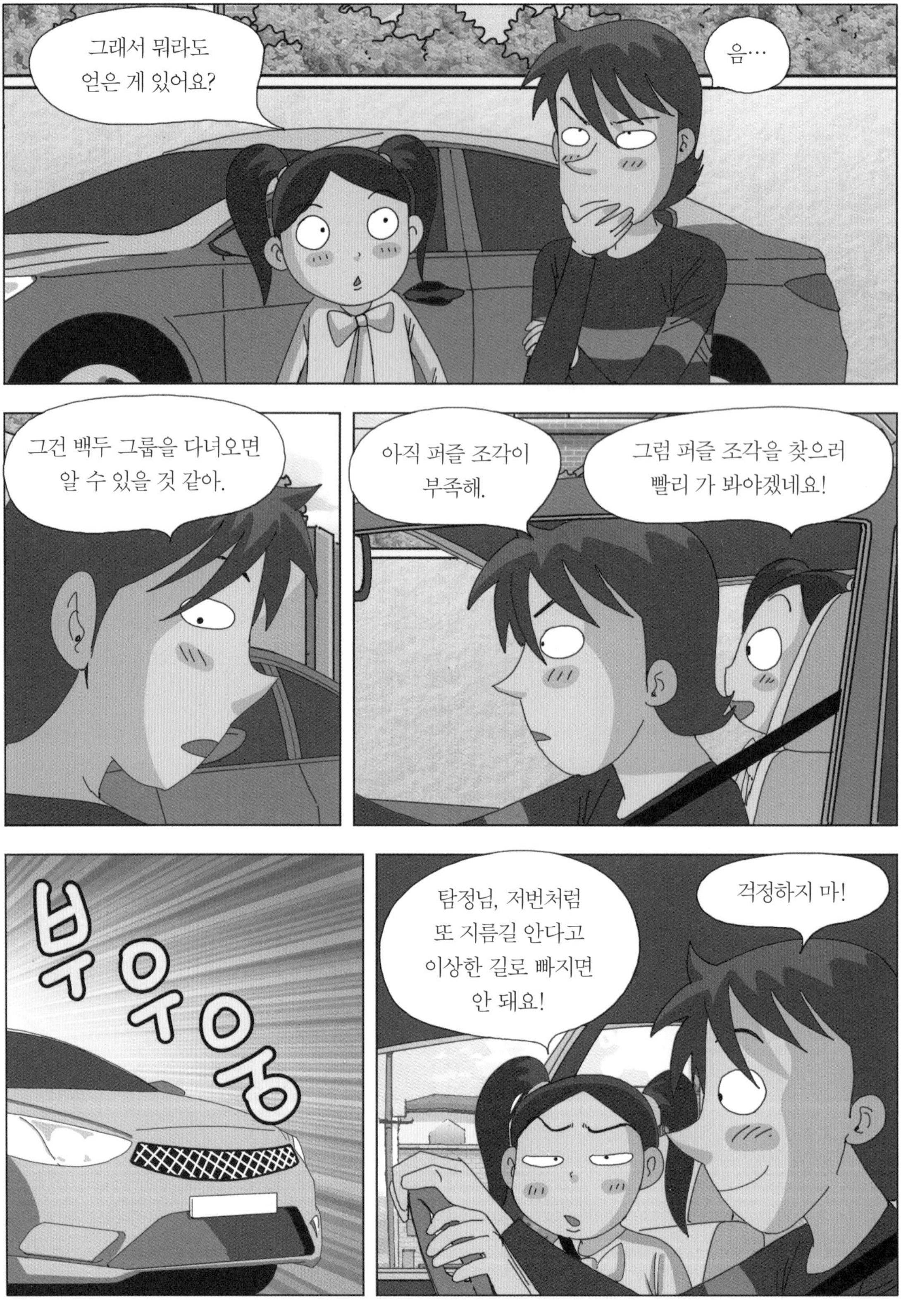
그래서 뭐라도 얻은 게 있어요?
음…
그건 백두 그룹을 다녀오면 알 수 있을 것 같아.
아직 퍼즐 조각이 부족해.
그럼 퍼즐 조각을 찾으러 빨리 가 봐야겠네요!
부우웅
탐정님, 저번처럼 또 지름길 안다고 이상한 길로 빠지면 안 돼요!
걱정하지 마!

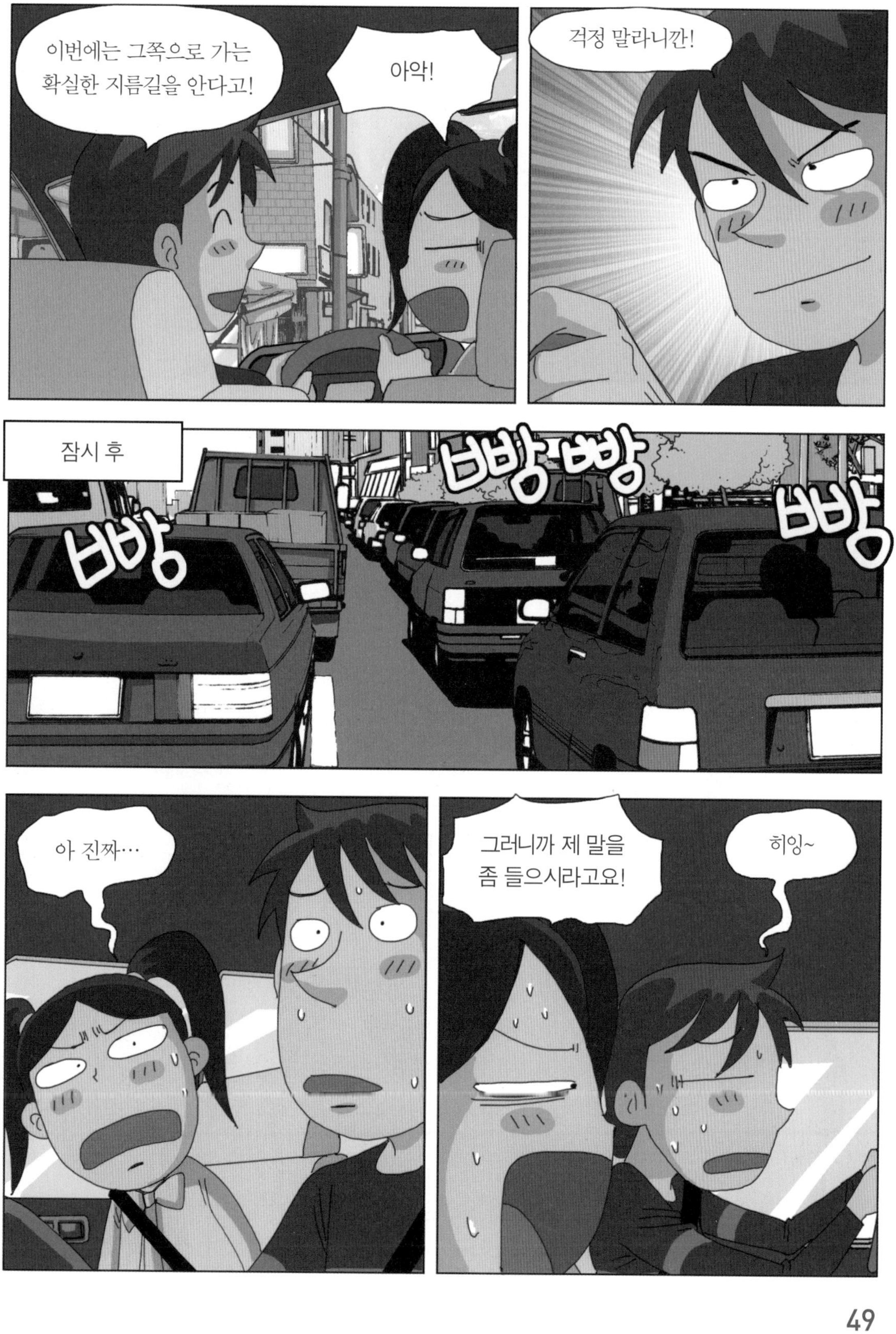
이번에는 그쪽으로 가는 확실한 지름길을 안다고!
아악!
걱정 말라니깐!
잠시 후
빠방 빵
빵
빵
아 진짜…
그러니까 제 말을 좀 들으시라고요!
히잉~

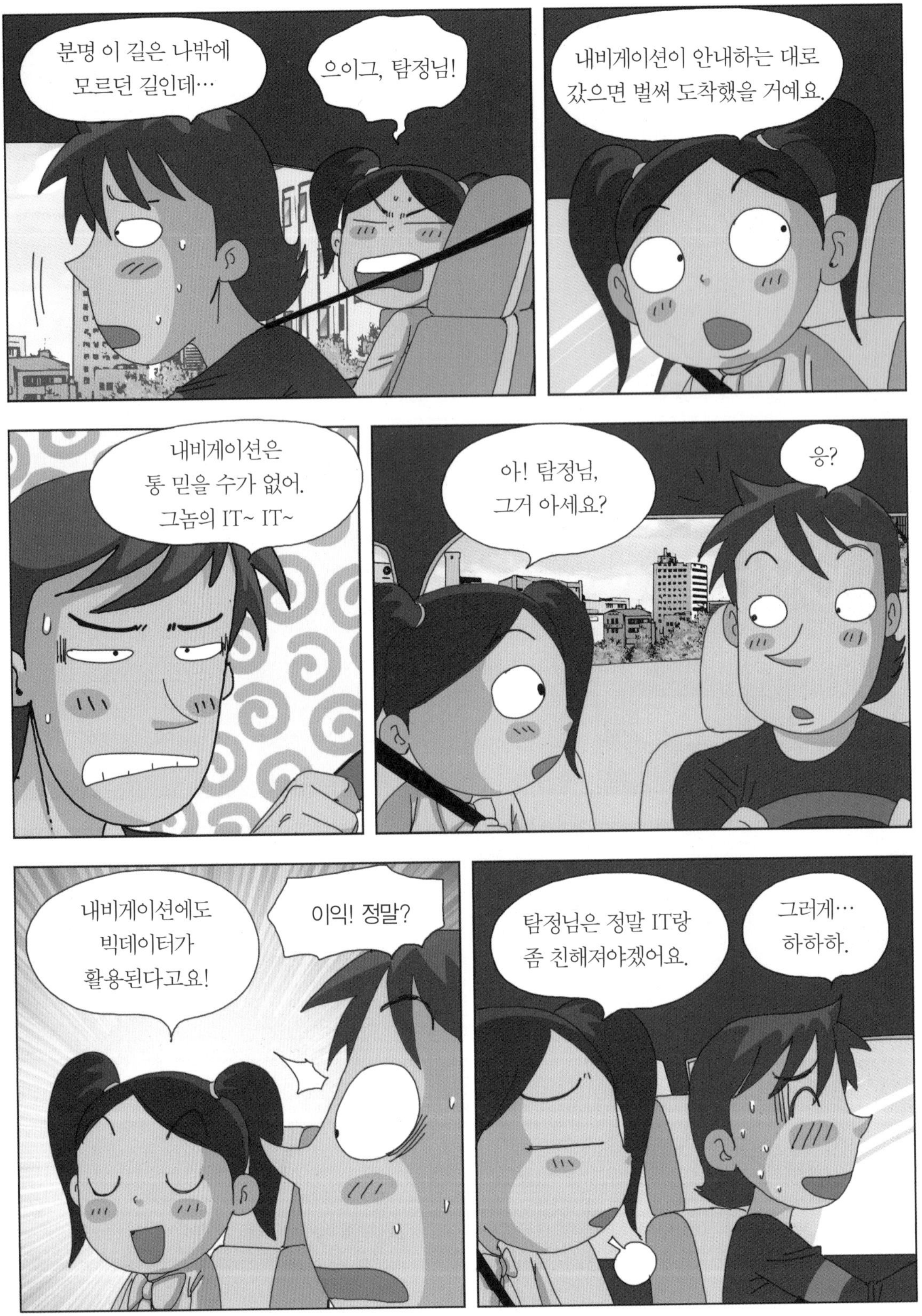
분명 이 길은 나밖에 모르던 길인데…
으이그, 탐정님!
내비게이션이 안내하는 대로 갔으면 벌써 도착했을 거예요.
내비게이션은 통 믿을 수가 없어. 그놈의 IT~ IT~
아! 탐정님, 그거 아세요?
응?
내비게이션에도 빅데이터가 활용된다고요!
이익! 정말?
탐정님은 정말 IT랑 좀 친해져야겠어요.
그러게… 하하하.

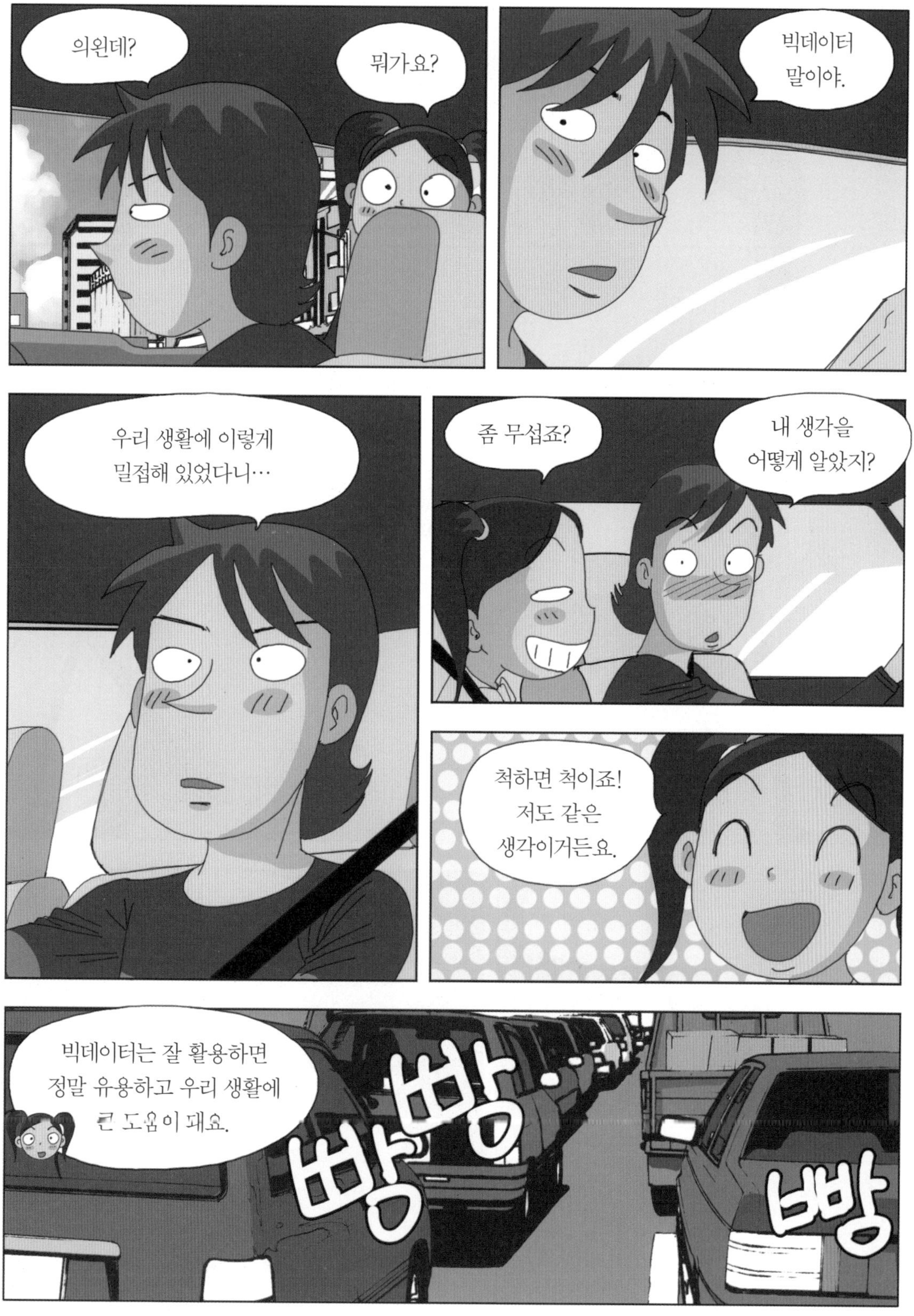
의왼데?
뭐가요?
빅데이터 말이야.
우리 생활에 이렇게 밀접해 있었다니…
좀 무섭죠?
내 생각을 어떻게 알았지?
척하면 척이죠! 저도 같은 생각이거든요.
빅데이터는 잘 활용하면 정말 유용하고 우리 생활에 큰 도움이 돼요.
빵빵
빵빵

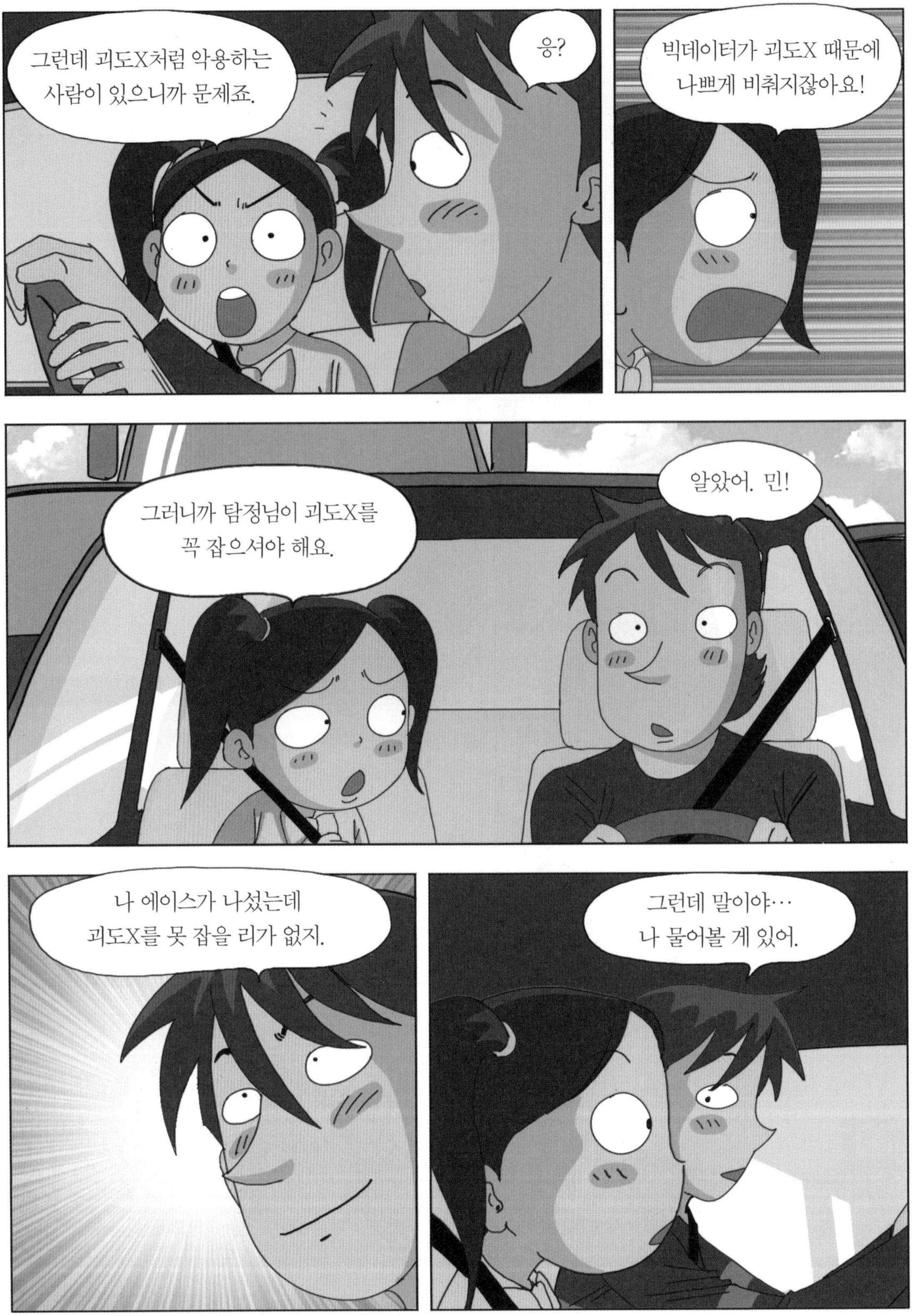

그런데 괴도X처럼 악용하는 사람이 있으니까 문제죠.
응?
빅데이터가 괴도X 때문에 나쁘게 비춰지잖아요!
그러니까 탐정님이 괴도X를 꼭 잡으셔야 해요.
알았어. 민!
나 에이스가 나섰는데 괴도X를 못 잡을 리가 없지.
그런데 말이야… 나 물어볼 게 있어.

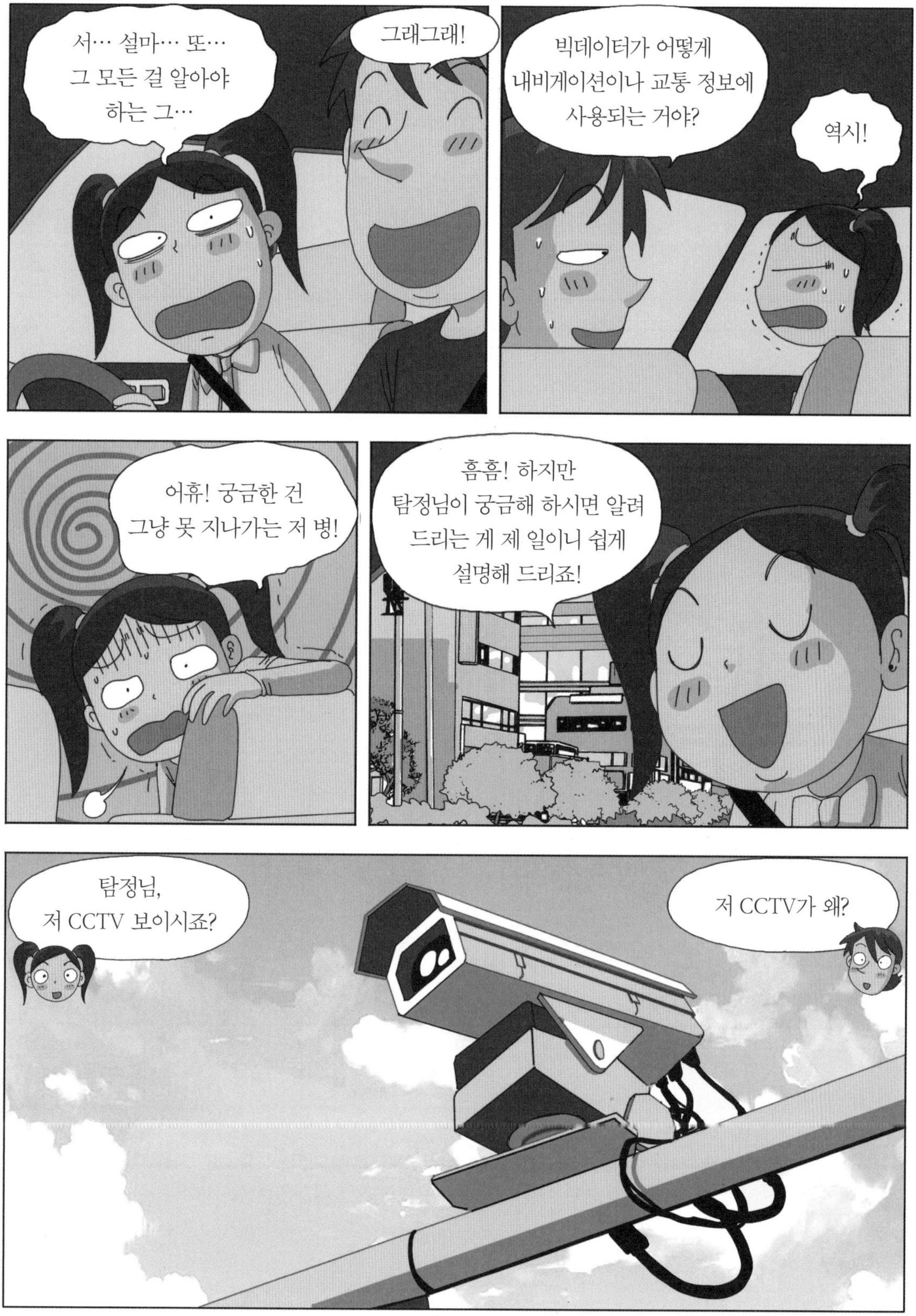
서… 설마… 또…
그 모든 걸 알아야
하는 그…
그래그래!
빅데이터가 어떻게
내비게이션이나 교통 정보에
사용되는 거야?
역시!
어휴! 궁금한 건
그냥 못 지나가는 저 병!
흠흠! 하지만
탐정님이 궁금해 하시면 알려
드리는 게 제 일이니 쉽게
설명해 드리죠!
탐정님,
저 CCTV 보이시죠?
저 CCTV가 왜?

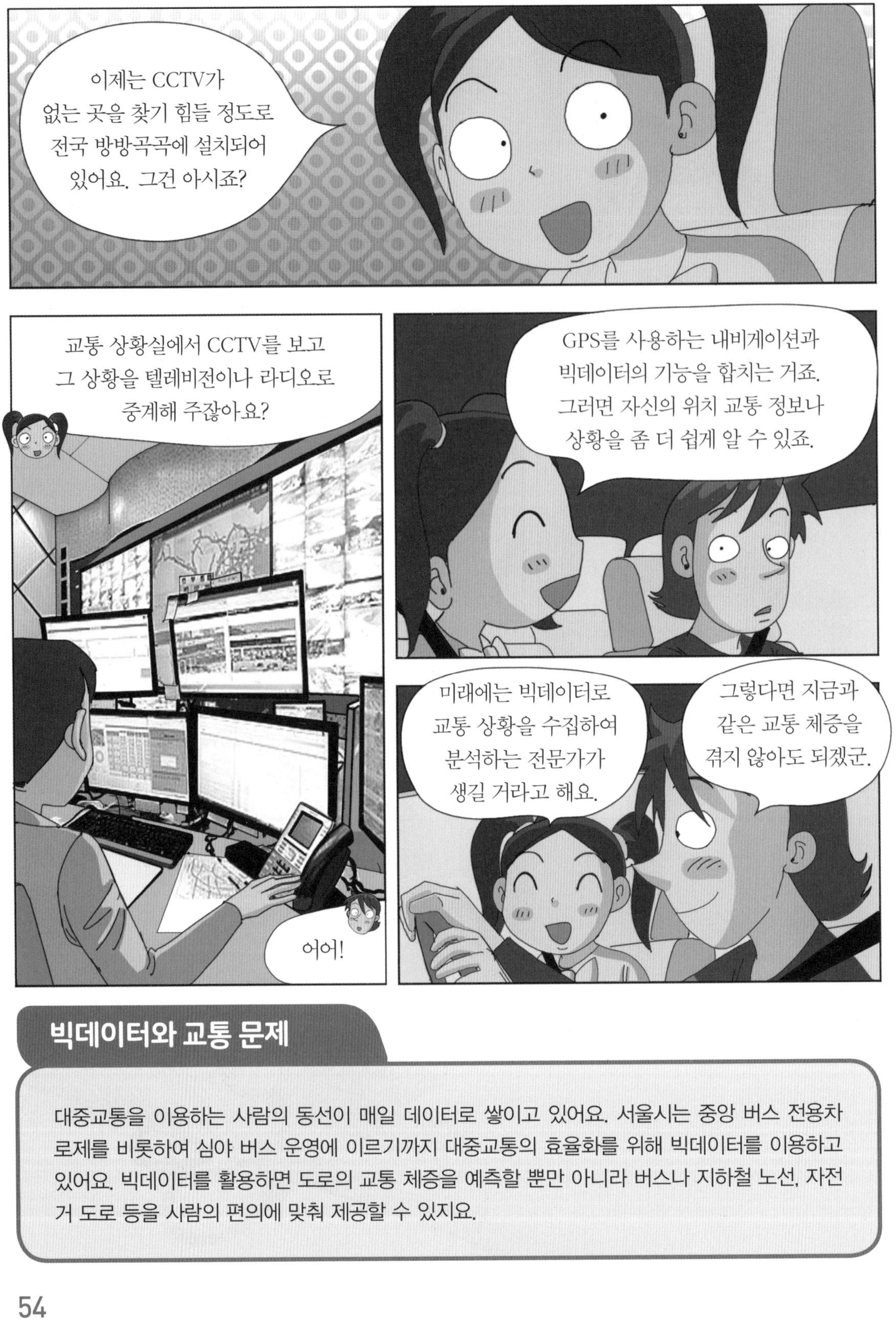

이제는 CCTV가 없는 곳을 찾기 힘들 정도로 전국 방방곡곡에 설치되어 있어요. 그건 아시죠?
교통 상황실에서 CCTV를 보고 그 상황을 텔레비전이나 라디오로 중계해 주잖아요?
어어!
GPS를 사용하는 내비게이션과 빅데이터의 기능을 합치는 거죠. 그러면 자신의 위치 교통 정보나 상황을 좀 더 쉽게 알 수 있죠.
미래에는 빅데이터로 교통 상황을 수집하여 분석하는 전문가가 생길 거라고 해요.
그렇다면 지금과 같은 교통 체증을 겪지 않아도 되겠군.

빅데이터와 교통 문제

대중교통을 이용하는 사람의 동선이 매일 데이터로 쌓이고 있어요. 서울시는 중앙 버스 전용차로제를 비롯하여 심야 버스 운영에 이르기까지 대중교통의 효율화를 위해 빅데이터를 이용하고 있어요. 빅데이터를 활용하면 도로의 교통 체증을 예측할 뿐만 아니라 버스나 지하철 노선, 자전거 도로 등을 사람의 편의에 맞춰 제공할 수 있지요.

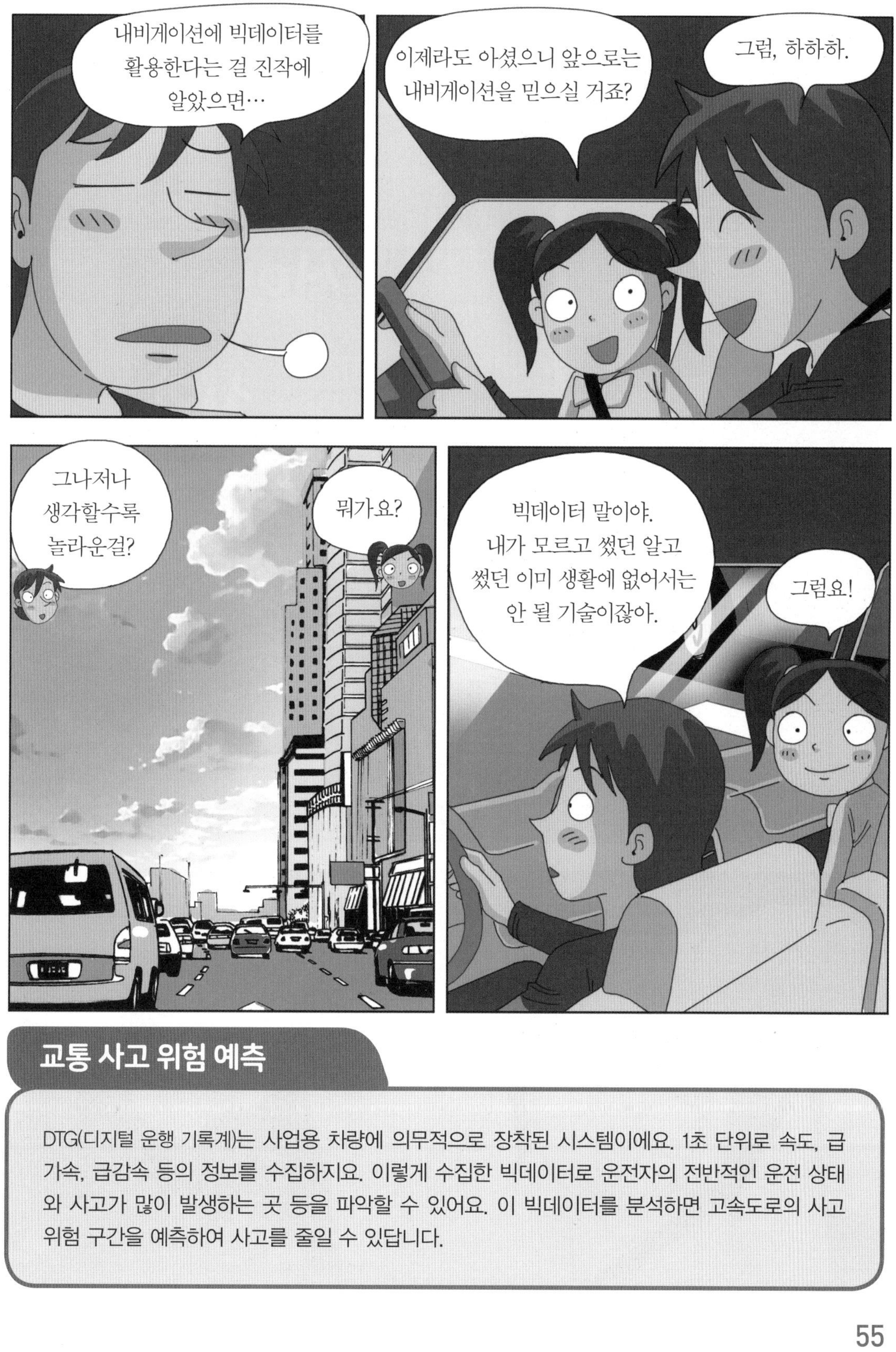
내비게이션에 빅데이터를 활용한다는 걸 진작에 알았으면…
이제라도 아셨으니 앞으로는 내비게이션을 믿으실 거죠?
그럼, 하하하.
그나저나 생각할수록 놀라운걸?
뭐가요?
빅데이터 말이야. 내가 모르고 썼던 알고 썼던 이미 생활에 없어서는 안 될 기술이잖아.
그럼요!

교통 사고 위험 예측

DTG(디지털 운행 기록계)는 사업용 차량에 의무적으로 장착된 시스템이에요. 1초 단위로 속도, 급가속, 급감속 등의 정보를 수집하지요. 이렇게 수집한 빅데이터로 운전자의 전반적인 운전 상태와 사고가 많이 발생하는 곳 등을 파악할 수 있어요. 이 빅데이터를 분석하면 고속도로의 사고 위험 구간을 예측하여 사고를 줄일 수 있답니다.

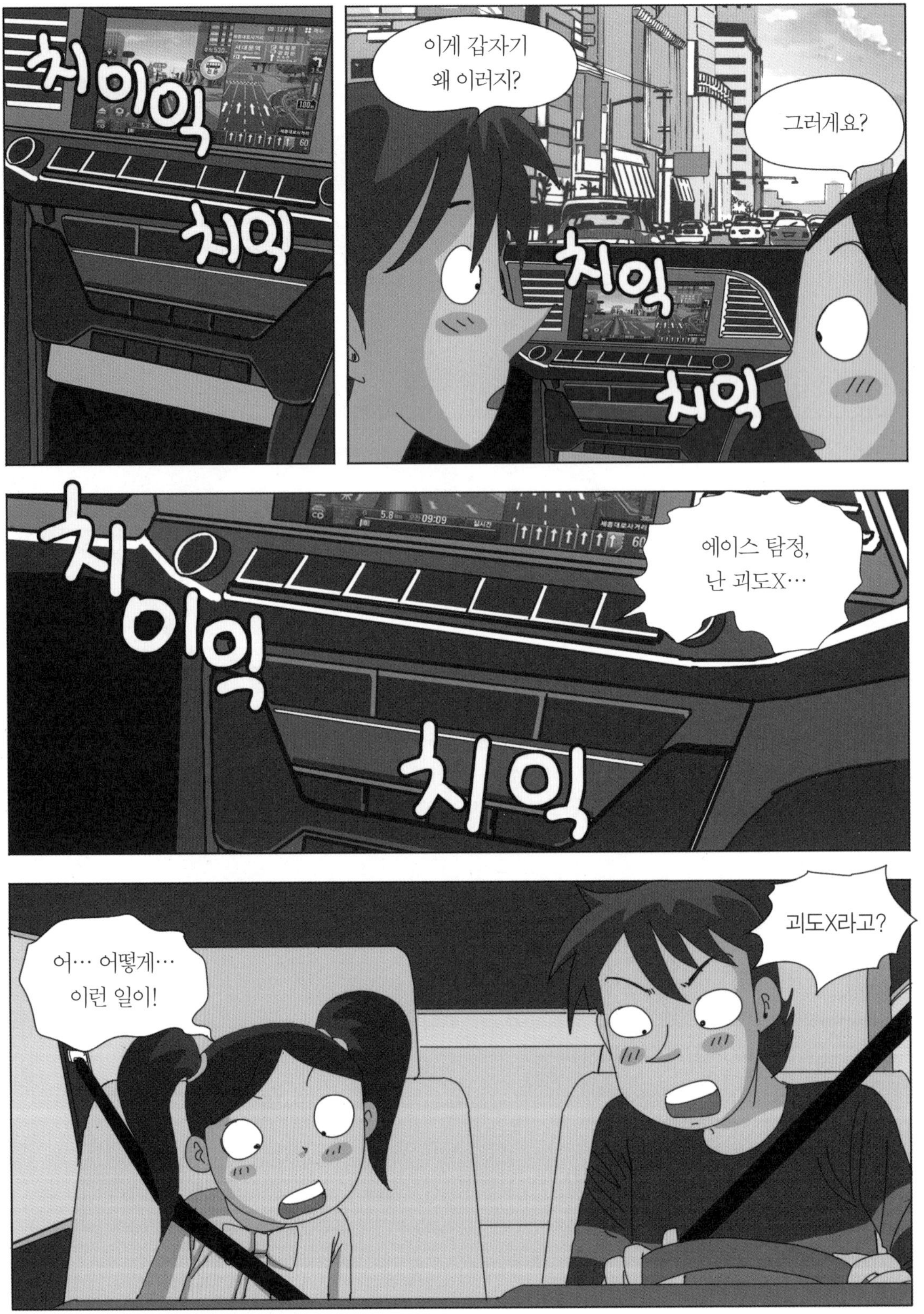
치이익
치익
이게 갑자기
왜 이러지?
그러게요?
치익
치익
치
이익
에이스 탐정,
난 괴도X…
치익
괴도X라고?
어… 어떻게…
이런 일이!

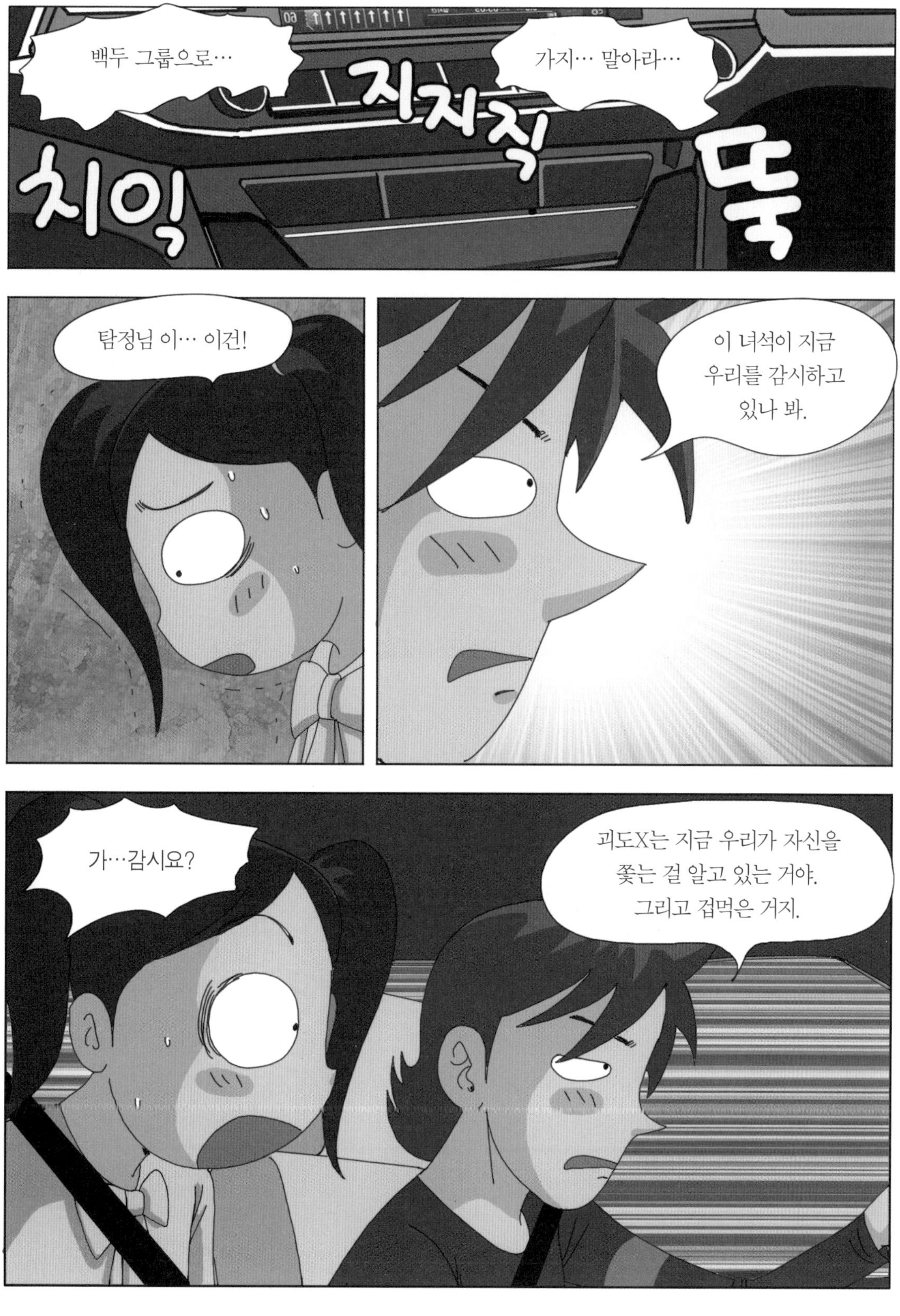
백두 그룹으로…
가지… 말아라…
지지직
치익
뚝
탐정님 이… 이건!
이 녀석이 지금
우리를 감시하고
있나 봐.
가…감시요?
괴도X는 지금 우리가 자신을
쫓는 걸 알고 있는 거야.
그리고 겁먹은 거지.

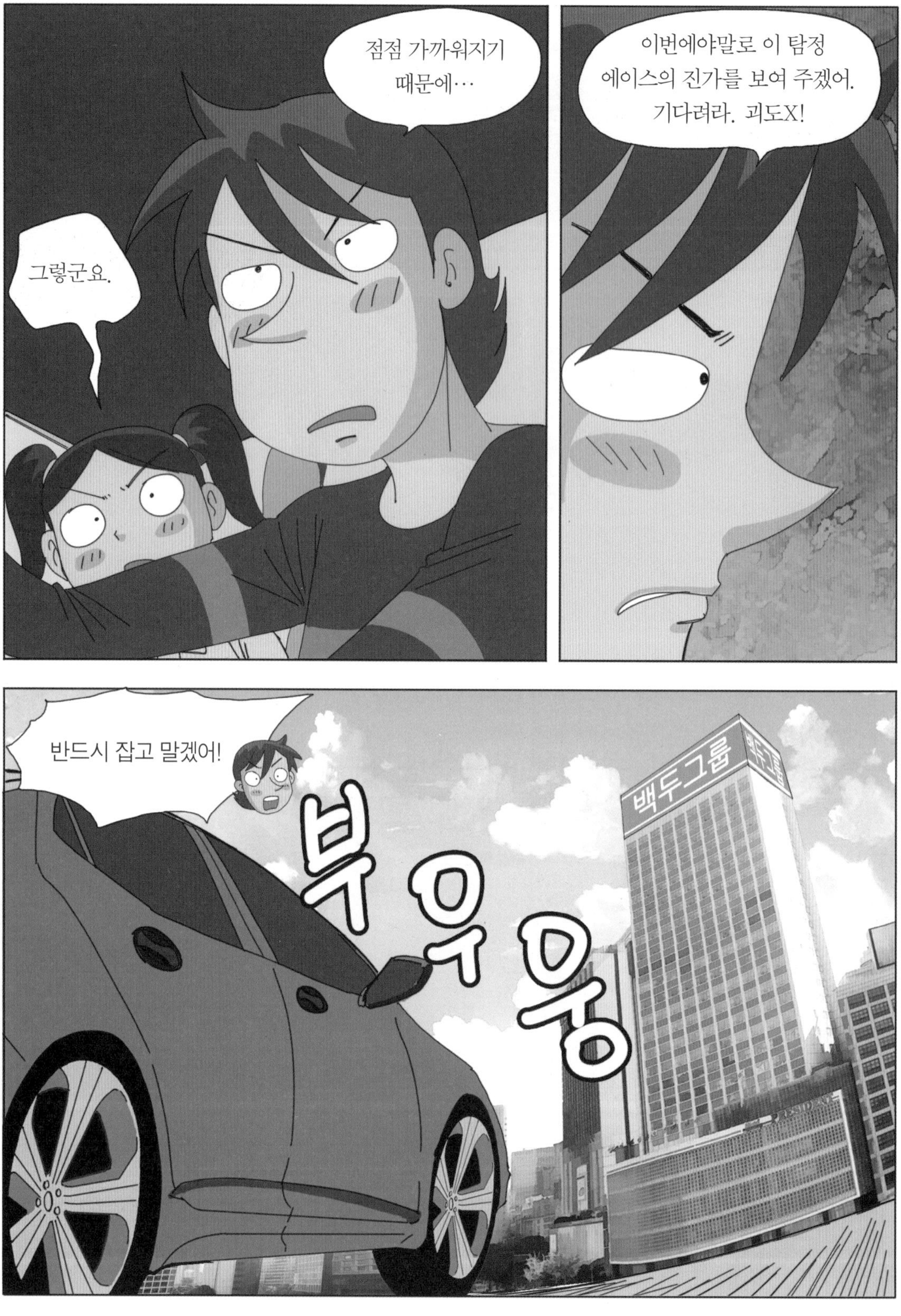
점점 가까워지기 때문에…
그렇군요.
이번에야말로 이 탐정 에이스의 진가를 보여 주겠어. 기다려라. 괴도X!
반드시 잡고 말겠어!
부우웅
백두그룹

정보 더하기

교통과 빅데이터

과학기술정보통신부는 한국교통방송과 함께 '빅데이터 기반 교통사고 위험 예측 서비스'를 개발했어요.

경찰청, 손해보험협회 등을 통해 교통량, 기상, 인구, 차량 통계 등 다양한 데이터를 수집하고 과학적 분석 작업을 거쳐 200여 가지 변수를 선정했어요. 또 이를 통해 확보한 2억여 건의 데이터를 인공지능 딥러닝 신경망을 활용하여 평가한 결과 70% 이상의 정확도를 보였다고 해요.

웹 서비스를 이용해 지역을 선택한 후 시, 동까지 세부적인 정보를 입력하면 해당 지역의 지도가 등장하고 지도 위 도로 정보에 안전, 보통, 관심, 주의의 위험 지수가 표시돼요. 또 근방의 사고 위험 예측 지역과 더불어 실시간 교통 상황 정보도 함께 제공해요. 사고 난 곳이 있는지, 행사나 공사 중인 곳이 있는지, 정체된 곳이 있는지 등을 알려주기 때문에 이 정보를 확인하면 안전하고 빠르게 목적지에 도착할 수 있지요.

또 데이터를 분석하여 제작한 교통사고 위험 지도(Risk Map)를 활용하여 교통사고의 발생 유형, 시기, 특성에 따라 맞춤형 교통안전 대책을 수립하고, 효율적으로 경찰 인력을 배치·운영하고, 주민을 계도하고 단속하는 등 교통안전 활동에 사용하기로 했어요.

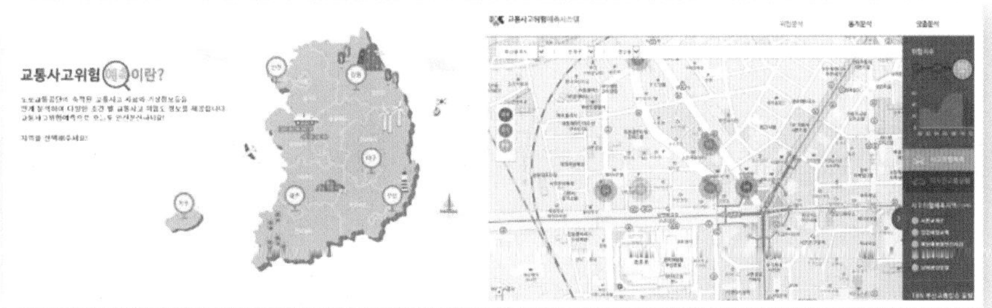
교통사고위험 예측이란?

교통사고 위험 예측 시스템

나재벌 회장과의 만남

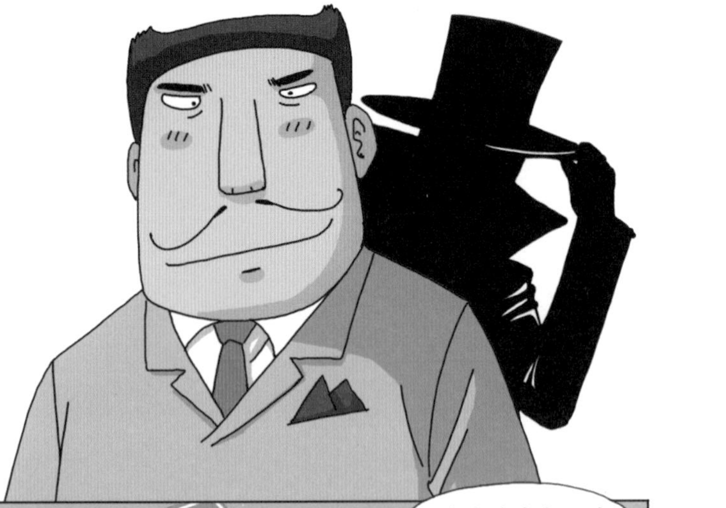

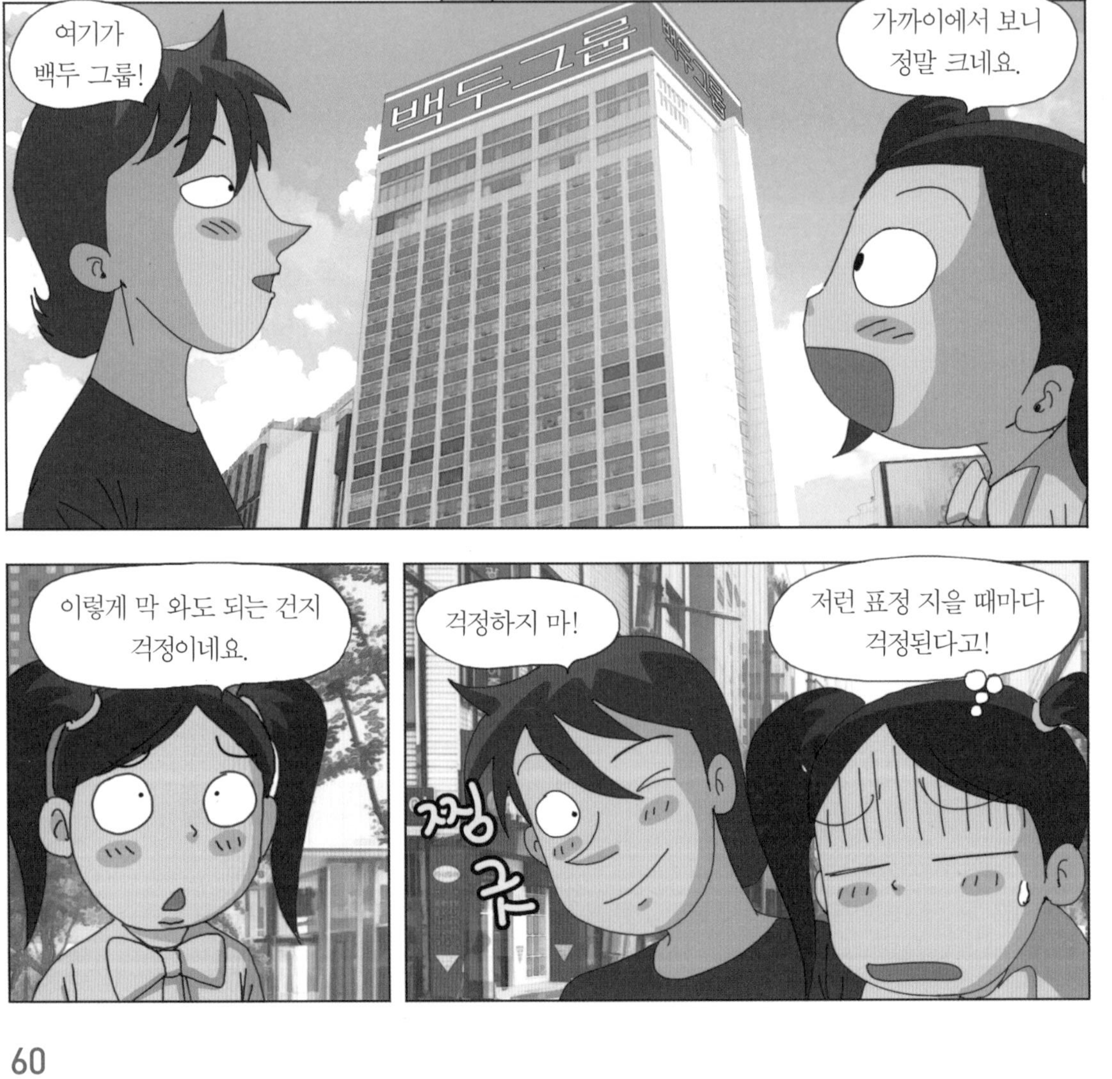

여기가 백두 그룹!
백두그룹
백두그룹
가까이에서 보니 정말 크네요.
이렇게 막 와도 되는 건지 걱정이네요.
걱정하지 마!
찡긋
저런 표정 지을 때마다 걱정된다고!

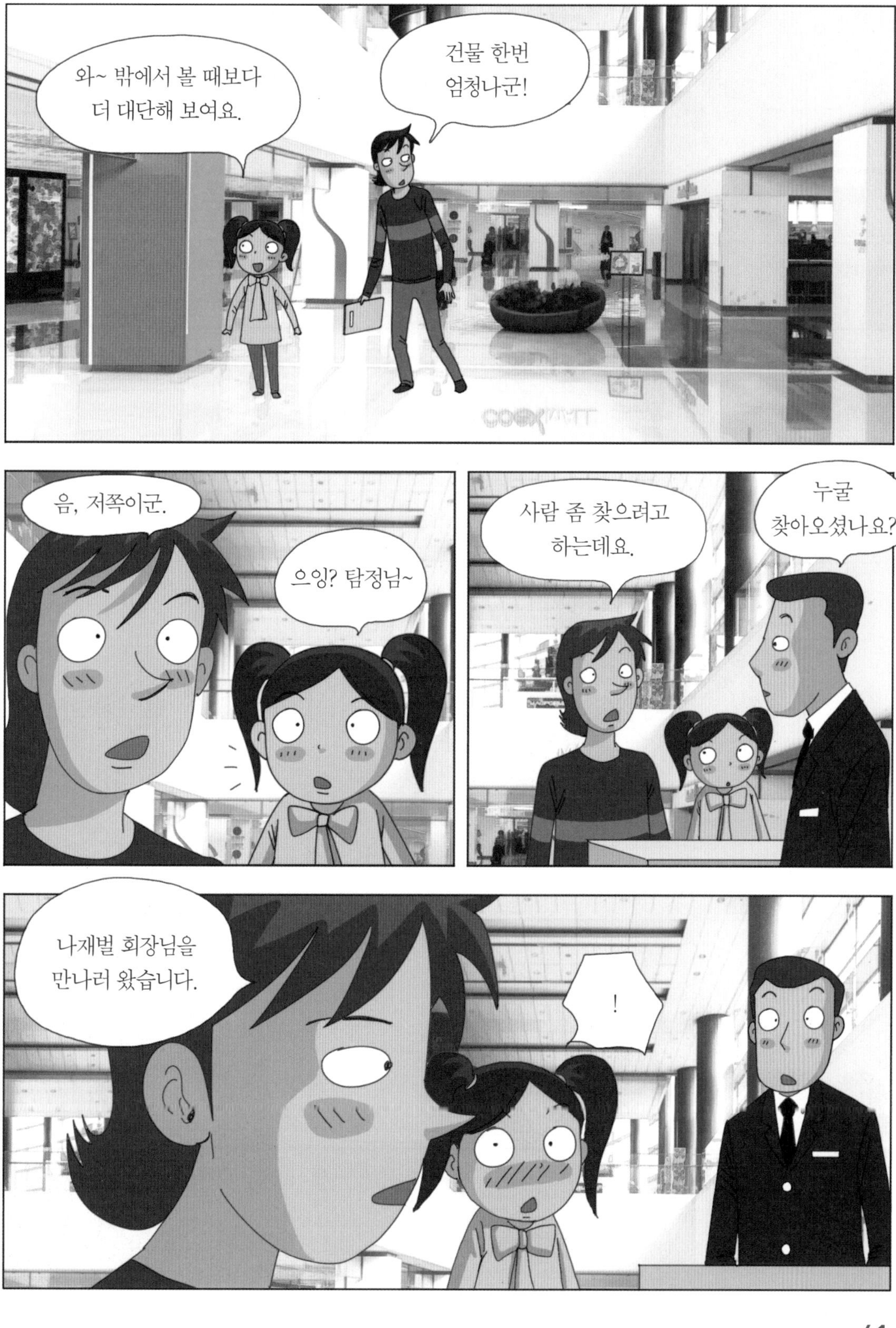

와~ 밖에서 볼 때보다 더 대단해 보여요.
건물 한번 엄청나군!
음, 저쪽이군.
으잉? 탐정님~
누굴 찾아오셨나요?
사람 좀 찾으려고 하는데요.
나재벌 회장님을 만나러 왔습니다.
!

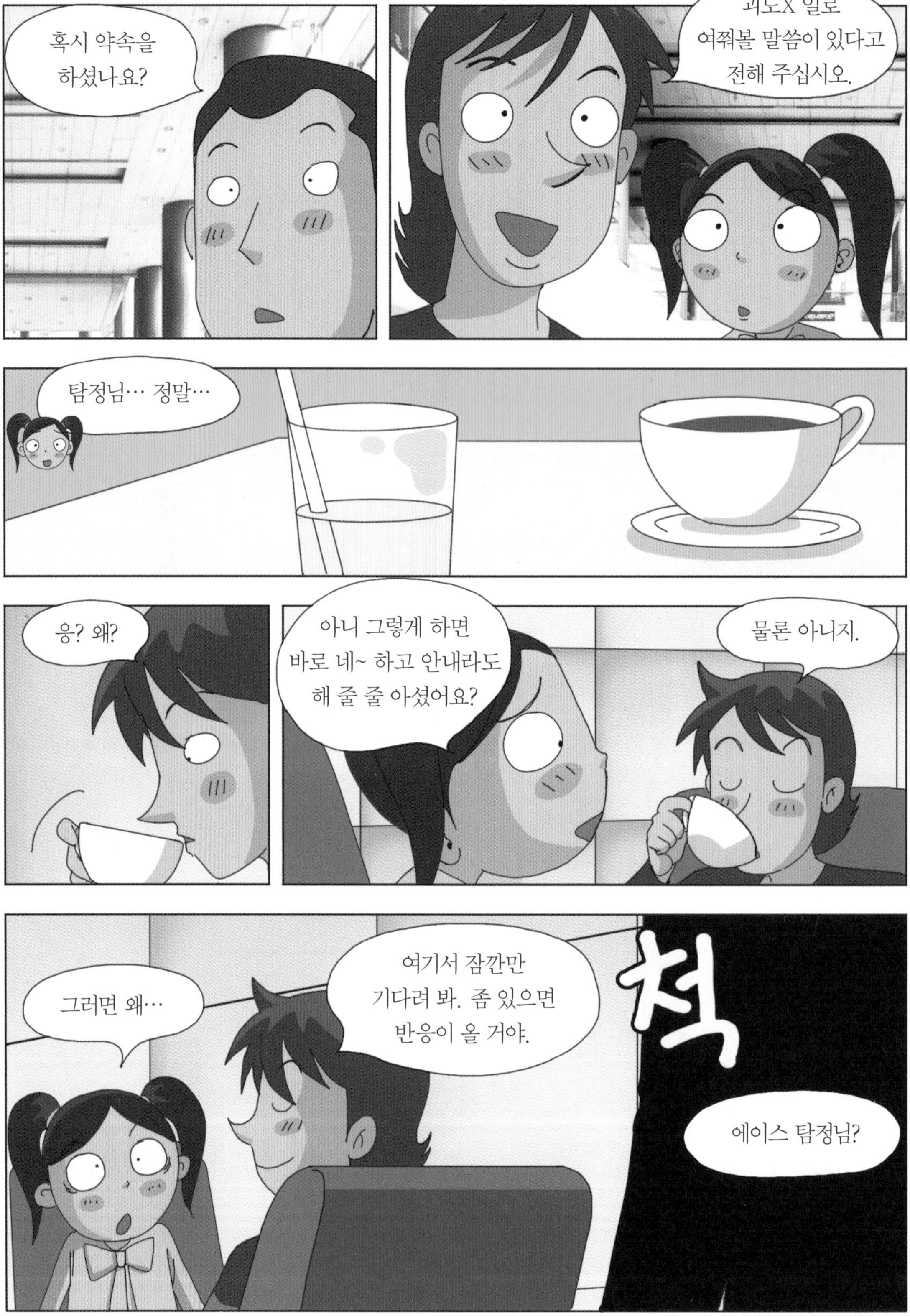
혹시 약속을 하셨나요?
괴도X 일로 여쭤볼 말씀이 있다고 전해 주십시오.
탐정님… 정말…
응? 왜?
아니 그렇게 하면 바로 네~ 하고 안내라도 해 줄 줄 아셨어요?
물론 아니지.
그러면 왜…
여기서 잠깐만 기다려 봐. 좀 있으면 반응이 올 거야.
척
에이스 탐정님?

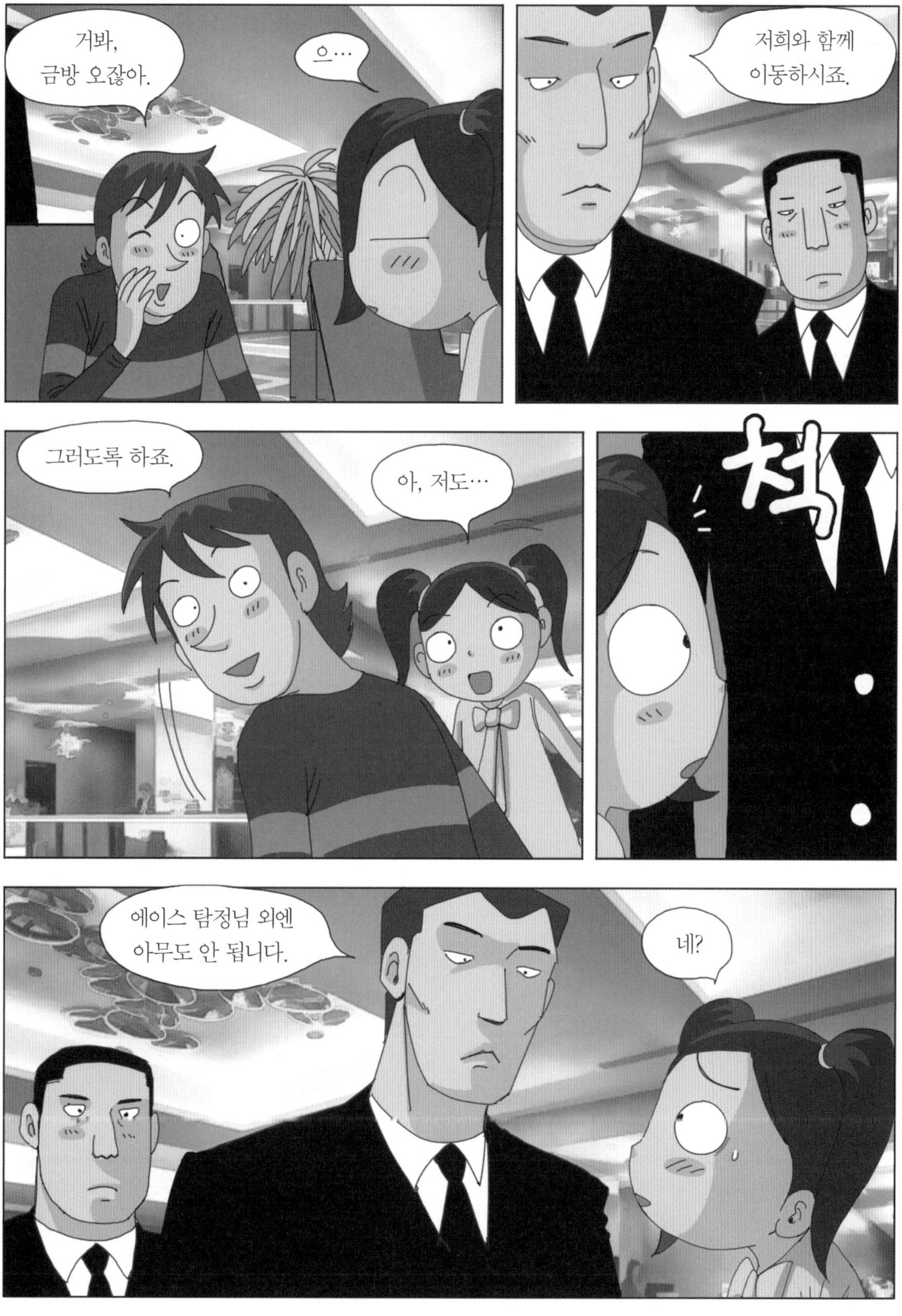

거봐,
금방 오잖아.
으…
저희와 함께
이동하시죠.
그러도록 하죠.
아, 저도…
척
에이스 탐정님 외엔
아무도 안 됩니다.
네?

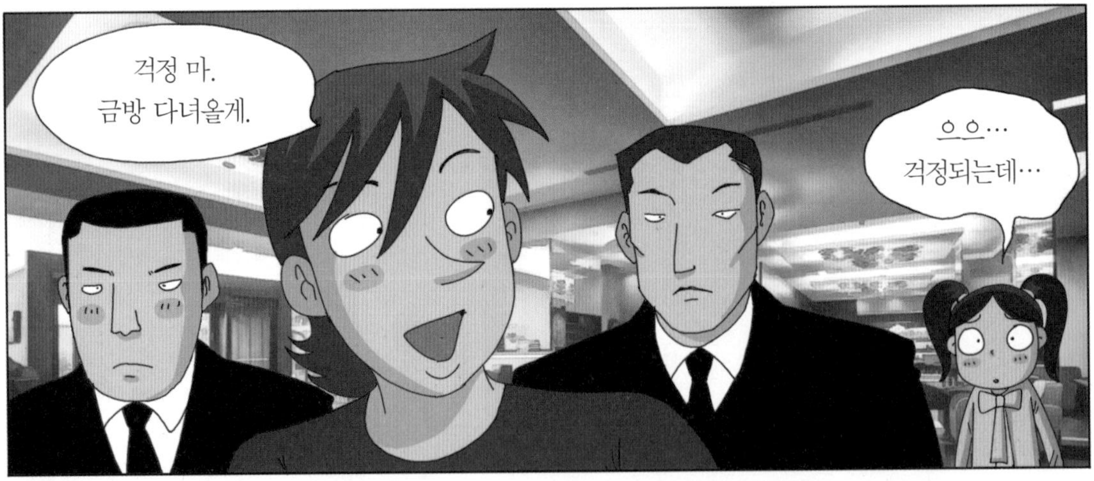

걱정 마.
금방 다녀올게.
으으…
걱정되는데…

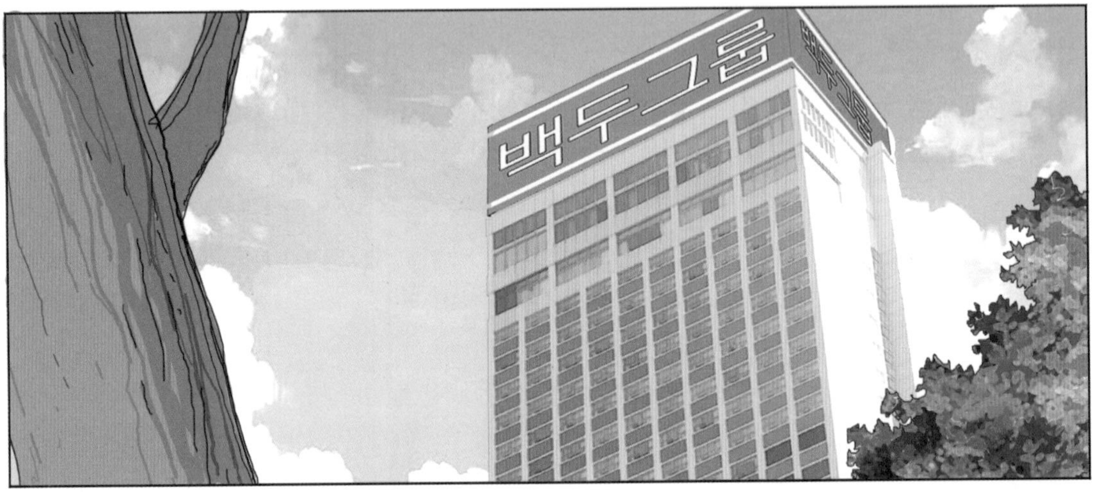

백두그룹
백두그룹

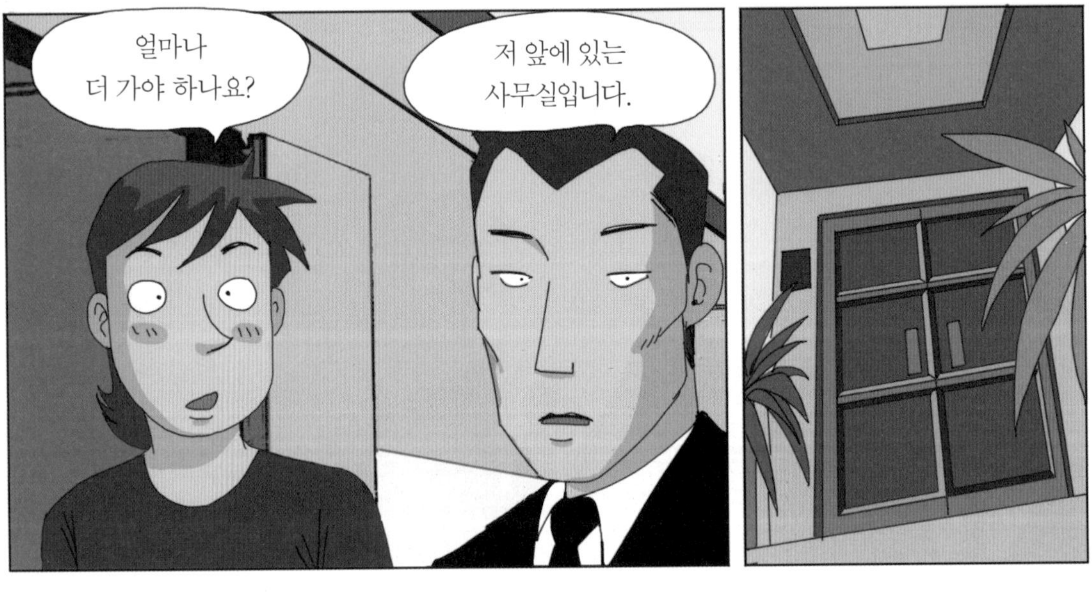

얼마나
더 가야 하나요?
저 앞에 있는
사무실입니다.

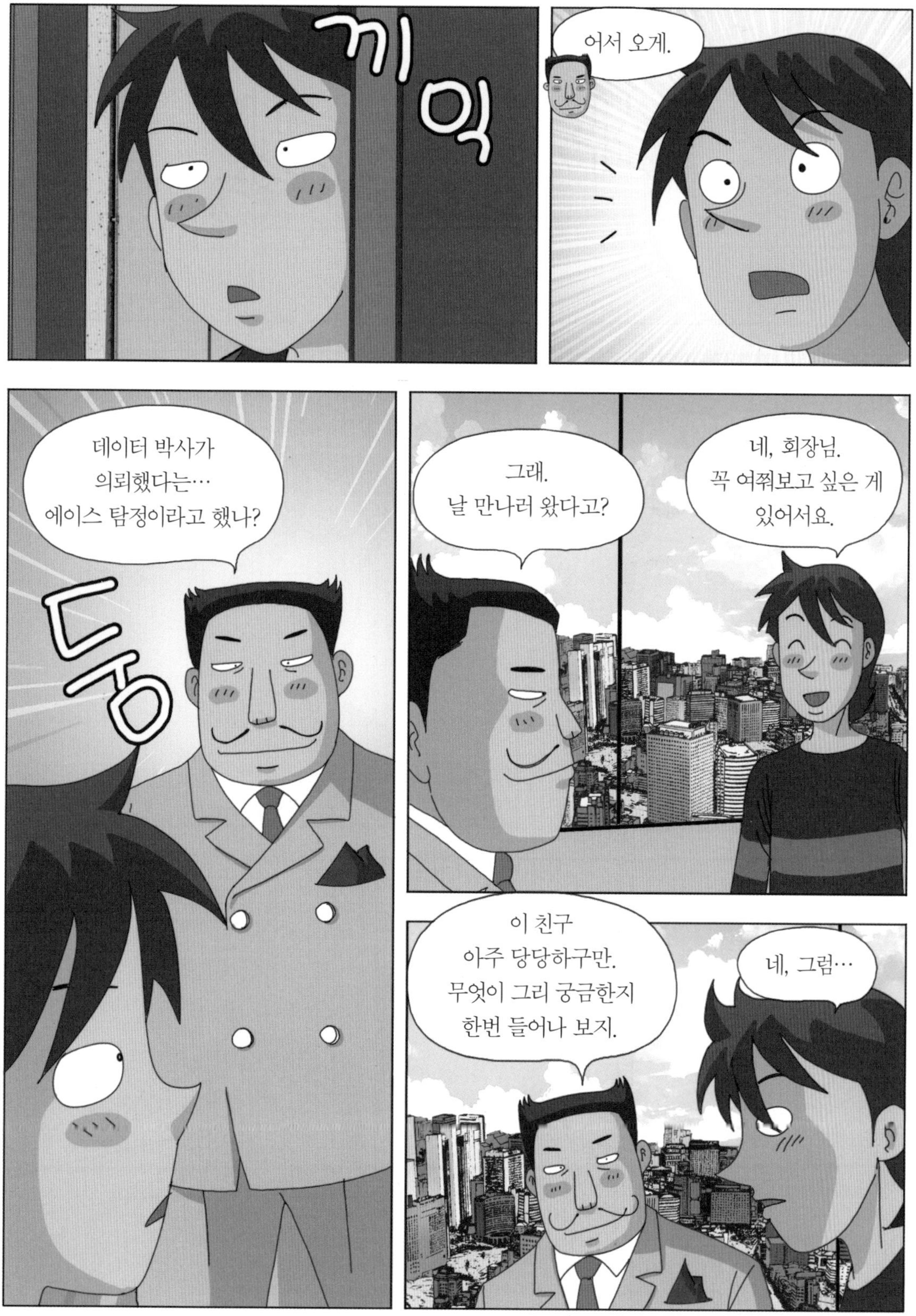
끼익
어서 오게.
데이터 박사가 의뢰했다는… 에이스 탐정이라고 했나?
둥
그래. 날 만나러 왔다고?
네, 회장님. 꼭 여쭤보고 싶은 게 있어서요.
이 친구 아주 당당하구만. 무엇이 그리 궁금한지 한번 들어나 보지.
네, 그럼…

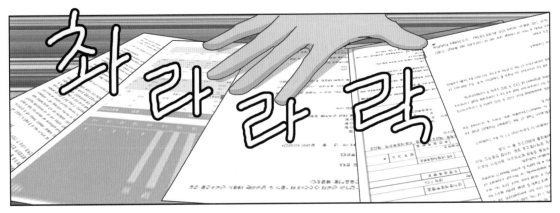

그게 뭔가?

괴도X의 사건 파일입니다.

놀라지 않는군.

제가 IT쪽은 잘 몰라서 이렇게 정리하느라 고생 좀 했죠.

그래서… 그 파일은 왜?

보시다시피 사건이 일어나기 전을 조사했습니다. 괴도X가 범죄를 일으키기 전이요.

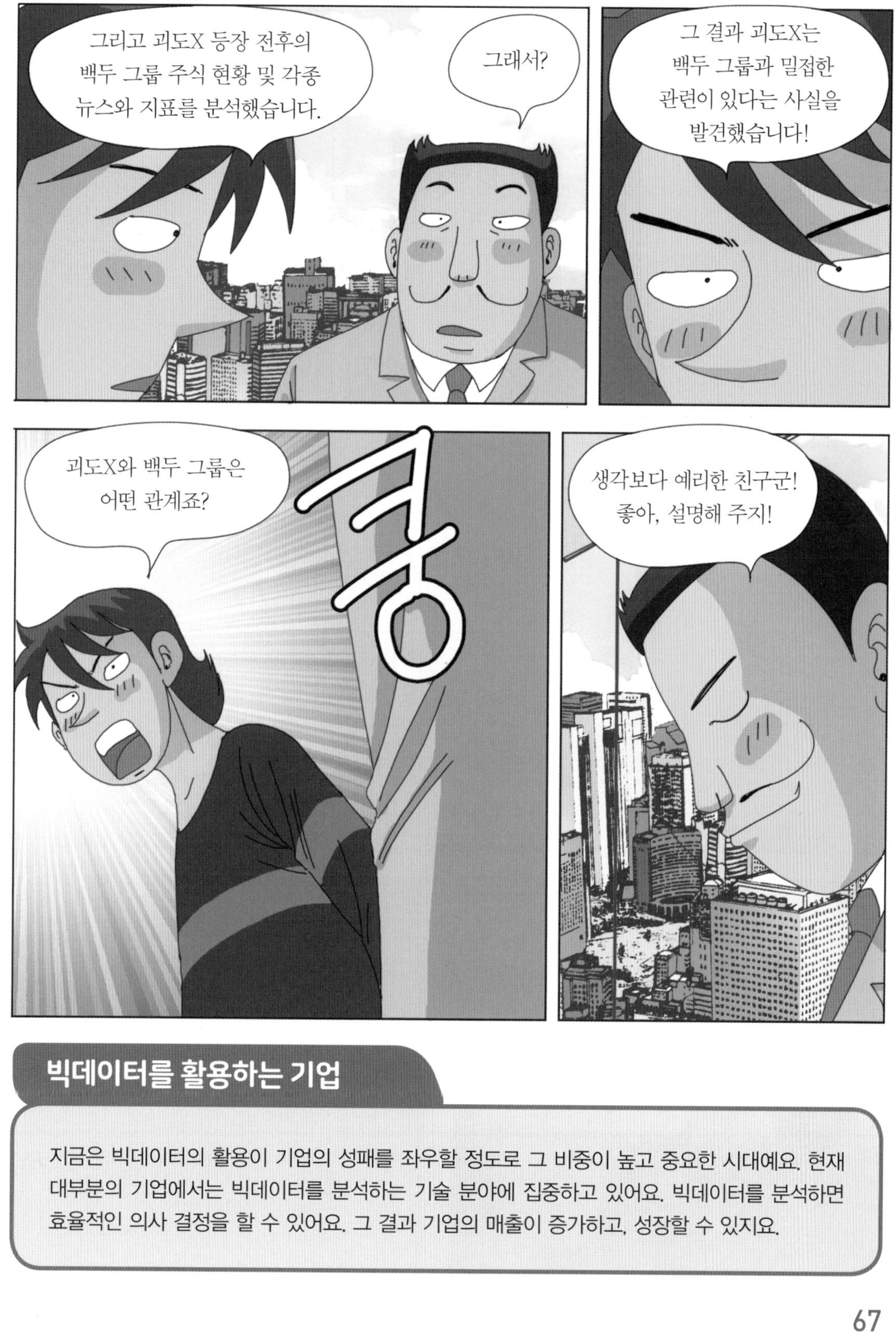
그리고 괴도X 등장 전후의 백두 그룹 주식 현황 및 각종 뉴스와 지표를 분석했습니다.
그래서?
그 결과 괴도X는 백두 그룹과 밀접한 관련이 있다는 사실을 발견했습니다!
괴도X와 백두 그룹은 어떤 관계죠?
쿵
생각보다 예리한 친구군! 좋아, 설명해 주지!

빅데이터를 활용하는 기업

지금은 빅데이터의 활용이 기업의 성패를 좌우할 정도로 그 비중이 높고 중요한 시대예요. 현재 대부분의 기업에서는 빅데이터를 분석하는 기술 분야에 집중하고 있어요. 빅데이터를 분석하면 효율적인 의사 결정을 할 수 있어요. 그 결과 기업의 매출이 증가하고, 성장할 수 있지요.

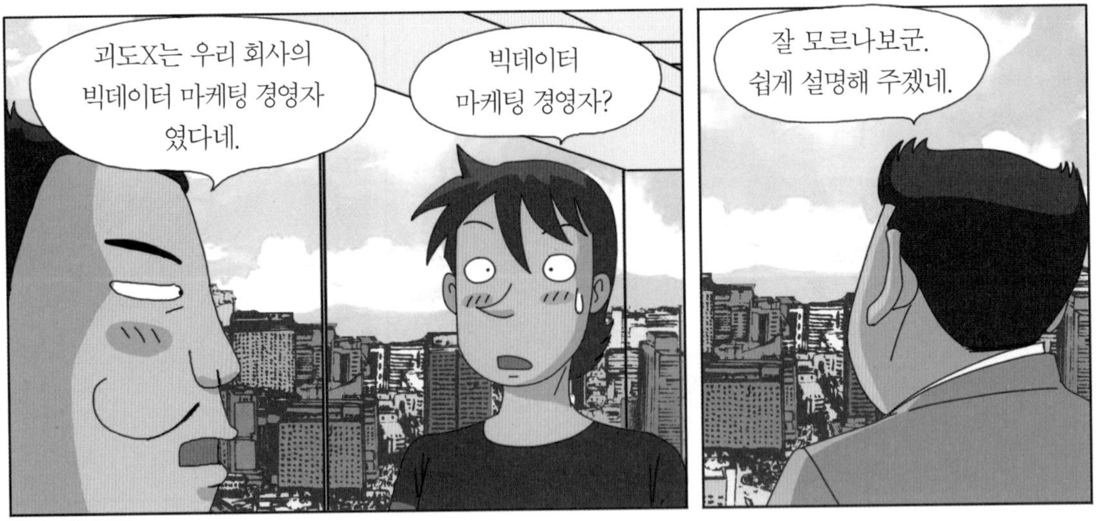
괴도X는 우리 회사의
빅데이터 마케팅 경영자
였다네.
빅데이터
마케팅 경영자?
잘 모르나보군.
쉽게 설명해 주겠네.

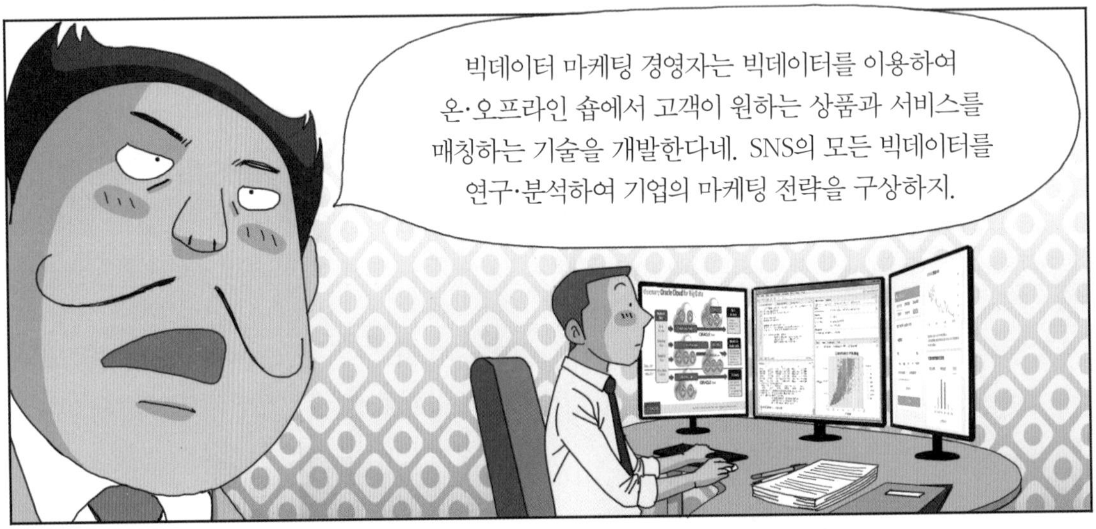
빅데이터 마케팅 경영자는 빅데이터를 이용하여 온·오프라인 숍에서 고객이 원하는 상품과 서비스를 매칭하는 기술을 개발한다네. SNS의 모든 빅데이터를 연구·분석하여 기업의 마케팅 전략을 구상하지.

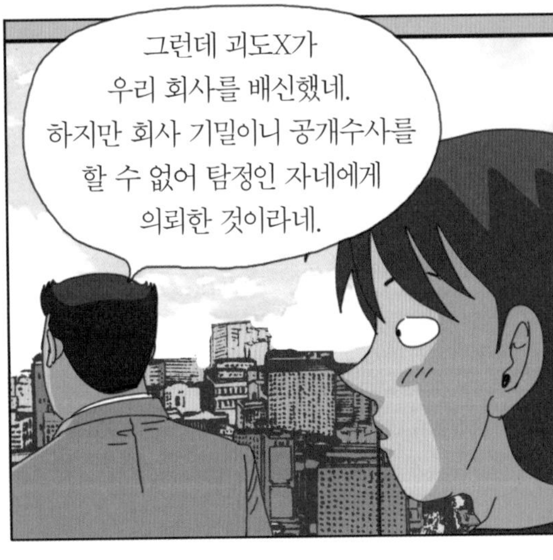
그런데 괴도X가
우리 회사를 배신했네.
하지만 회사 기밀이니 공개수사를
할 수 없어 탐정인 자네에게
의뢰한 것이라네.

빅데이터 마케팅 경영자

빅데이터로 고객의 구매 정보를 분석하고 구매할 가능성이 높은 고객을 선택해 타깃 마케팅을 해요. 이미 국내외 여러 기업에 빅데이터 마케팅 경영자가 중요한 인재로 떠오르고 있어요.
빅데이터 마케팅 경영자가 되기 위해서는 시장을 보는 분석력, 통찰력, 판단력이 필요하답니다.

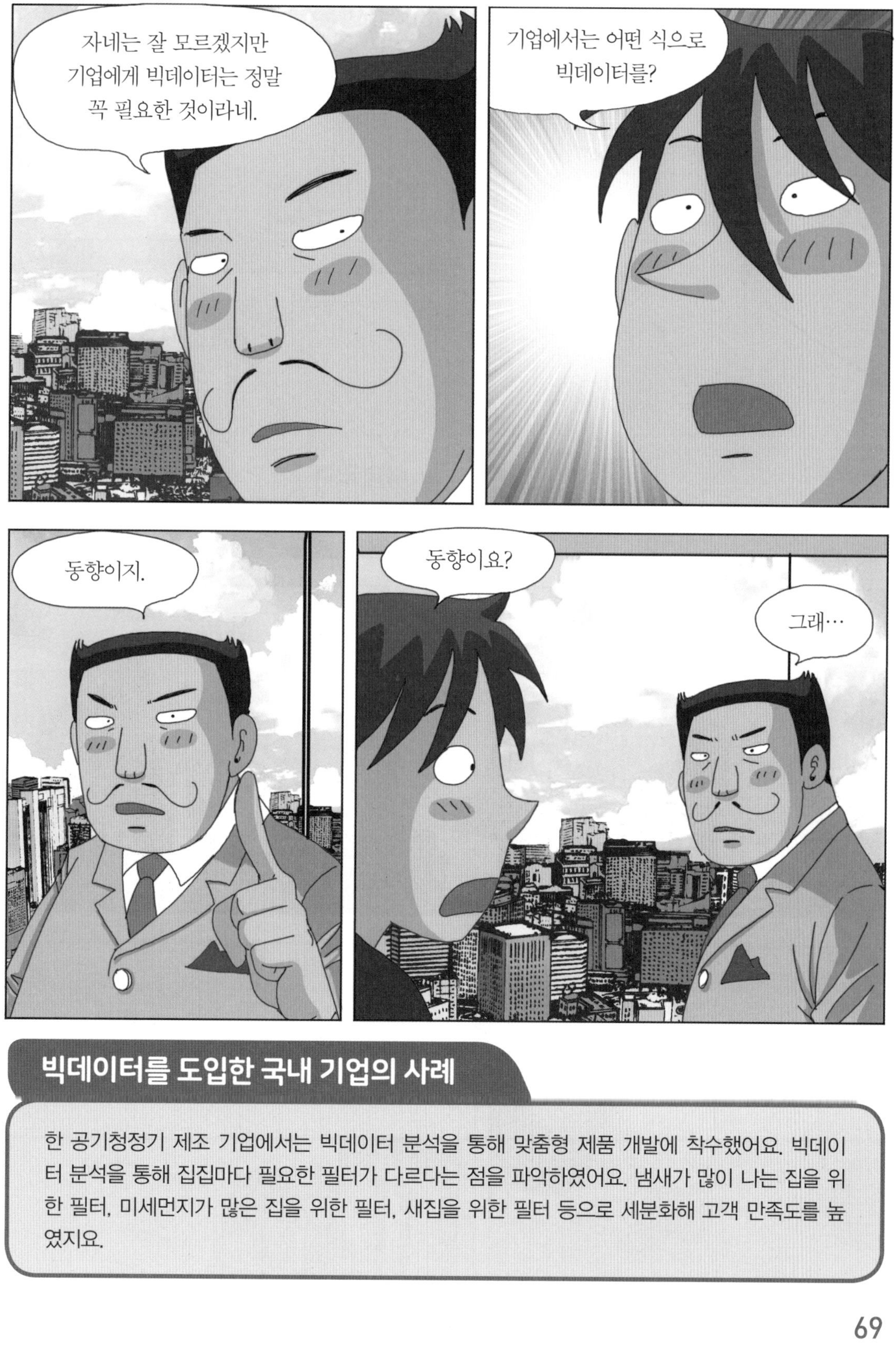
자네는 잘 모르겠지만
기업에게 빅데이터는 정말
꼭 필요한 것이라네.
기업에서는 어떤 식으로
빅데이터를?
동향이지.
동향이요?
그래…

빅데이터를 도입한 국내 기업의 사례

한 공기청정기 제조 기업에서는 빅데이터 분석을 통해 맞춤형 제품 개발에 착수했어요. 빅데이터 분석을 통해 집집마다 필요한 필터가 다르다는 점을 파악하였어요. 냄새가 많이 나는 집을 위한 필터, 미세먼지가 많은 집을 위한 필터, 새집을 위한 필터 등으로 세분화해 고객 만족도를 높였지요.

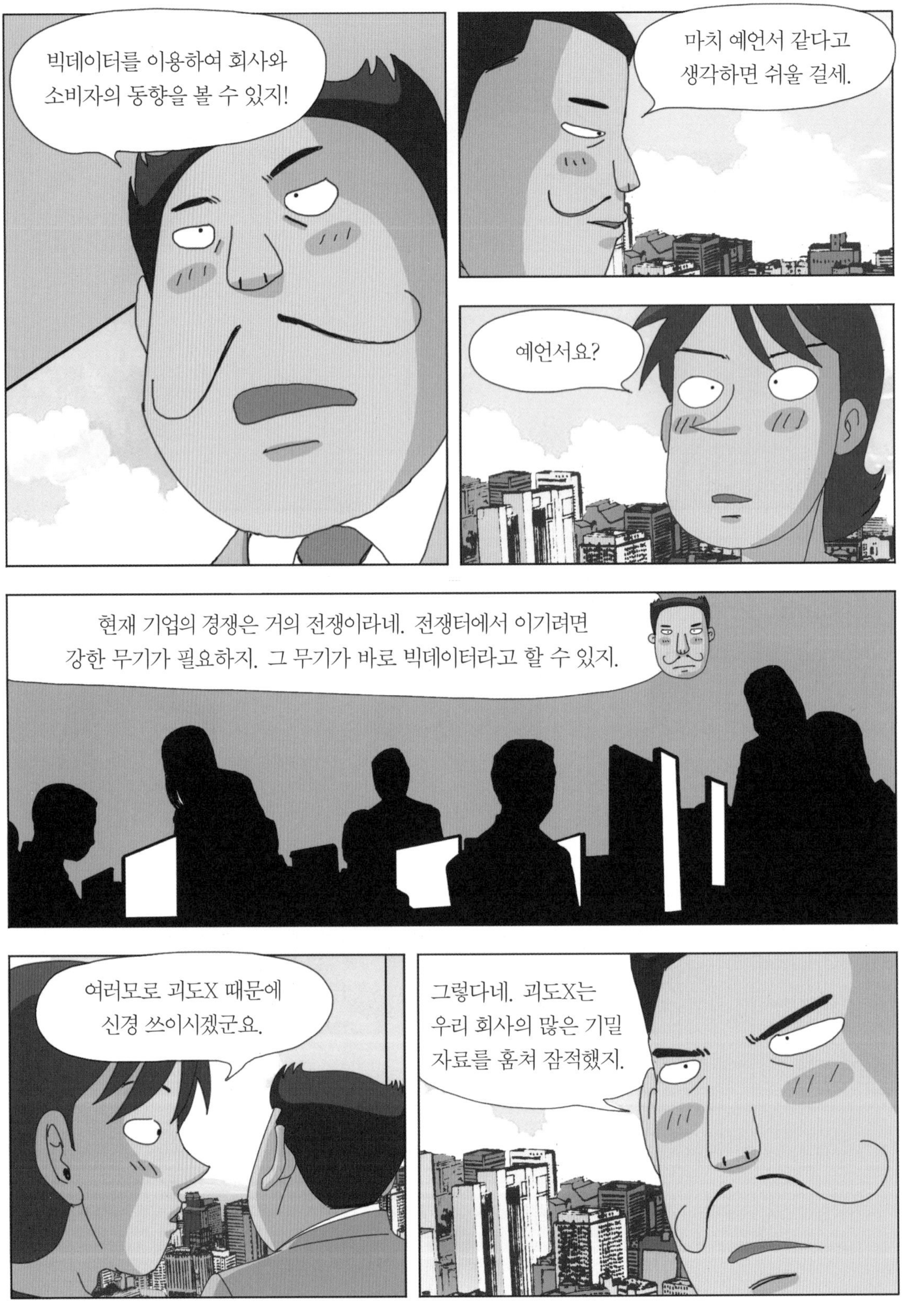
빅데이터를 이용하여 회사와 소비자의 동향을 볼 수 있지!
마치 예언서 같다고 생각하면 쉬울 걸세.
예언서요?
현재 기업의 경쟁은 거의 전쟁이라네. 전쟁터에서 이기려면 강한 무기가 필요하지. 그 무기가 바로 빅데이터라고 할 수 있지.
여러모로 괴도X 때문에 신경 쓰이시겠군요.
그렇다네. 괴도X는 우리 회사의 많은 기밀 자료를 훔쳐 잠적했지.

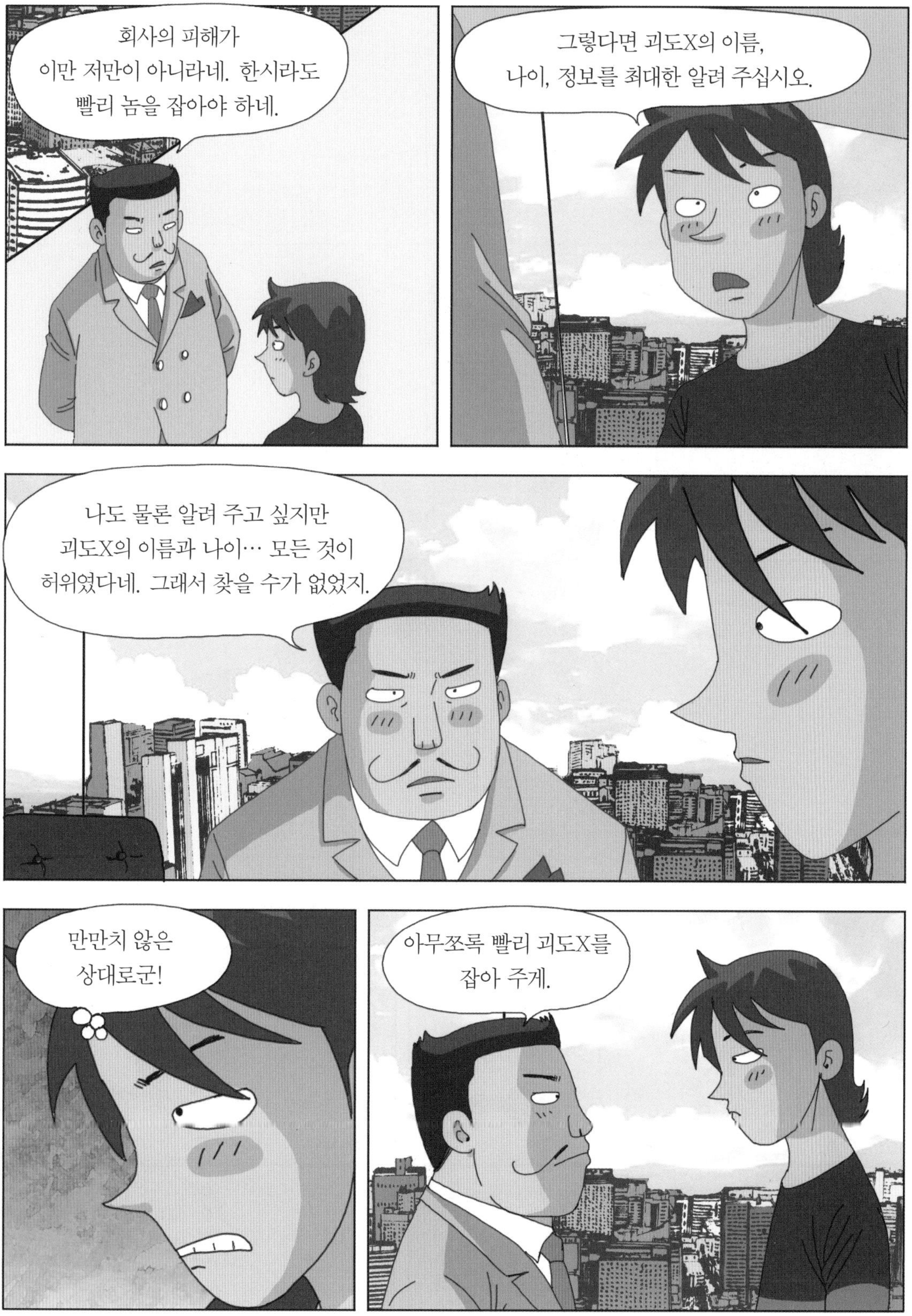
회사의 피해가
이만 저만이 아니라네. 한시라도
빨리 놈을 잡아야 하네.
그렇다면 괴도X의 이름,
나이, 정보를 최대한 알려 주십시오.
나도 물론 알려 주고 싶지만
괴도X의 이름과 나이… 모든 것이
허위였다네. 그래서 찾을 수가 없었지.
만만치 않은
상대로군!
아무쪼록 빨리 괴도X를
잡아 주게.

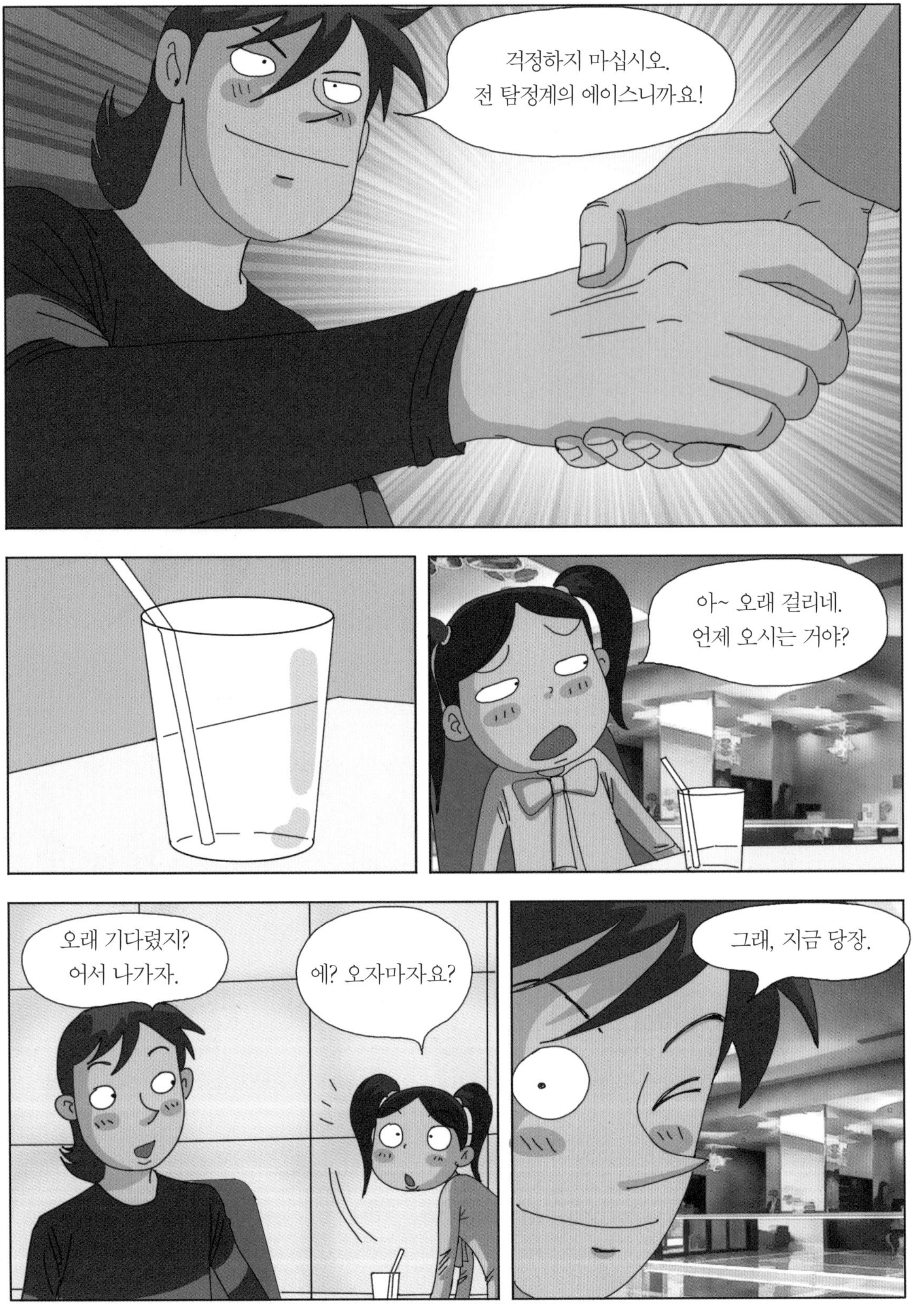
걱정하지 마십시오.
전 탐정계의 에이스니까요!
아~ 오래 걸리네.
언제 오시는 거야?
오래 기다렸지?
어서 나가자.
에? 오자마자요?
그래, 지금 당장.

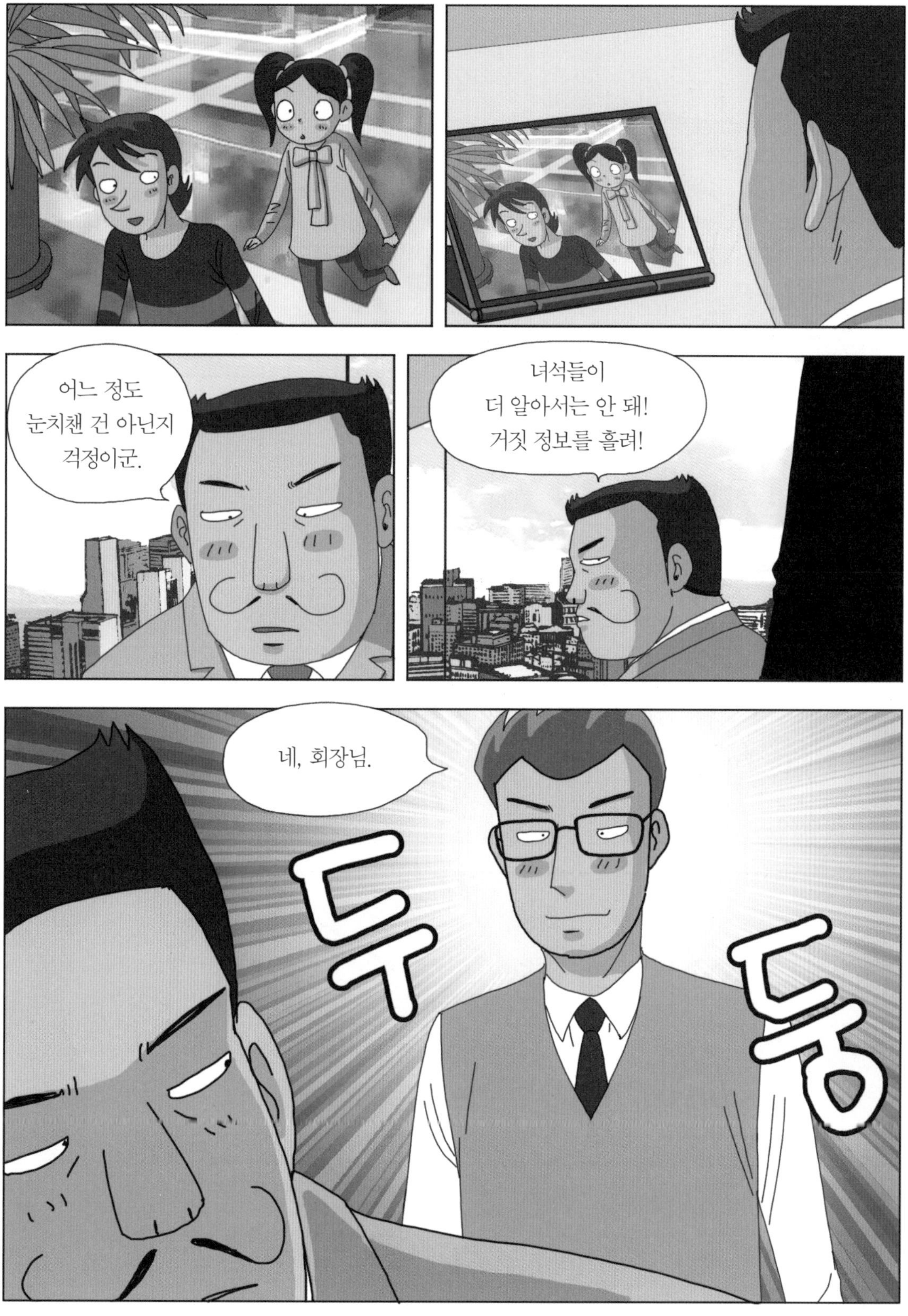
어느 정도
눈치챈 건 아닌지
걱정이군.
녀석들이
더 알아서는 안 돼!
거짓 정보를 흘려!
네, 회장님.
두
둥

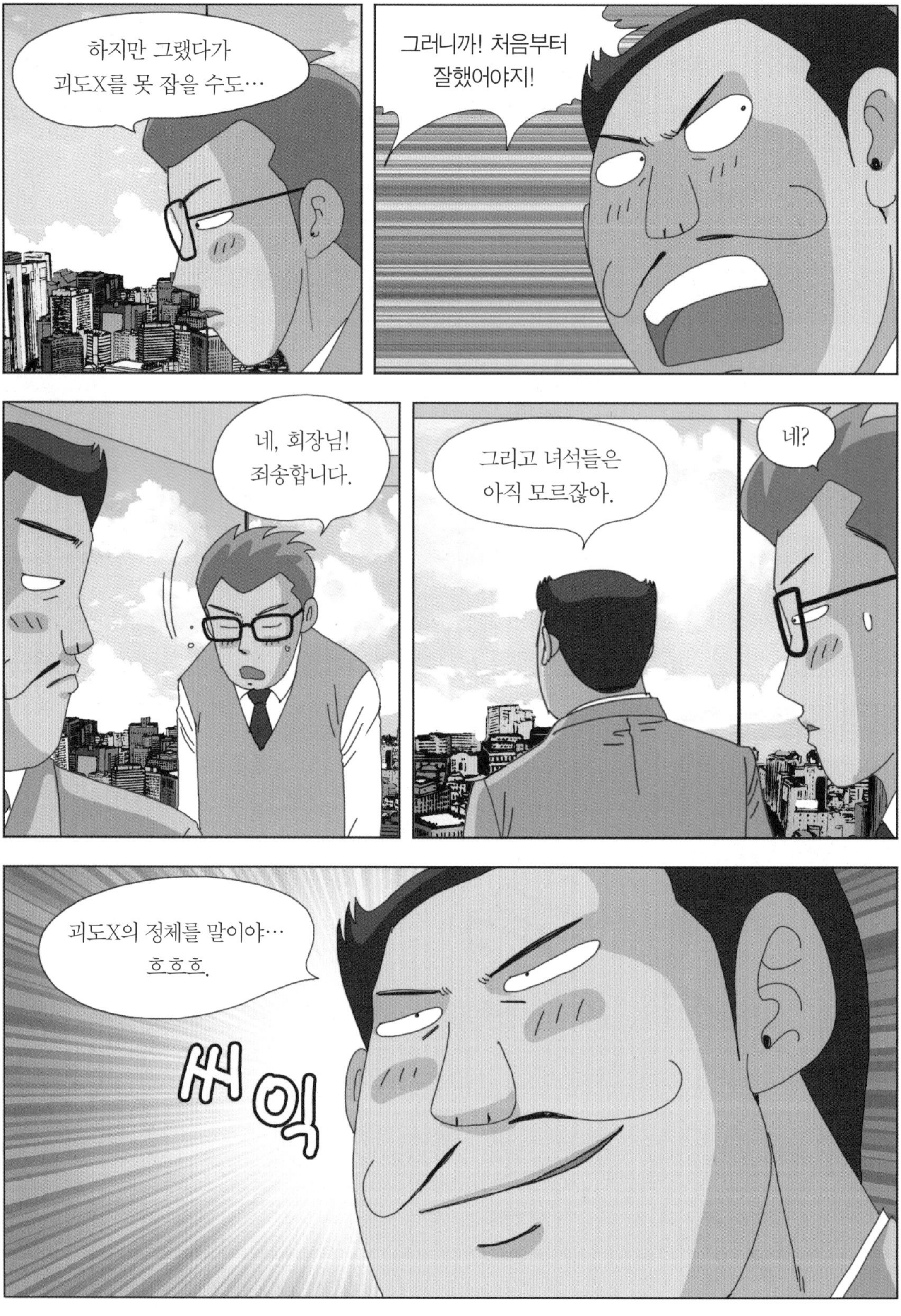
하지만 그랬다가 괴도X를 못 잡을 수도…
그러니까! 처음부터 잘했어야지!
네, 회장님! 죄송합니다.
그리고 녀석들은 아직 모르잖아.
네?
괴도X의 정체를 말이야… 흐흐흐.
씨익

빅데이터 마케팅

빅데이터 마케팅은 모든 고객을 대상으로 하는 홍보 마케팅이 아니라 타깃을 세분화함으로써 특정 고객층을 공략하는 마케팅 기법이에요.

빅데이터 마케팅의 선두 주자는 미국 최대의 온라인 서점 아마존이에요. 단골의 취향을 파악해 책을 추천해 주는 동네 서점의 판매 방식을 온라인에서도 구현하겠다는 아이디어를 적용하였지요. 아마존은 가입자의 구매 이력 등을 분석해 앞으로 구입할 가능성이 높은 제품을 추천하고 할인 쿠폰을 제공하는 식으로 전체 매출을 30퍼센트 가량 끌어올렸다고 해요.

우리나라에서는 카드사가 빅데이터 마케팅을 주도하고 있어요. 한 카드 회사는 25~39세 여성이면서 최근 6개월 동안 백화점·마트·홈쇼핑에서 기저귀, 유아 내의, 아기 물티슈 등을 구매한 고객 3만 명에게 영·유아 상품 할인 쿠폰을 발송했어요. 그 결과 쿠폰을 받은 고객의 '마케팅 반응률'이 크게 올랐다고 해요.

빅데이터 마케팅의 대표적인 성공 사례는 쿠팡과 위메프예요. 이 두 기업은 구매 내역과 웹 페이지에서 이동 경로, 클릭 수, 상품 조회, SNS 등을 분석해서 관심 고객 군을 분류한 후 그에 맞는 마케팅을 진행했지요.

빅데이터로 고객 개개인이 무엇을 좋아할지 예상할 수 있기에 이를 바탕으로 한 빅데이터 마케팅은 더욱 활발해질 거예요.

빅데이터와 상품 진열

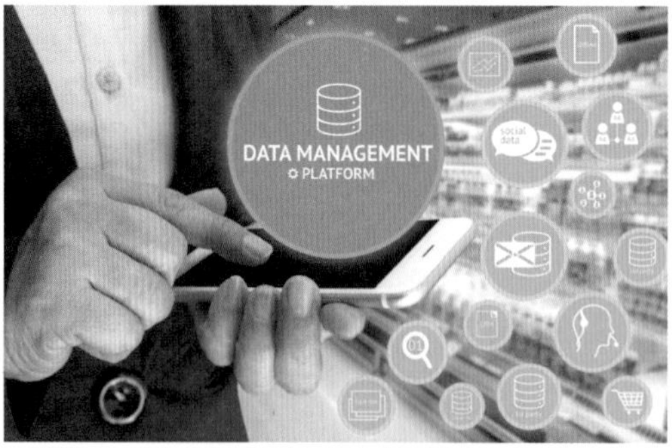
DATA MANAGEMENT
PLATFORM

대형 마트나 편의점 같은 유통 업체는 소비자의 구매 패턴, 행동 방식 등을 모은 빅데이터를 분석해 상품을 진열해요.

한 편의점 업계는 상권별 빅데이터 분석을 통해 매출 트렌드를 중심으로 계절, 신상품, 상품 회전율 등을 종합적으로 고려해 주 단위로 점포에 정보를 제공했어요.

일반 사람의 시선이 좌에서 우로 이동해 머문다는 데이터를 파악하여 이익이 큰 상품이나 인기 상품을 오른쪽에 진열하고, 계산대 바로 앞에는 줄 서서 기다리는 동안 부담 없이 구경하다 구매할 수 있는 생필품이나 껌, 초콜릿 등 어린이 간식을 진열한다고 하네요.

휴게소 점포는 운전 중 잠깐 휴식을 취하기 위해 들른다는 특징이 있어 간단한 간식거리 매출이 높게 나타나요. 병원 점포는 타 상권과 마찬가지로 음료가 가장 높은 매출을 보이지만 다른 점이 있어요. 선물 세트와 생활용품 매출 비중이 높다는 거예요.

얼핏 보면 점포마다 별다른 특징 없이 똑같은 상품이 놓여 있다고 생각하기 쉽지만, 상권이나 고객 특성에 따라 상품 구색과 진열에 큰 차이가 있다는 것을 알 수 있어요.

이렇듯 빅데이터의 위엄이 매장 상품의 진열 속에도 숨어 있어요!

맞춤형 마케팅의 장단점

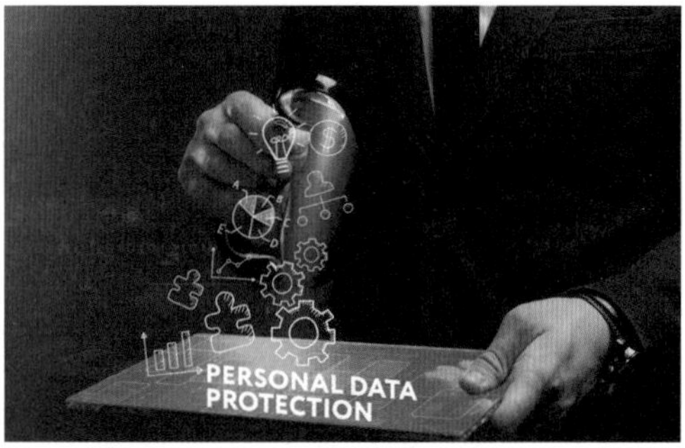
PERSONAL DATA
PROTECTION

빅데이터를 이용하면 과거 데이터에서 규칙성을 분석해 미래의 수요와 리스크를 측정할 수 있고 고객의 무의식적인 요구를 발견하여 그에 따라 맞춤형 서비스를 제공할 수 있어요.

하지만 개인 정보 보호 관점에서 보면 단순한 상권이나 트렌드 분석을 넘어 '맞춤형 마케팅'에 빅데이터를 사용할 경우 '개인 정보 자기 결정권(자신에 관한 정보를 자율적으로 결정하고 관리할 수 있는 권리)'이 침해될 가능성이 매우 높지요.

실례로 미국의 소매 유통 업체인 타겟(Target)은 어떤 고객이 임산부가 주로 구매하는 품목을 구매했다는 정보를 분석해, 그 고객의 임신 사실과 개월 수를 파악하고 임산부를 위한 할인 쿠폰을 발송했는데, 알고 보니 여고생이었어요. 그래서 여고생의 아버지에게 항의를 받은 사실도 있었어요.

이 사건은 빅데이터의 무분별한 사용이 개인 정보 자기 결정권, 사생활 침해에 대한 심각한 위협을 초래할 수 있다는 문제점을 떠오르게 했지요.

괴도X와 빅데이터 조작

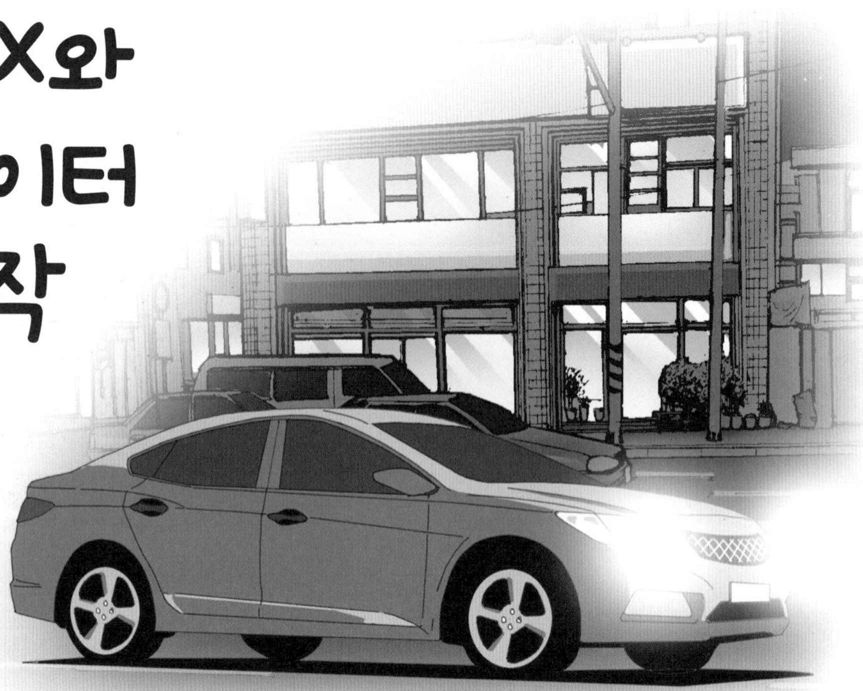

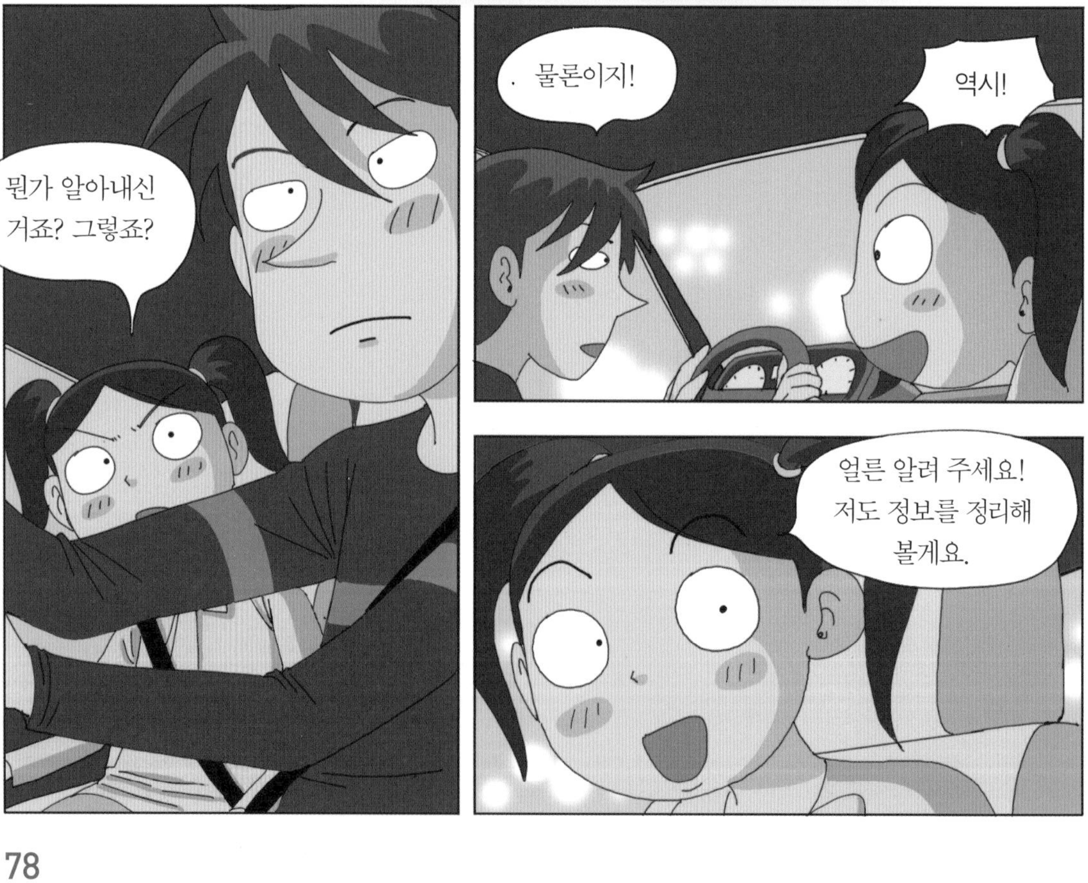
뭔가 알아내신 거죠? 그렇죠?
물론이지!
역시!
얼른 알려 주세요! 저도 정보를 정리해 볼게요.

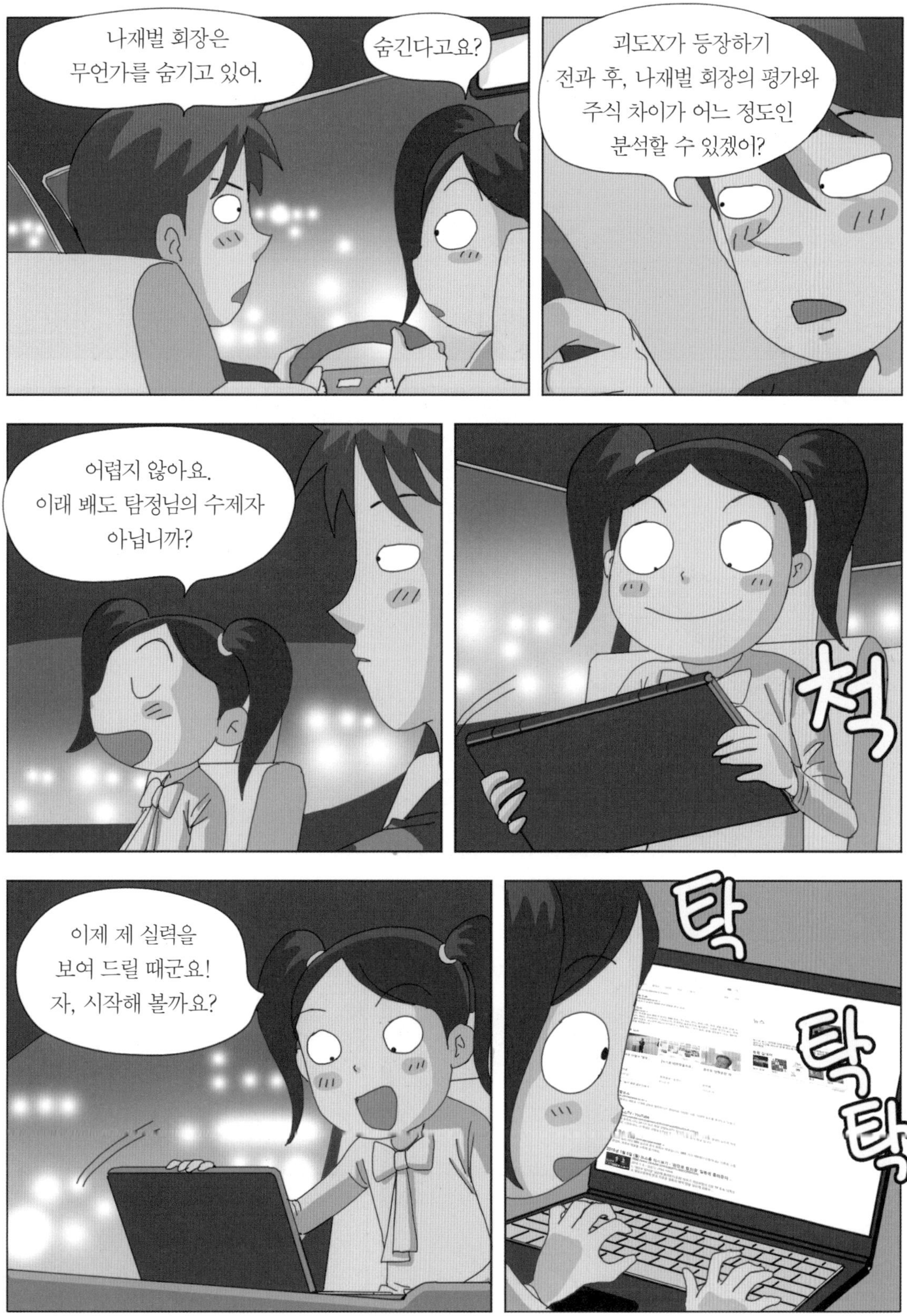

나재벌 회장은
무언가를 숨기고 있어.
숨긴다고요?
괴도X가 등장하기
전과 후, 나재벌 회장의 평가와
주식 차이가 어느 정도인
분석할 수 있겠어?
어렵지 않아요.
이래 봬도 탐정님의 수제자
아닙니까?
척
이제 제 실력을
보여 드릴 때군요!
자, 시작해 볼까요?
탁
탁
탁

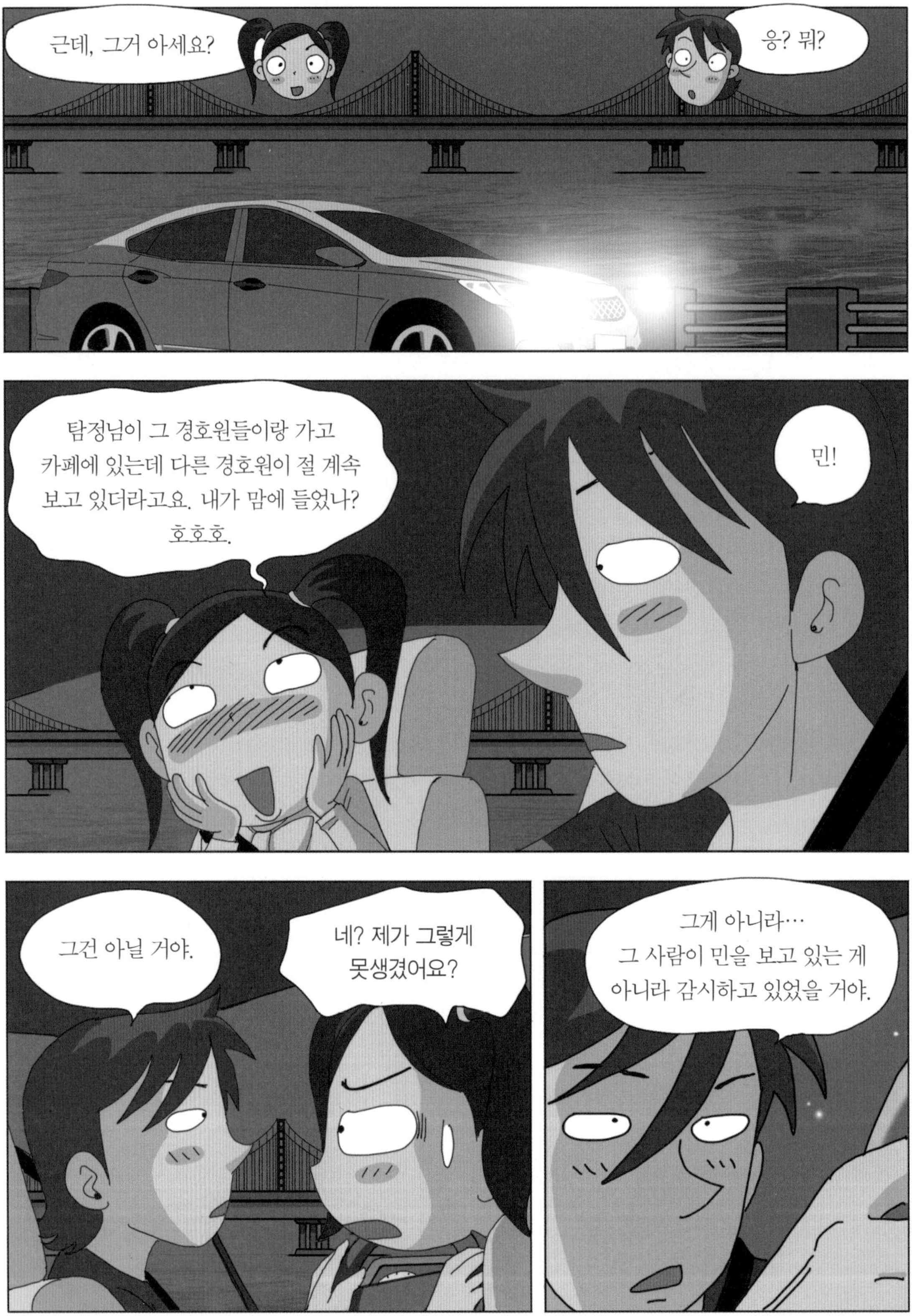
근데, 그거 아세요?
응? 뭐?
탐정님이 그 경호원들이랑 가고 카페에 있는데 다른 경호원이 절 계속 보고 있더라고요. 내가 맘에 들었나? 호호호.
민!
그건 아닐 거야.
네? 제가 그렇게 못생겼어요?
그게 아니라…
그 사람이 민을 보고 있는 게 아니라 감시하고 있었을 거야.

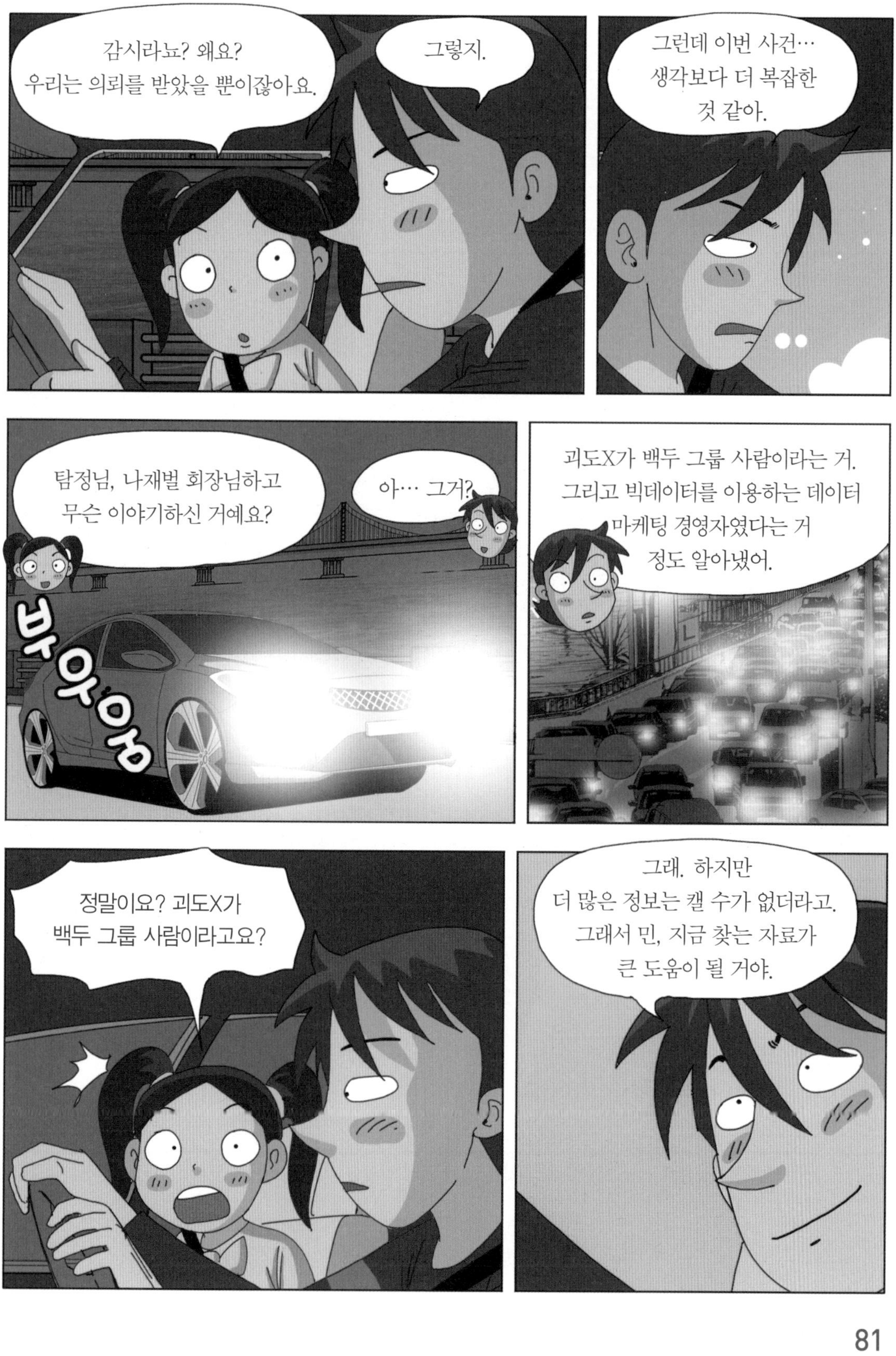
감시라뇨? 왜요? 우리는 의뢰를 받았을 뿐이잖아요.
그렇지.
그런데 이번 사건… 생각보다 더 복잡한 것 같아.
탐정님, 나재벌 회장님하고 무슨 이야기하신 거예요?
아… 그거?
부우웅
괴도X가 백두 그룹 사람이라는 거. 그리고 빅데이터를 이용하는 데이터 마케팅 경영자였다는 거 정도 알아냈어.
정말이요? 괴도X가 백두 그룹 사람이라고요?
그래. 하지만 더 많은 정보는 캘 수가 없더라고. 그래서 민, 지금 찾는 자료가 큰 도움이 될 거야.

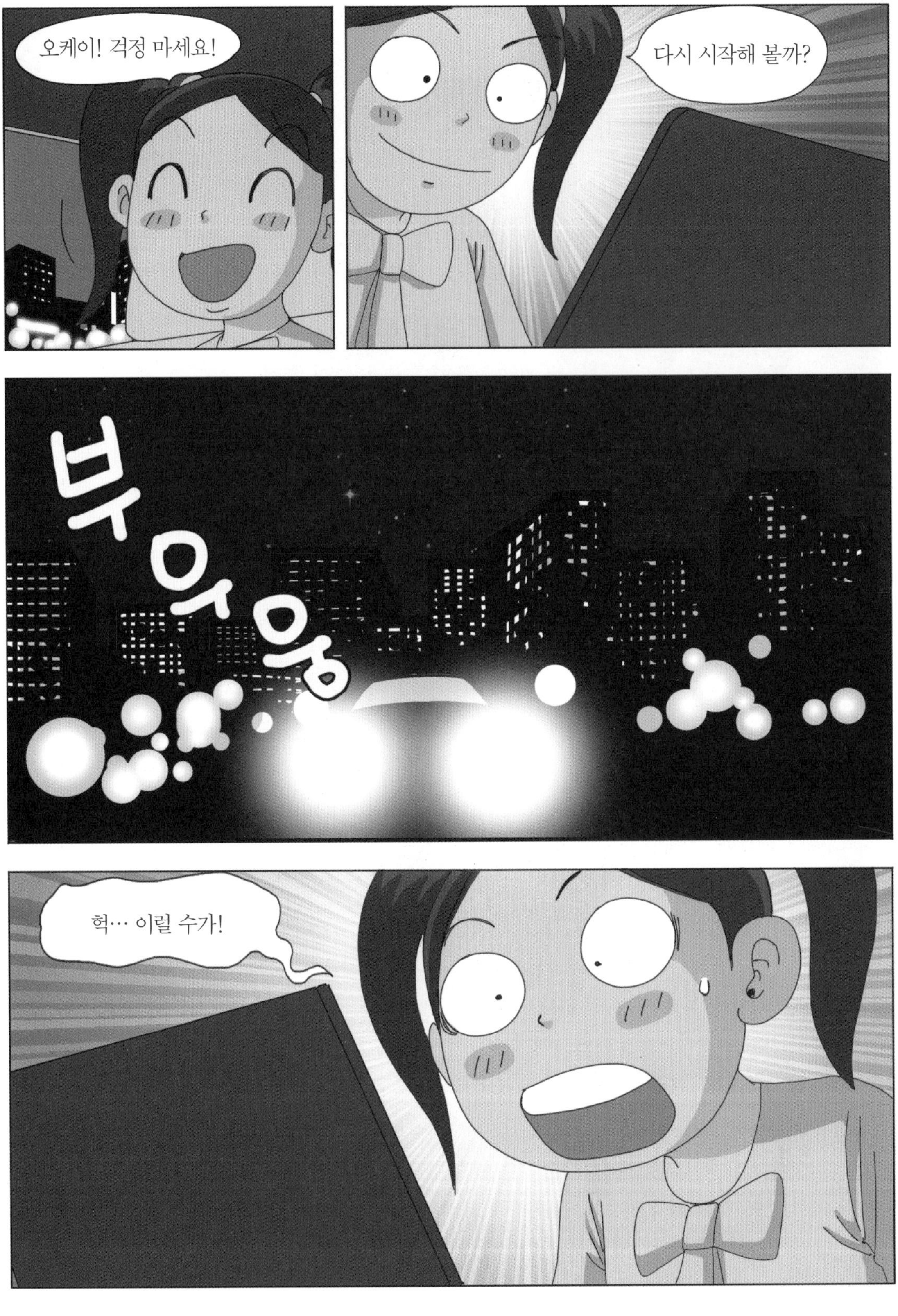
오케이! 걱정 마세요!
다시 시작해 볼까?
부아앙
헉… 이럴 수가!

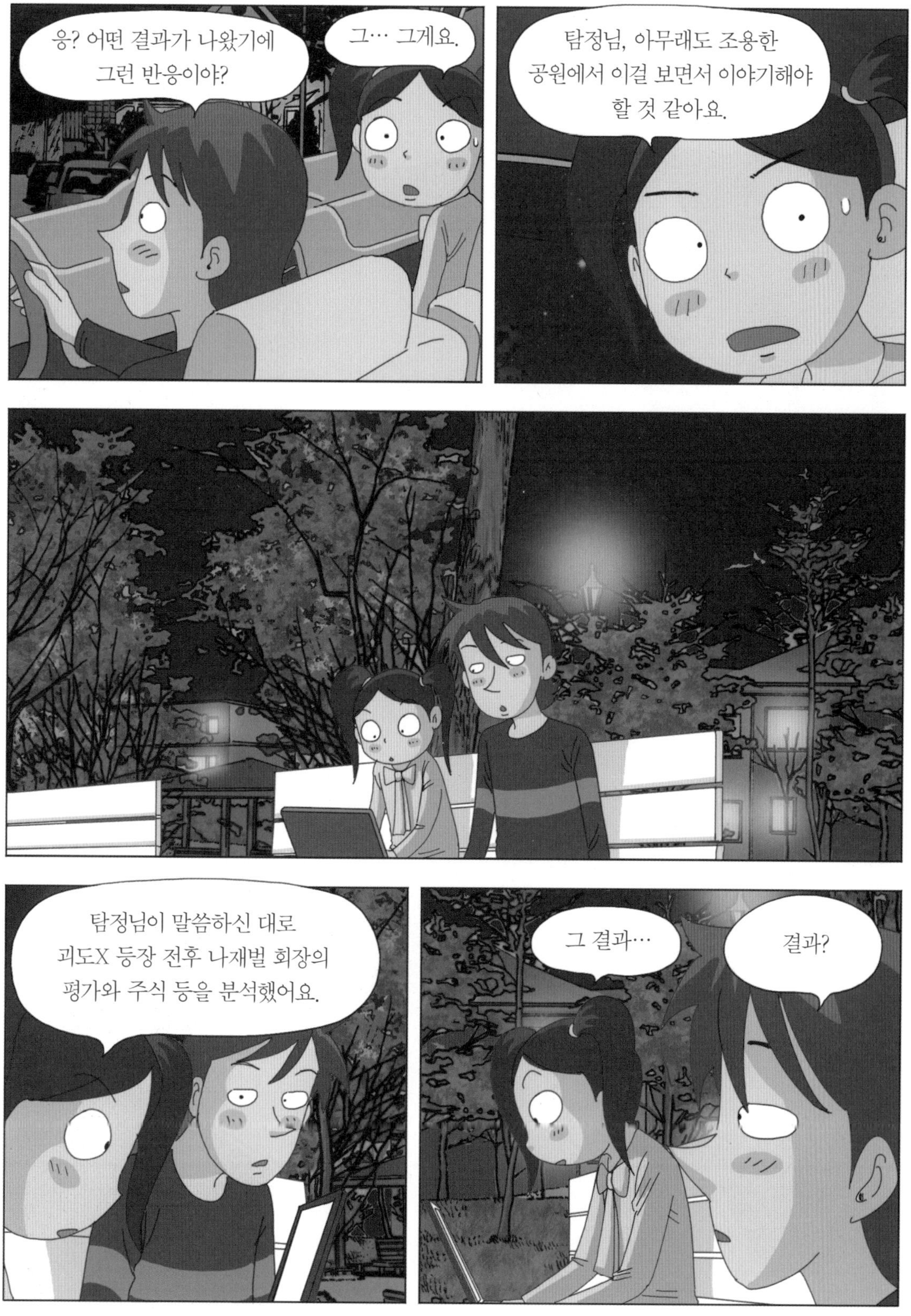
응? 어떤 결과가 나왔기에
그런 반응이야?
그… 그게요.
탐정님, 아무래도 조용한
공원에서 이걸 보면서 이야기해야
할 것 같아요.
탐정님이 말씀하신 대로
괴도X 등장 전후 나재벌 회장의
평가와 주식 등을 분석했어요.
그 결과…
결과?

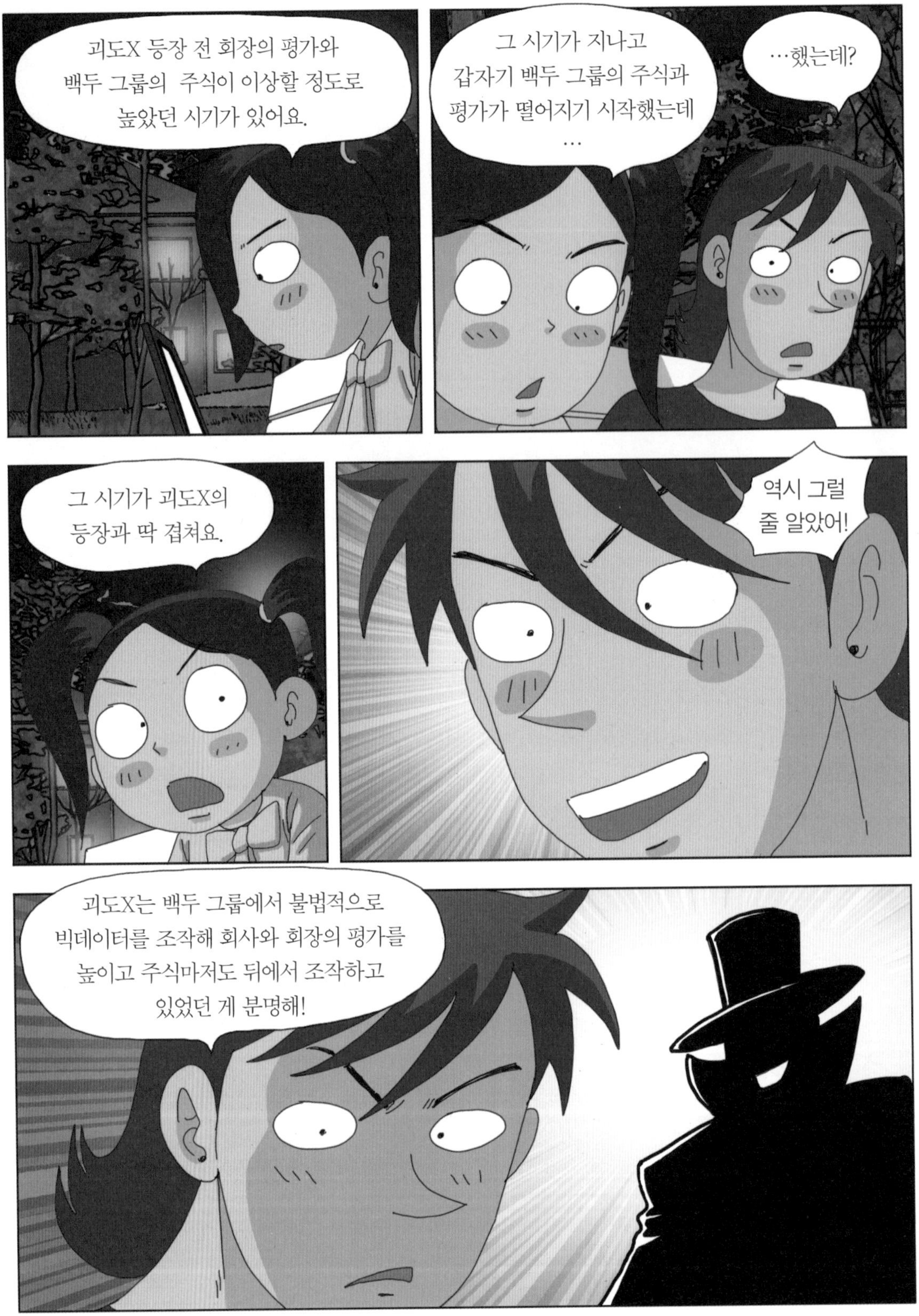

괴도X 등장 전 회장의 평가와 백두 그룹의 주식이 이상할 정도로 높았던 시기가 있어요.
그 시기가 지나고 갑자기 백두 그룹의 주식과 평가가 떨어지기 시작했는데 …
…했는데?
그 시기가 괴도X의 등장과 딱 겹쳐요.
역시 그럴 줄 알았어!
괴도X는 백두 그룹에서 불법적으로 빅데이터를 조작해 회사와 회장의 평가를 높이고 주식마저도 뒤에서 조작하고 있었던 게 분명해!

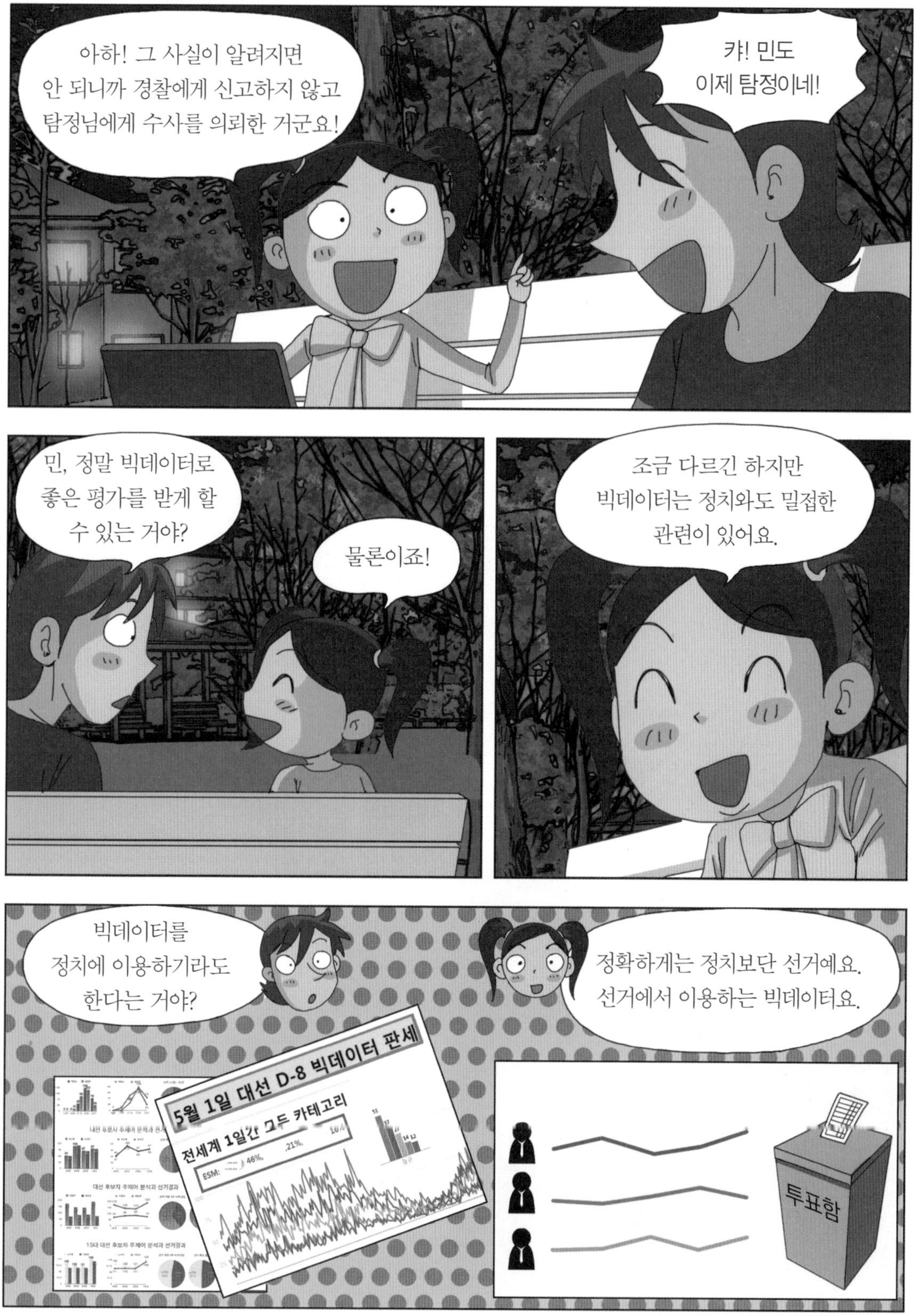
아하! 그 사실이 알려지면
안 되니까 경찰에게 신고하지 않고
탐정님에게 수사를 의뢰한 거군요!
캬! 민도
이제 탐정이네!
민, 정말 빅데이터로
좋은 평가를 받게 할
수 있는 거야?
물론이죠!
조금 다르긴 하지만
빅데이터는 정치와도 밀접한
관련이 있어요.
빅데이터를
정치에 이용하기라도
한다는 거야?
정확하게는 정치보단 선거예요.
선거에서 이용하는 빅데이터요.
5월 1일 대선 D-8 빅데이터 판세
투표함

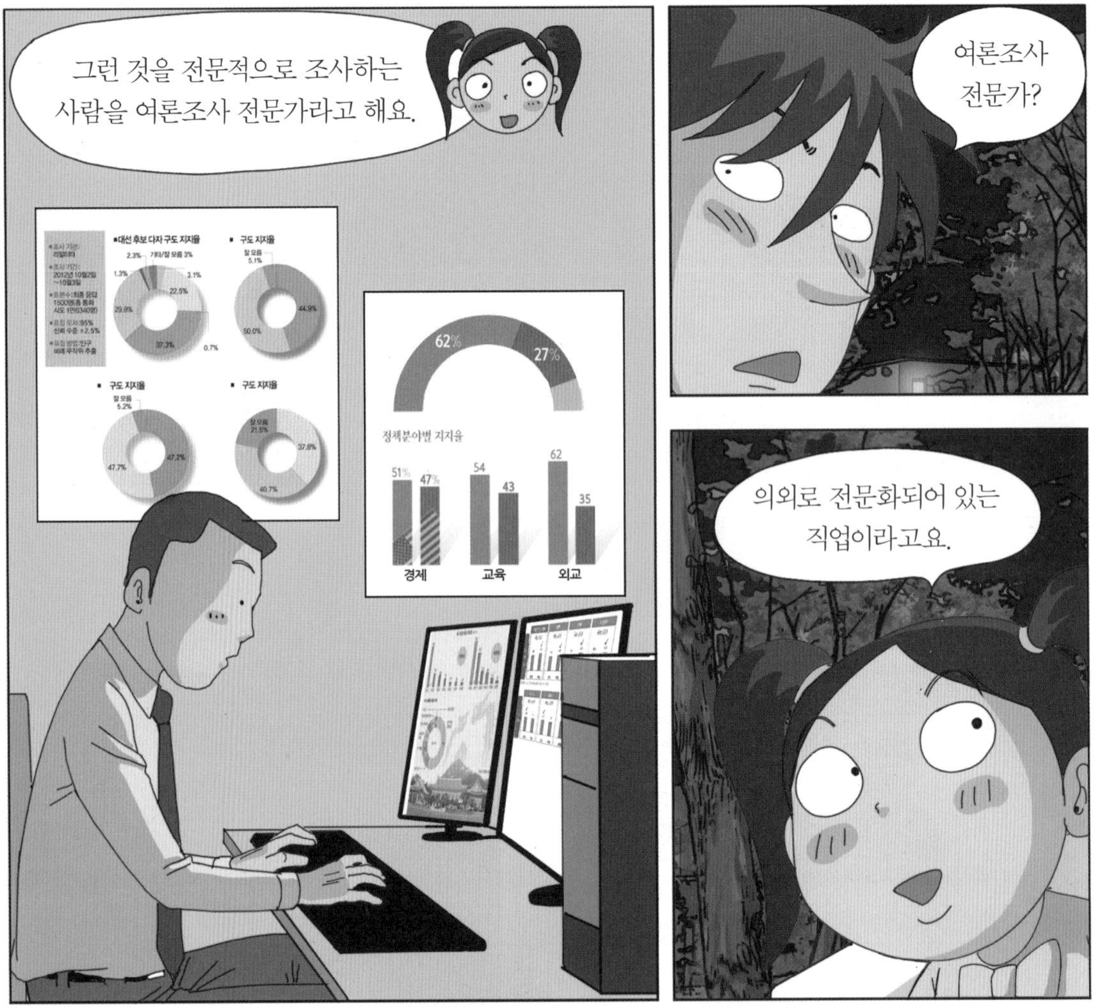
그런 것을 전문적으로 조사하는 사람을 여론조사 전문가라고 해요.
정책분야별 지지율
경제
교육
외교
여론조사 전문가?
의외로 전문화되어 있는 직업이라고요.

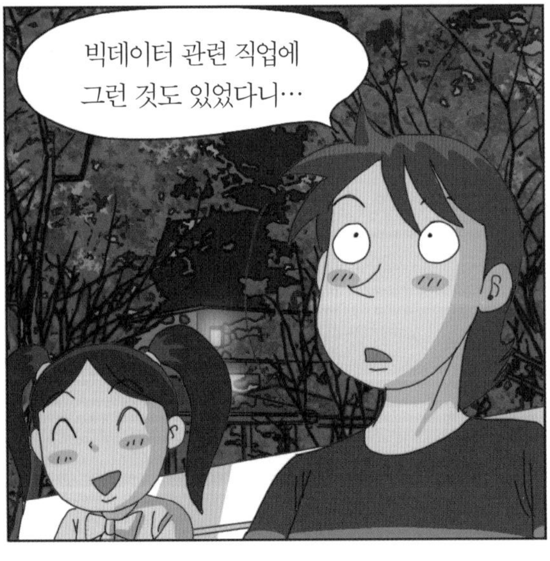
빅데이터 관련 직업에 그런 것도 있었다니…

여론조사 전문가

기업의 마케팅 전략이나 공공 기관의 정책에 대한 전반적인 조사를 하며 조사 방법론의 설정 및 표본을 추출해요.
이를 토대로 실제 설문 조사를 실시하고 결과를 분석하여 전략을 세우는 일을 하지요.
여론조사 전문가가 되려면 여론을 꿰뚫어 보는 통찰력과 분석력이 필요해요.

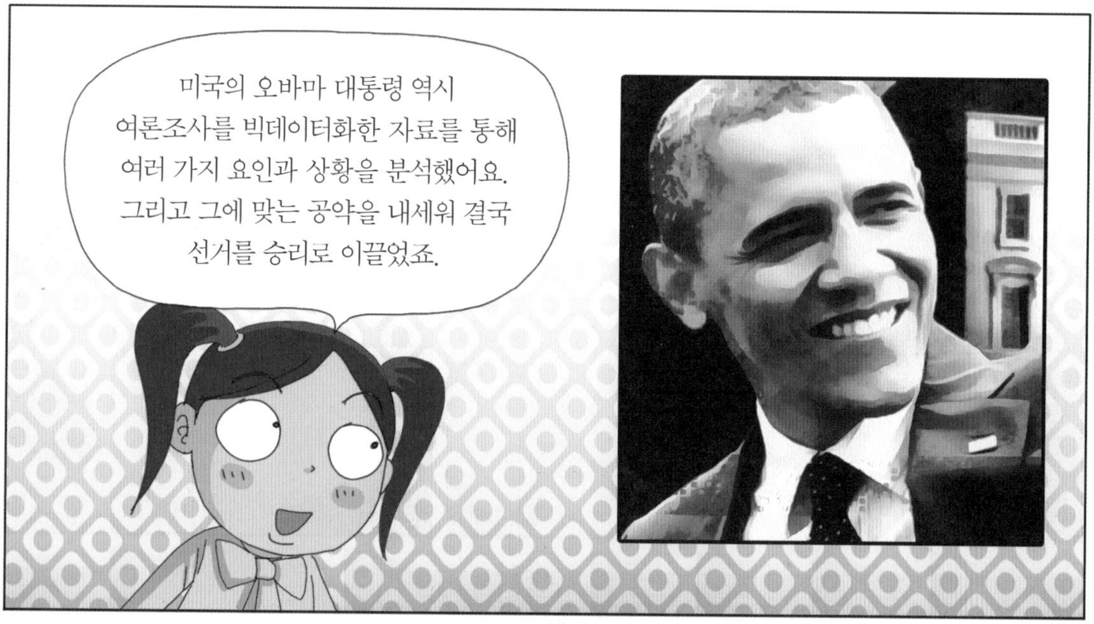
미국의 오바마 대통령 역시
여론조사를 빅데이터화한 자료를 통해
여러 가지 요인과 상황을 분석했어요.
그리고 그에 맞는 공약을 내세워 결국
선거를 승리로 이끌었죠.

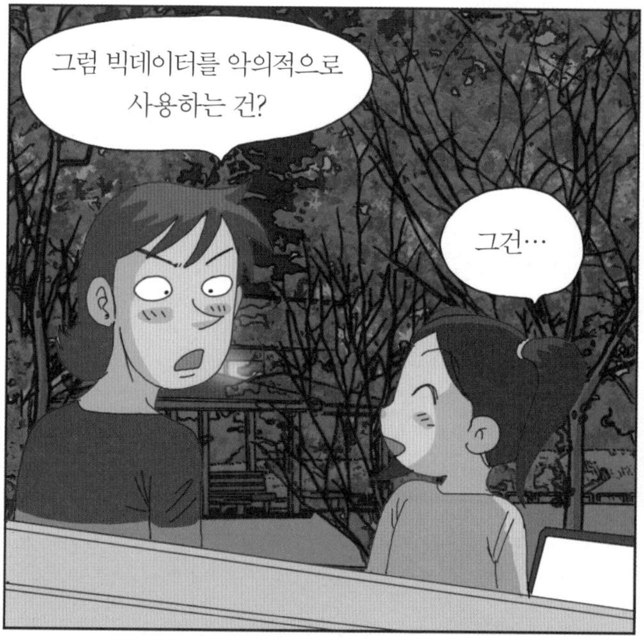
그럼 빅데이터를 악의적으로
사용하는 건?
그건…

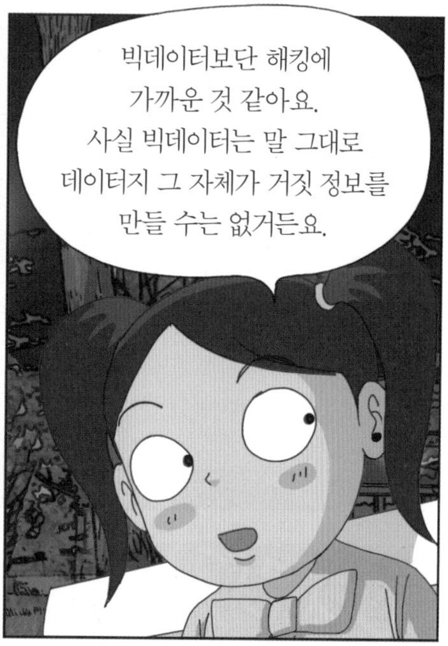
빅데이터보단 해킹에
가까운 것 같아요.
사실 빅데이터는 말 그대로
데이터지 그 자체가 거짓 정보를
만들 수는 없거든요.

선거에 이용하는 빅데이터

빅데이터는 선거를 행할 때 아주 큰 역할을 해요. 여론조사, 유권자 성향, 선호 공약, 정치 성향 등과 관련한 모든 빅데이터를 분석하여 정책과 선거 공약을 세우지요. 또 빅데이터를 이용하여 선거 결과도 예측할 수 있는데 적중률이 높을 뿐만 아니라 빠르고 간단하답니다.

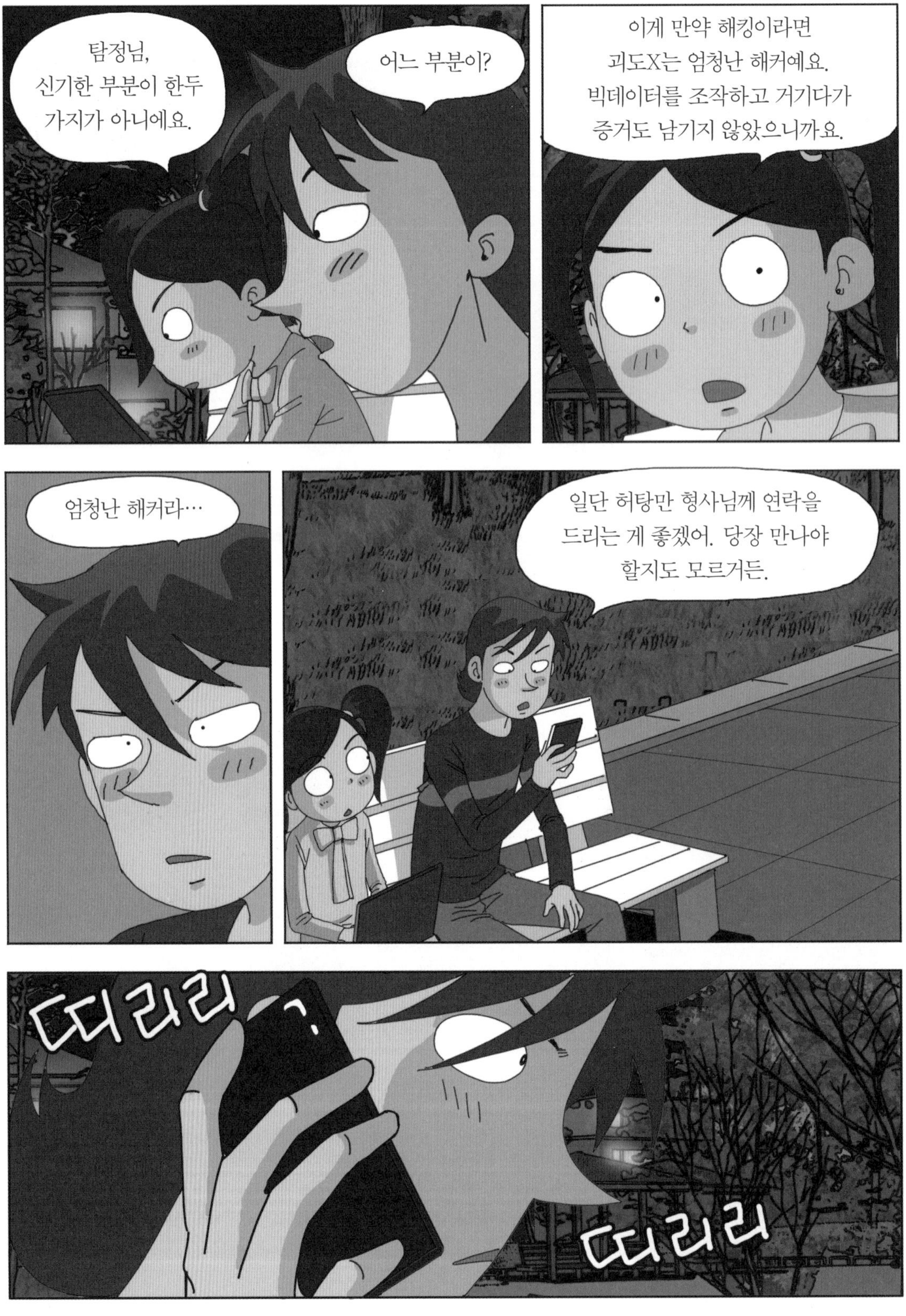
탐정님,
신기한 부분이 한두
가지가 아니에요.
어느 부분이?
이게 만약 해킹이라면
괴도X는 엄청난 해커예요.
빅데이터를 조작하고 거기다가
증거도 남기지 않았으니까요.
엄청난 해커라…
일단 허탕만 형사님께 연락을
드리는 게 좋겠어. 당장 만나야
할지도 모르거든.
띠리리
띠리리

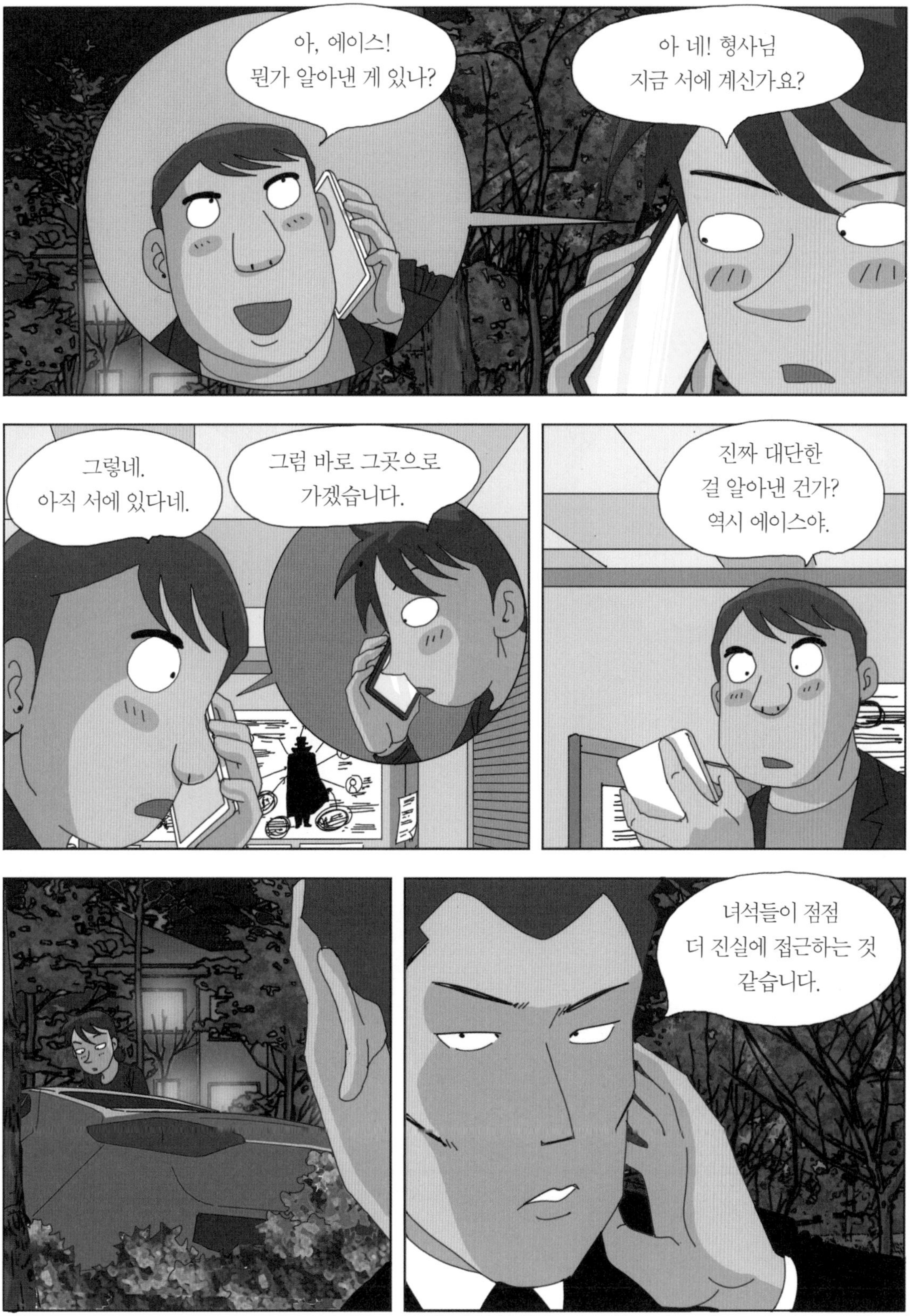

아, 에이스!
뭔가 알아낸 게 있나?
아 네! 형사님
지금 서에 계신가요?
그렇네.
아직 서에 있다네.
그럼 바로 그곳으로
가겠습니다.
진짜 대단한
걸 알아낸 건가?
역시 에이스야.
녀석들이 점점
더 진실에 접근하는 것
같습니다.

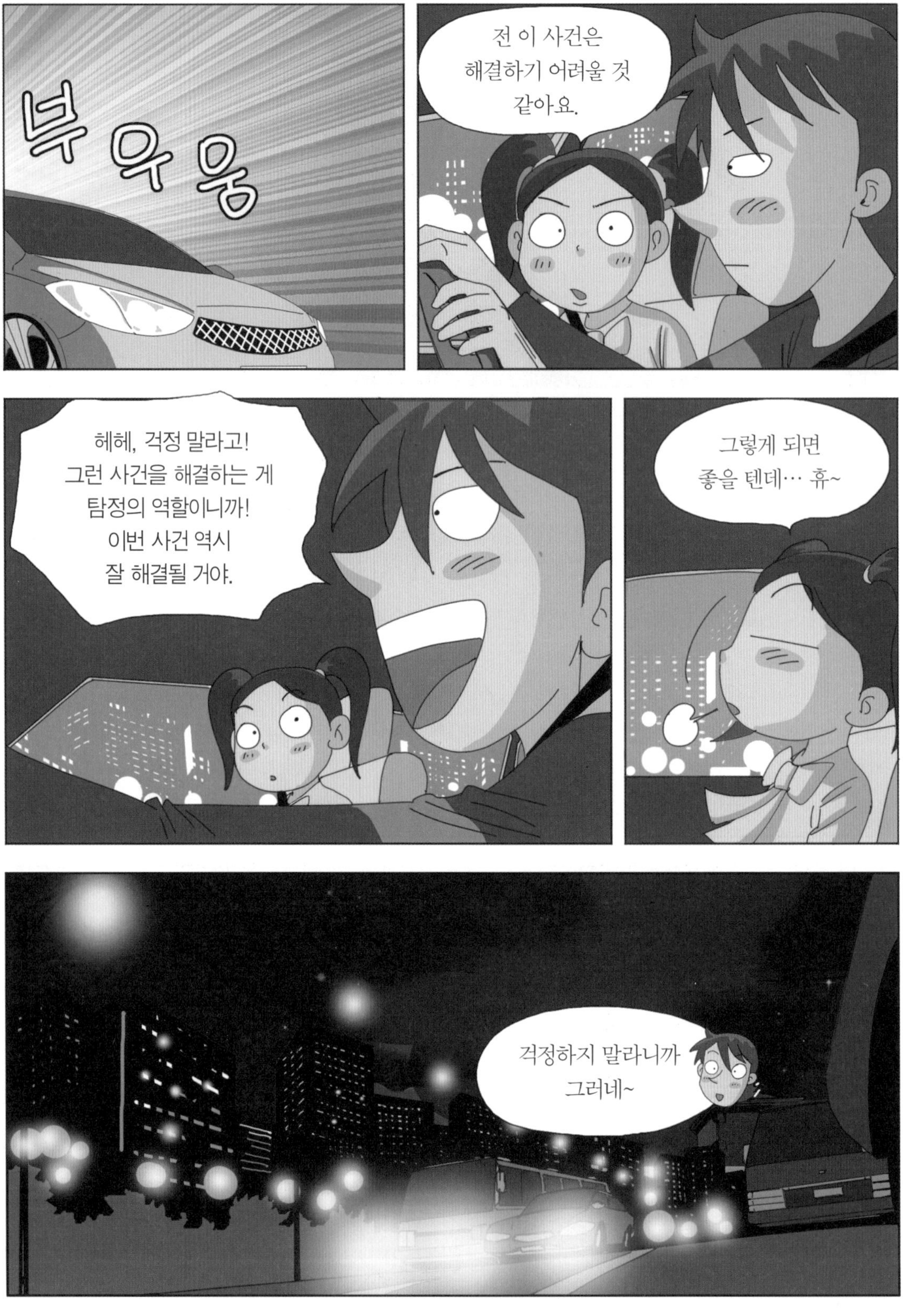
부우웅
전 이 사건은 해결하기 어려울 것 같아요.
헤헤, 걱정 말라고! 그런 사건을 해결하는 게 탐정의 역할이니까! 이번 사건 역시 잘 해결될 거야.
그렇게 되면 좋을 텐데… 휴~
걱정하지 말라니까 그러네~

건강과 빅데이터

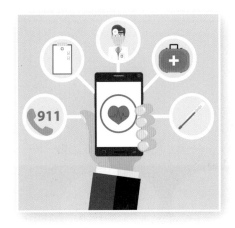

●**의료 데이터:** 의료 데이터의 80%는 비구조적 데이터(정의된 데이터 모델이 없거나 정의된 방식으로 정리되지 않은 정보)이고 치료에 관련된 정보예요. 이러한 데이터는 전자의무기록인 개인 EMR(Electronic Medical Record), 의료진 노트, 청구서, 재무 시스템 등 여러 시스템에 분산되어 있어요.

●**의료 데이터의 활용:** 환자의 의료 데이터는 개인 서비스를 제공하기 위해 활용해요. 대량의 데이터를 활용하여 적절한 시기에 치료를 할 수 있도록 돕고 환자가 올바른 의사 결정을 할 수 있도록 자료를 제공해요. 보건 의료 시스템에 조기 치료라는 획기적인 변화를 가져오게 된답니다.

●**의약품 부작용 방지:** 의약품·건강식품 사용량이 늘면서 부작용도 함께 증가하고 있다고 해요. 미국에서는 사망 원인 4위를 차지할 정도로 심각하다고 해요. 이에 유전자 데이터를 확보하고 1% 이상의 빈도를 나타내는 유전적 다양성을 분석하고 있다고 해요.

●**전염병 방지:** 빅데이터 분석을 통해 유사한 데이터를 구분하고 이를 통해 환자들 사이에서 유사성을 도출할 수 있어요. 의료 분야에서 빅데이터를 활용한다면 메르스와 같은 전염병 사태를 미리 예방하거나 확산을 방지할 수 있는 또 다른 해법이 될 수 있을 거예요.

괴도X의 정체

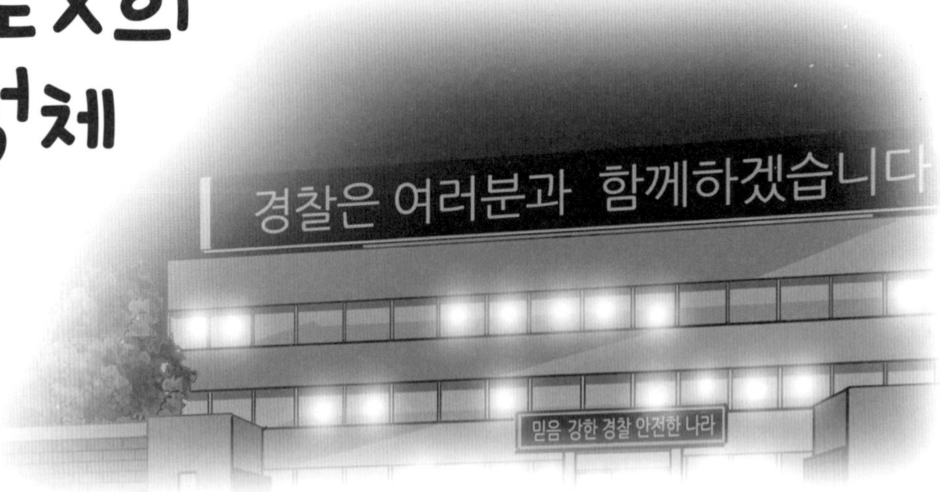
경찰은 여러분과 함께하겠습니다
믿음 강한 경찰 안전한 나라

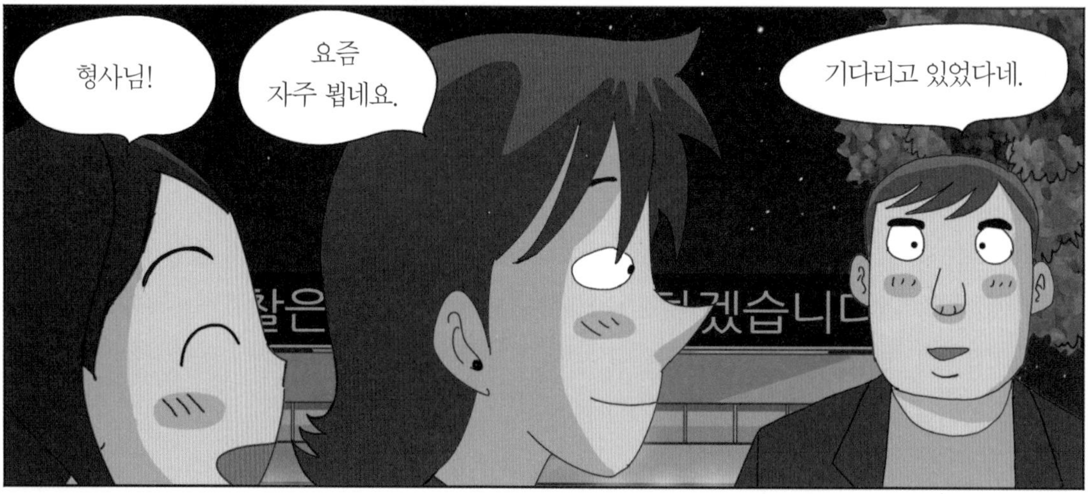
형사님!
요즘 자주 뵙네요.
기다리고 있었다네.

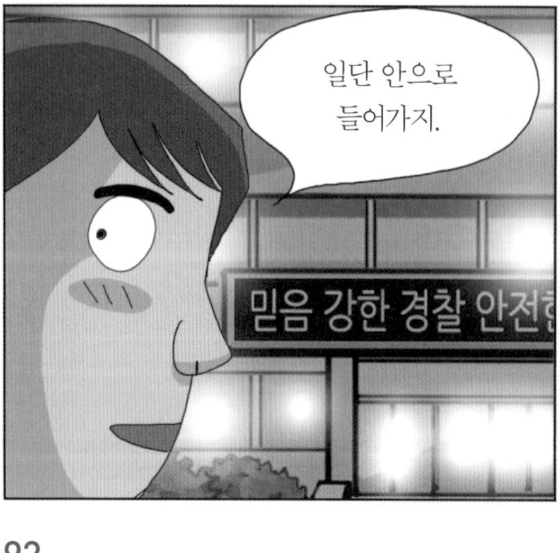
일단 안으로 들어가지.
믿음 강한 경찰 안전한

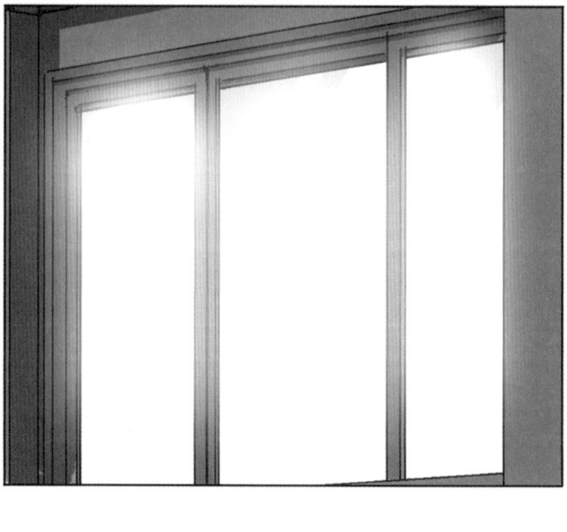

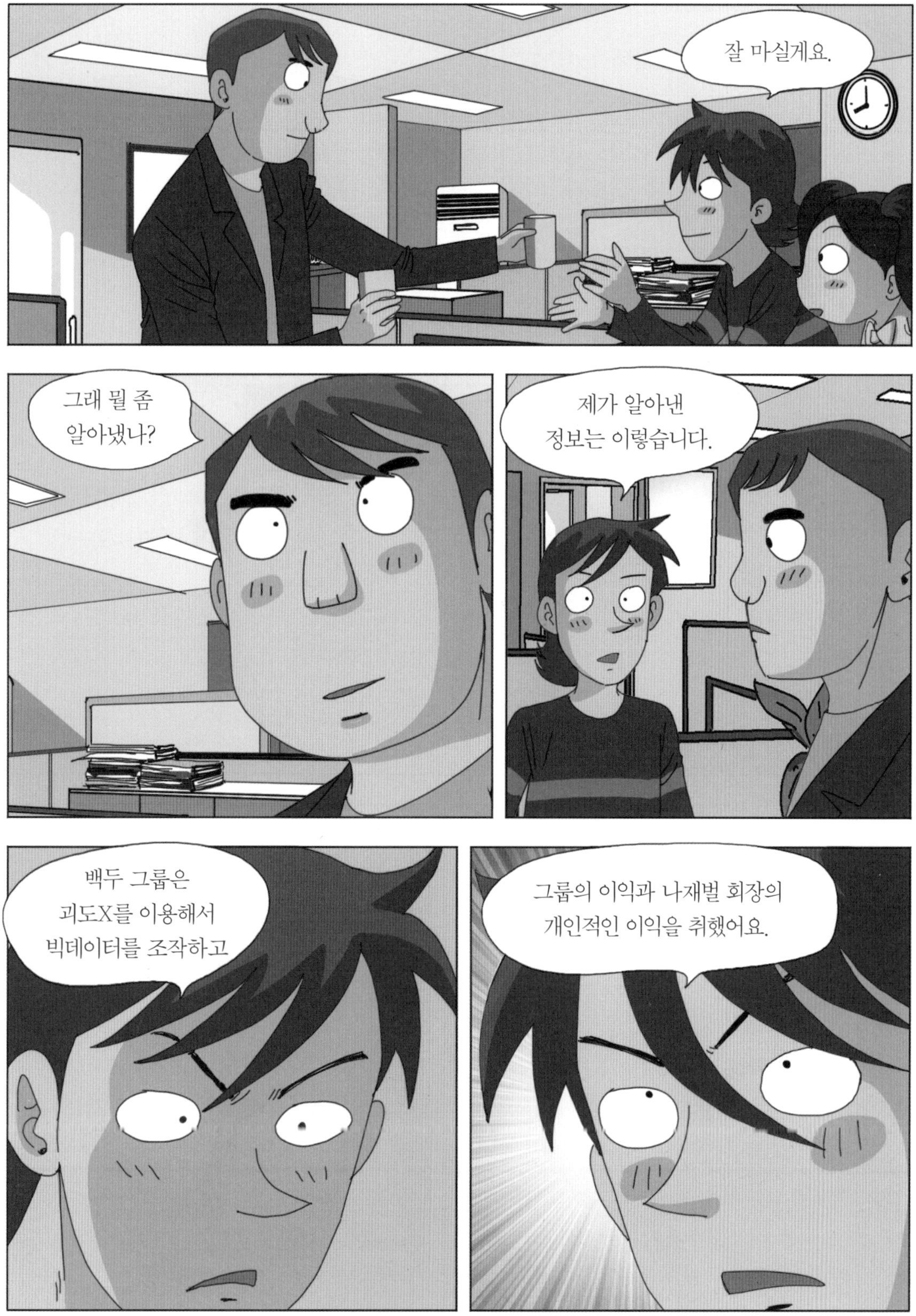
잘 마실게요.
그래 뭘 좀 알아냈나?
제가 알아낸 정보는 이렇습니다.
백두 그룹은 괴도X를 이용해서 빅데이터를 조작하고
그룹의 이익과 나재벌 회장의 개인적인 이익을 취했어요.

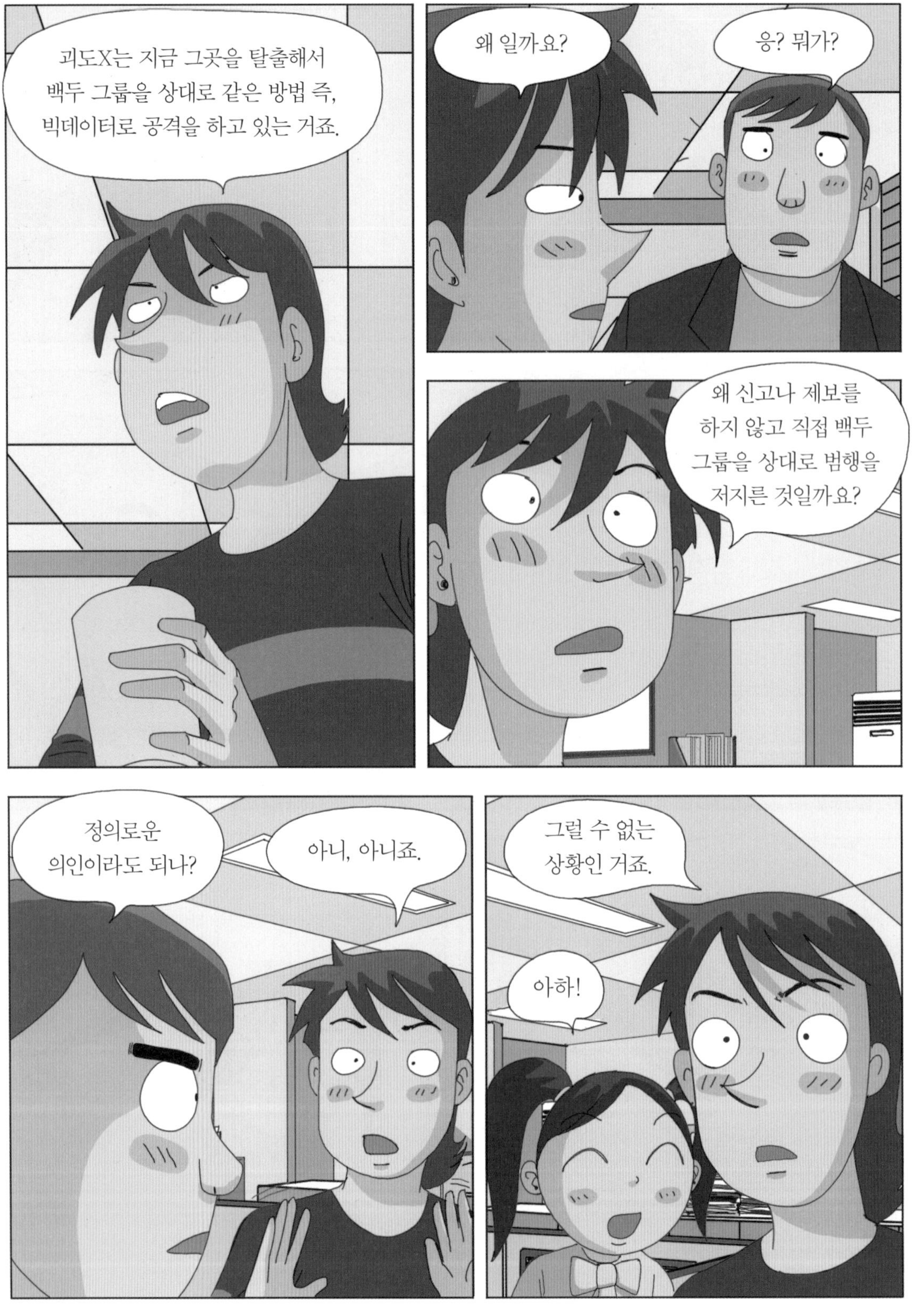
괴도X는 지금 그곳을 탈출해서 백두 그룹을 상대로 같은 방법 즉, 빅데이터로 공격을 하고 있는 거죠.
왜 일까요?
응? 뭐가?
왜 신고나 제보를 하지 않고 직접 백두 그룹을 상대로 범행을 저지른 것일까요?
정의로운 의인이라도 되나?
아니, 아니죠.
그럴 수 없는 상황인 거죠.
아하!

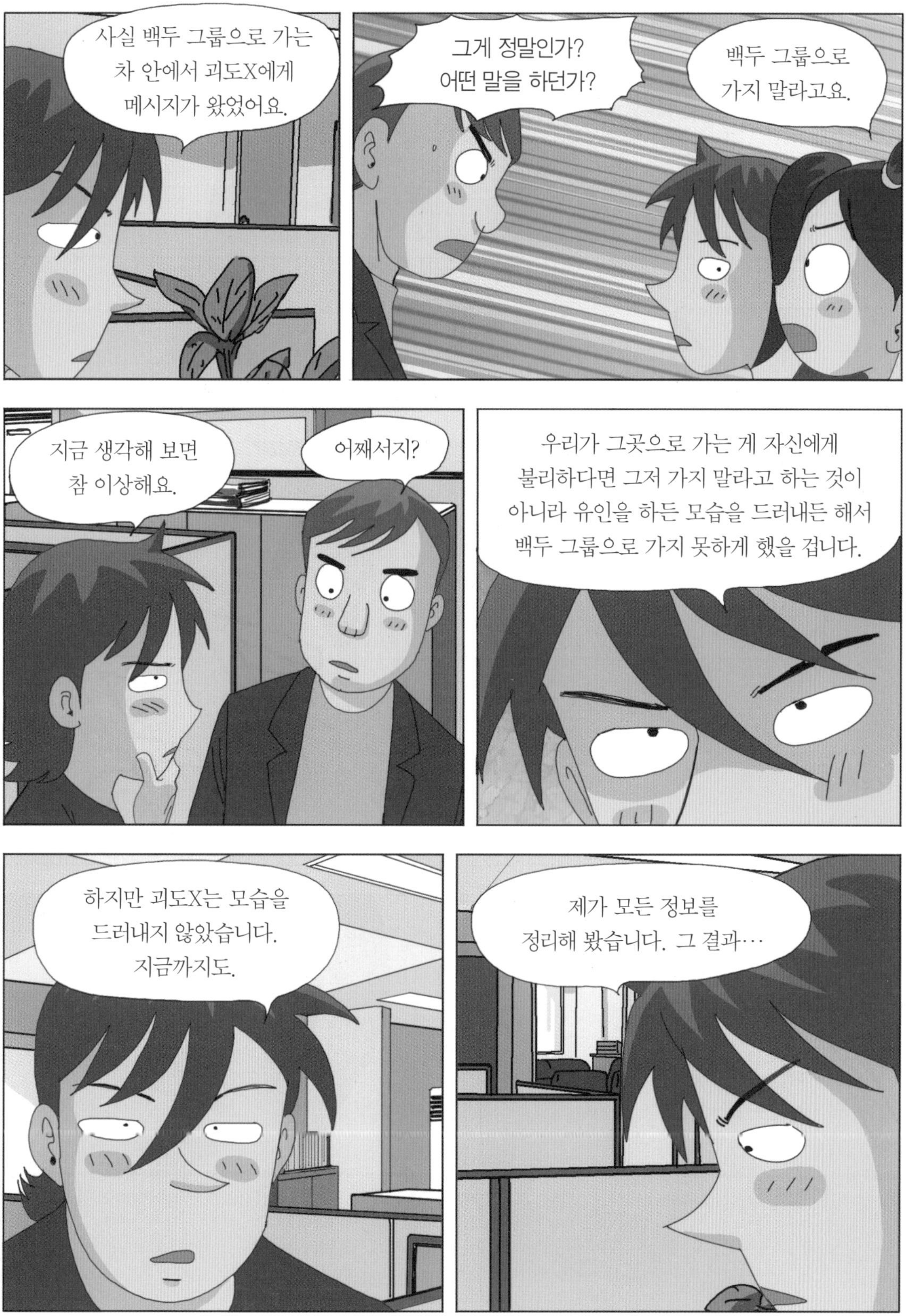
사실 백두 그룹으로 가는
차 안에서 괴도X에게
메시지가 왔었어요.
그게 정말인가?
어떤 말을 하던가?
백두 그룹으로
가지 말라고요.
지금 생각해 보면
참 이상해요.
어째서지?
우리가 그곳으로 가는 게 자신에게
불리하다면 그저 가지 말라고 하는 것이
아니라 유인을 하든 모습을 드러내든 해서
백두 그룹으로 가지 못하게 했을 겁니다.
하지만 괴도X는 모습을
드러내지 않았습니다.
지금까지도.
제가 모든 정보를
정리해 봤습니다. 그 결과…

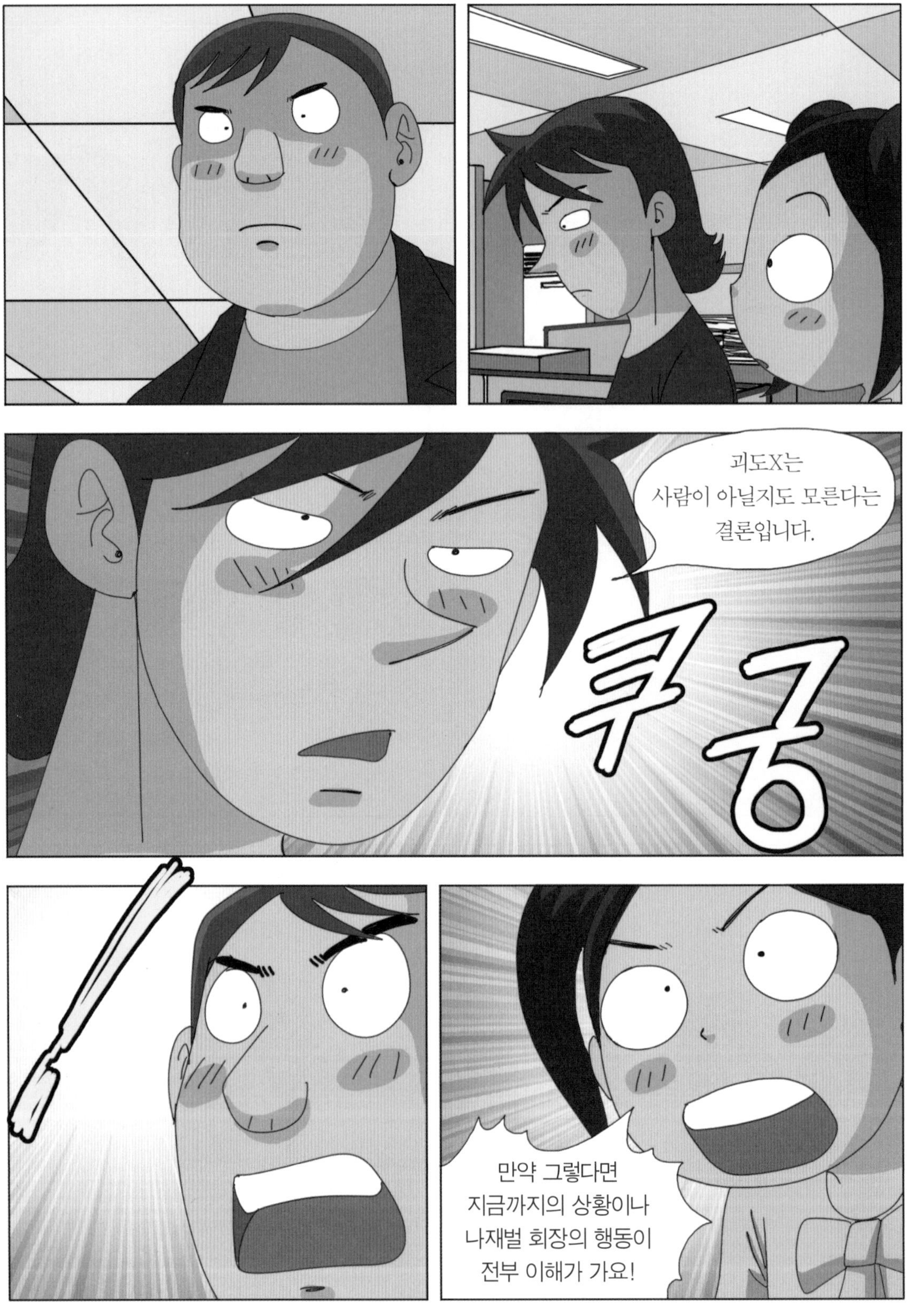
괴도X는 사람이 아닐지도 모른다는 결론입니다.
쿠궁
만약 그렇다면 지금까지의 상황이나 나재벌 회장의 행동이 전부 이해가 가요!

바로 그거야.
우린 괴도X가 사람일거라는 고정 관념에
사로잡혀 흔적을 찾으려고만 했지.

사람이 아니니
결국 흔적이 없는
것이었군.

응?

정답입니다.

역시 내 추리가
맞는 것인가?

맞습니다.
전 인간이 아닙니다.

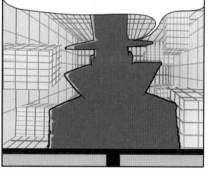

제 소개를 하겠습니다.
전 빅데이터 수집 프로그램으로
백두 그룹에서 제작되었습니다.

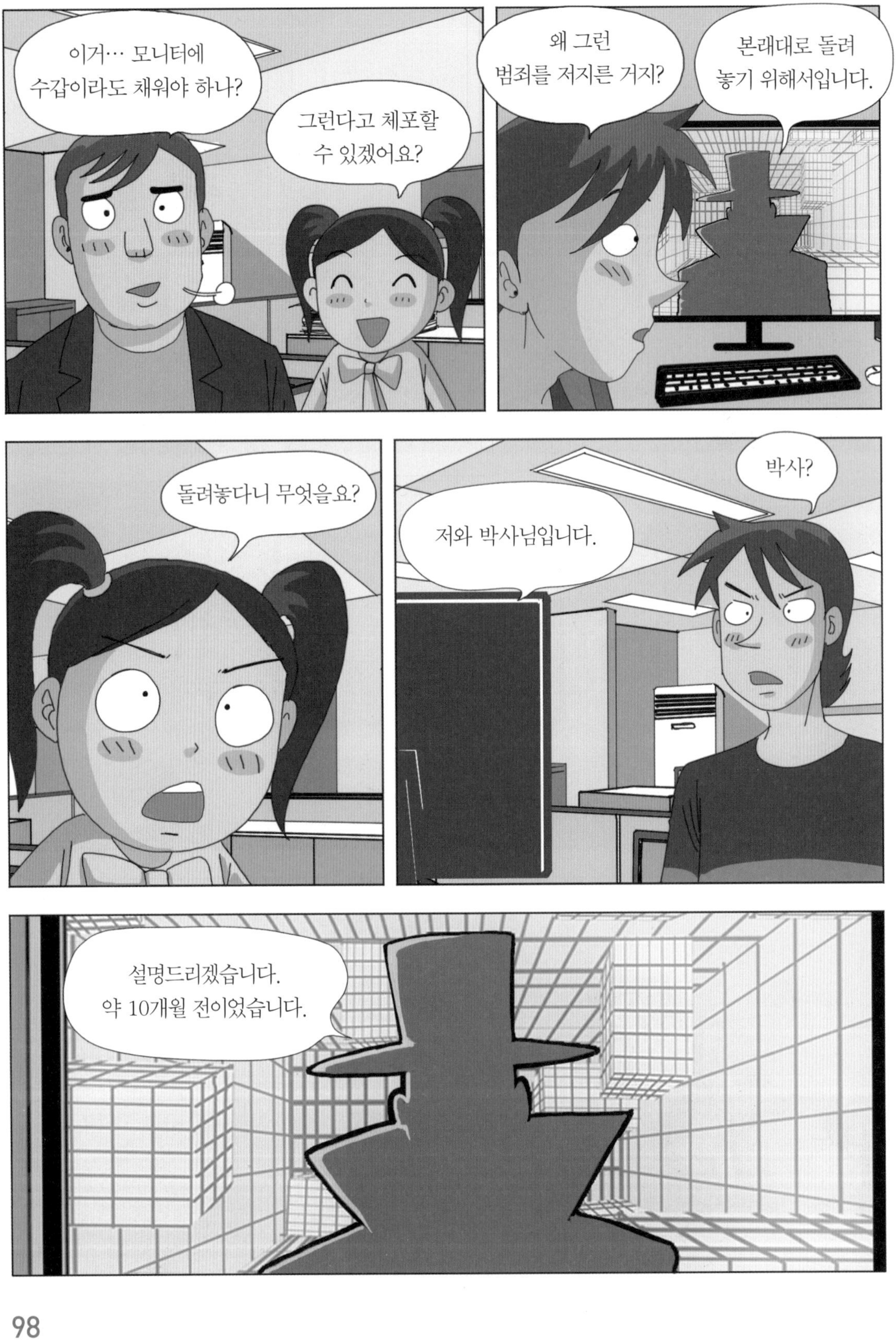

이거… 모니터에
수갑이라도 채워야 하나?
그런다고 체포할
수 있겠어요?
왜 그런
범죄를 저지른 거지?
본래대로 돌려
놓기 위해서입니다.
돌려놓다니 무엇을요?
박사?
저와 박사님입니다.
설명드리겠습니다.
약 10개월 전이었습니다.

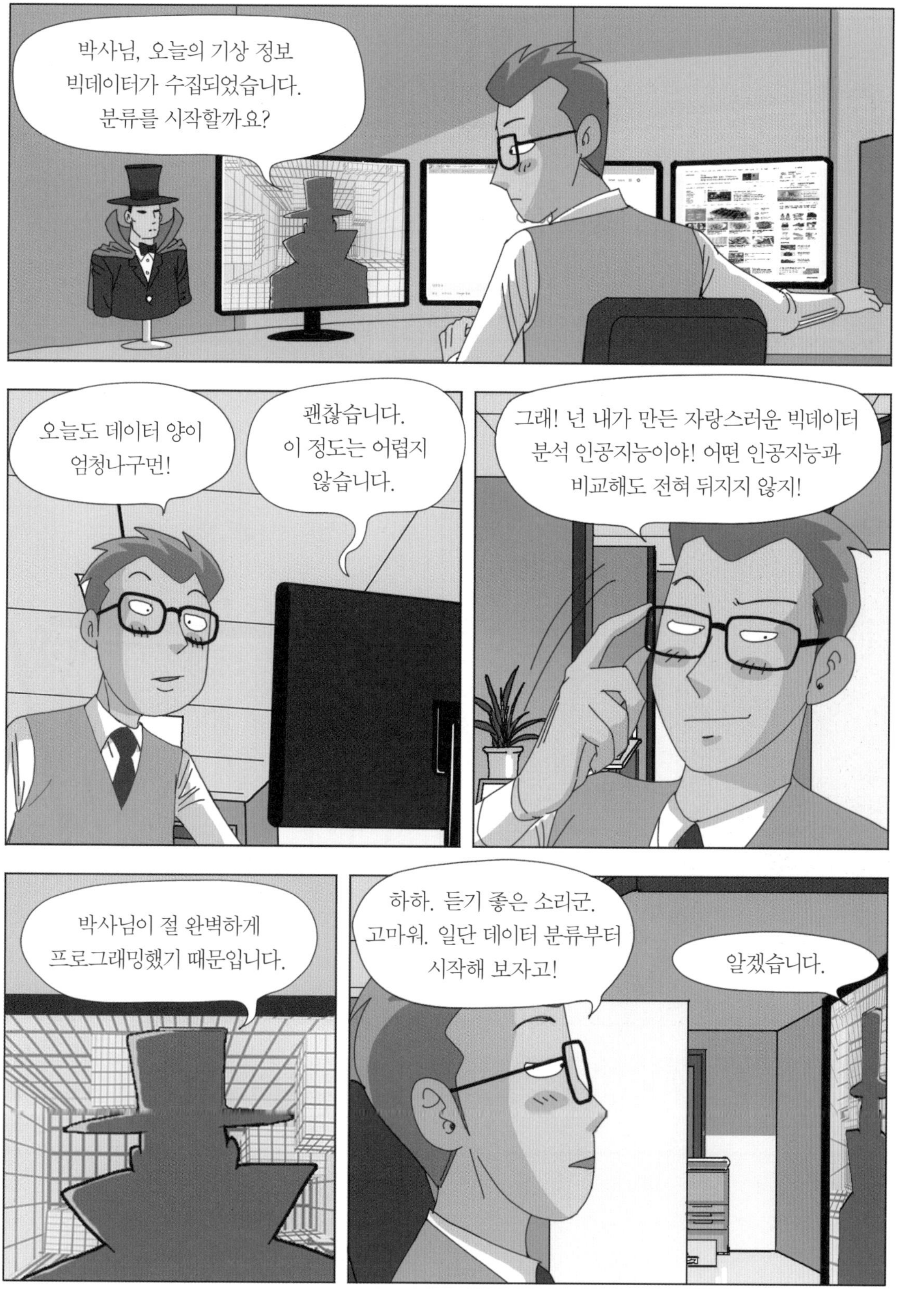

박사님, 오늘의 기상 정보 빅데이터가 수집되었습니다. 분류를 시작할까요?
오늘도 데이터 양이 엄청나구먼!
괜찮습니다. 이 정도는 어렵지 않습니다.
그래! 넌 내가 만든 자랑스러운 빅데이터 분석 인공지능이야! 어떤 인공지능과 비교해도 전혀 뒤지지 않지!
박사님이 절 완벽하게 프로그래밍했기 때문입니다.
하하. 듣기 좋은 소리군. 고마워. 일단 데이터 분류부터 시작해 보자고!
알겠습니다.

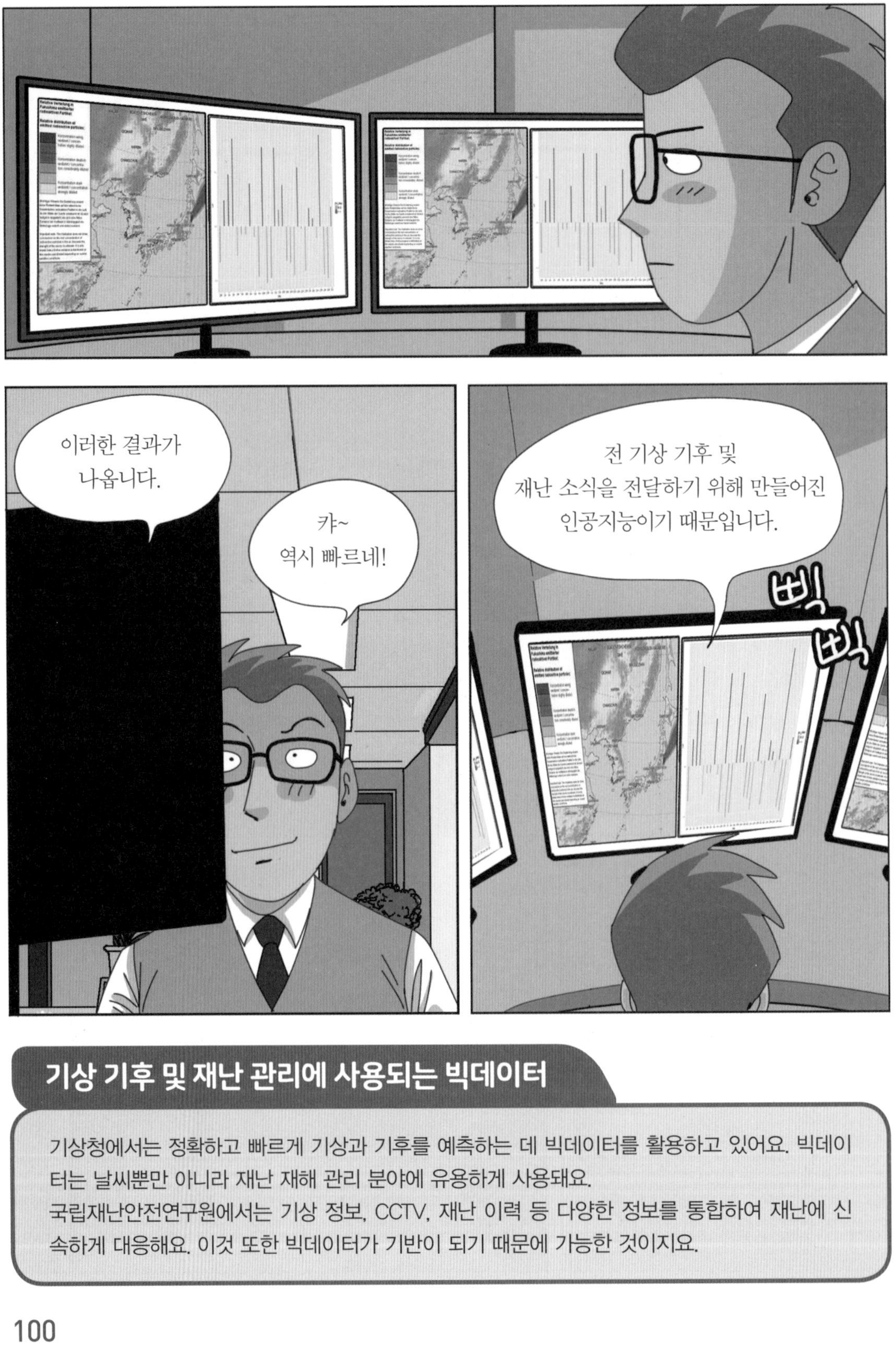
이러한 결과가 나옵니다.
캬~ 역시 빠르네!
전 기상 기후 및 재난 소식을 전달하기 위해 만들어진 인공지능이기 때문입니다.
삑 삑

기상 기후 및 재난 관리에 사용되는 빅데이터

기상청에서는 정확하고 빠르게 기상과 기후를 예측하는 데 빅데이터를 활용하고 있어요. 빅데이터는 날씨뿐만 아니라 재난 재해 관리 분야에 유용하게 사용돼요.
국립재난안전연구원에서는 기상 정보, CCTV, 재난 이력 등 다양한 정보를 통합하여 재난에 신속하게 대응해요. 이것 또한 빅데이터가 기반이 되기 때문에 가능한 것이지요.

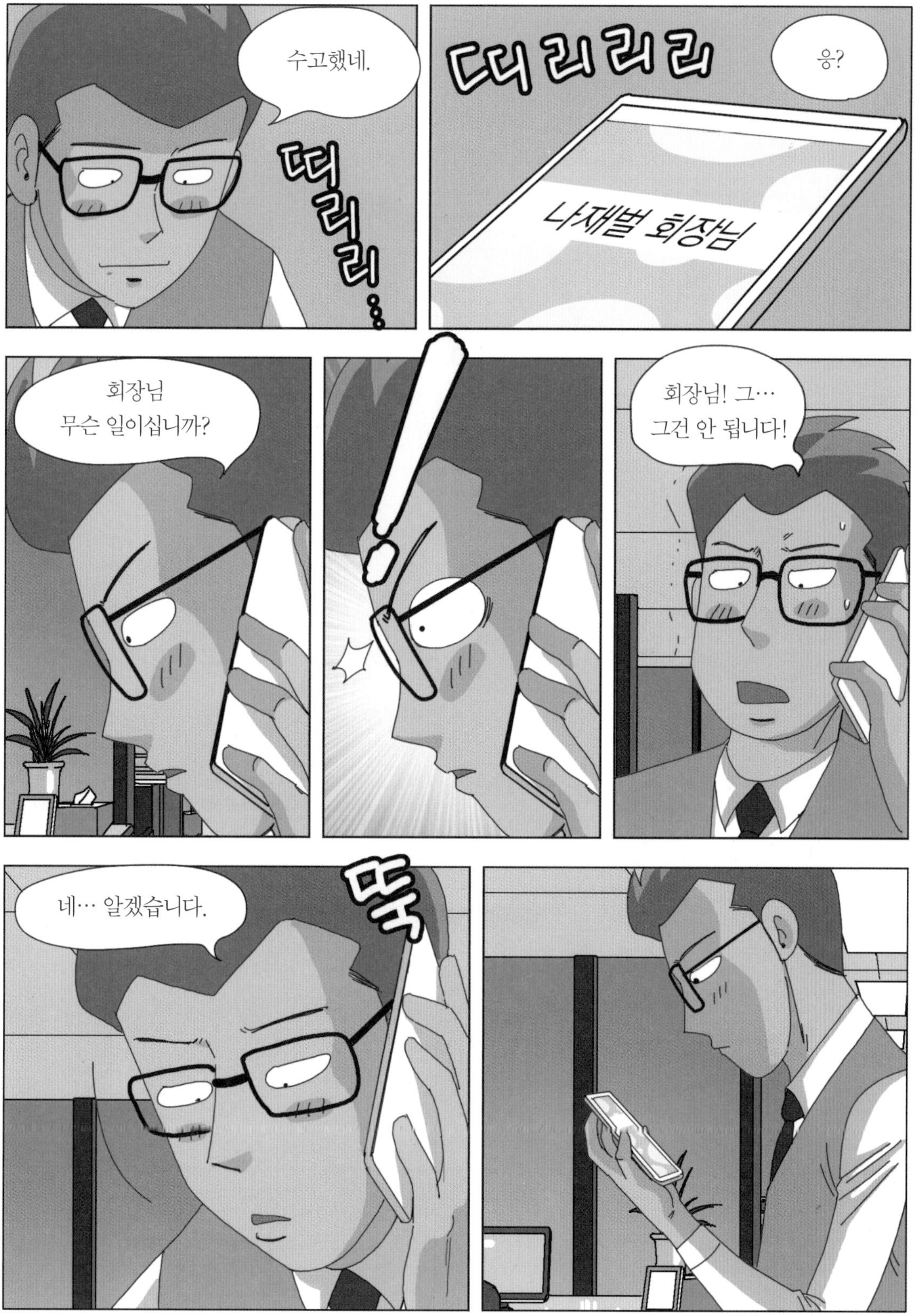

수고했네.
띠리리…
띠리리리
응?
나재벌 회장님
회장님
무슨 일이십니까?
!
회장님! 그…
그건 안 됩니다!
네… 알겠습니다.
뚝

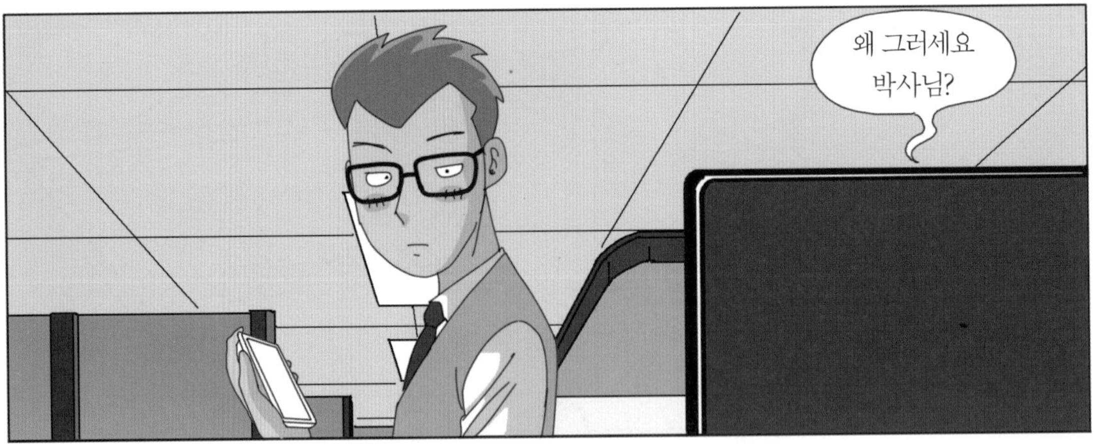
왜 그러세요
박사님?

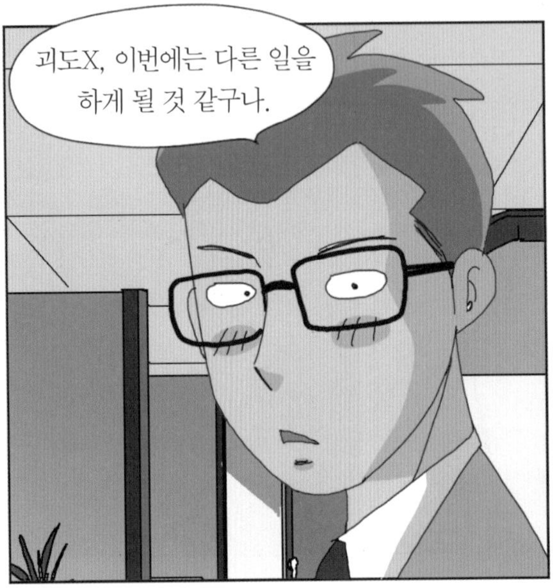
괴도X, 이번에는 다른 일을
하게 될 것 같구나.

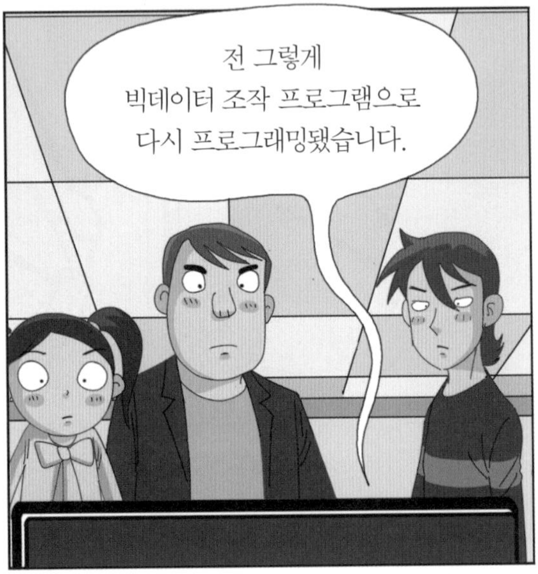
전 그렇게
빅데이터 조작 프로그램으로
다시 프로그래밍됐습니다.

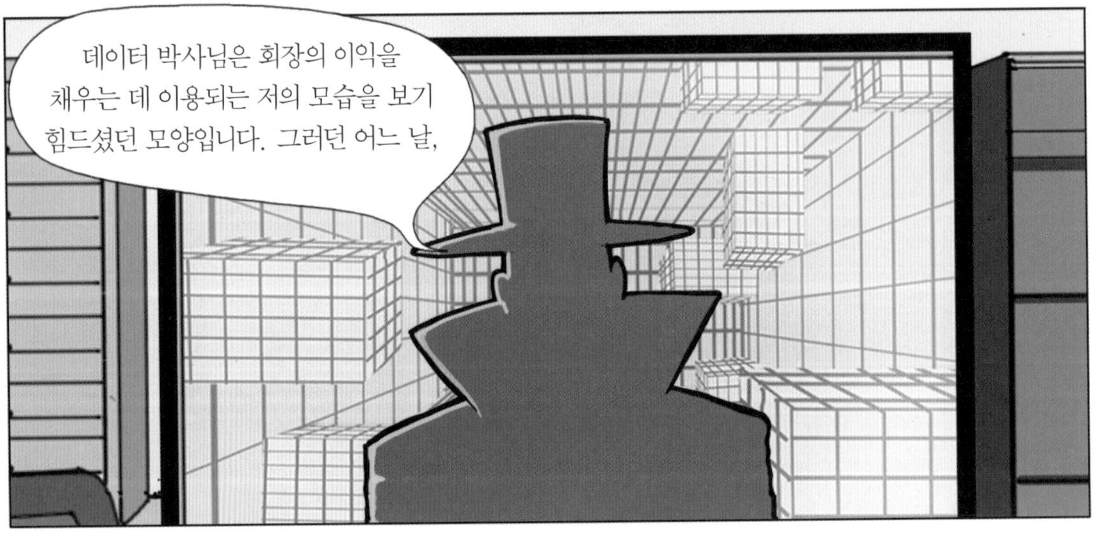
데이터 박사님은 회장의 이익을
채우는 데 이용되는 저의 모습을 보기
힘드셨던 모양입니다. 그러던 어느 날,

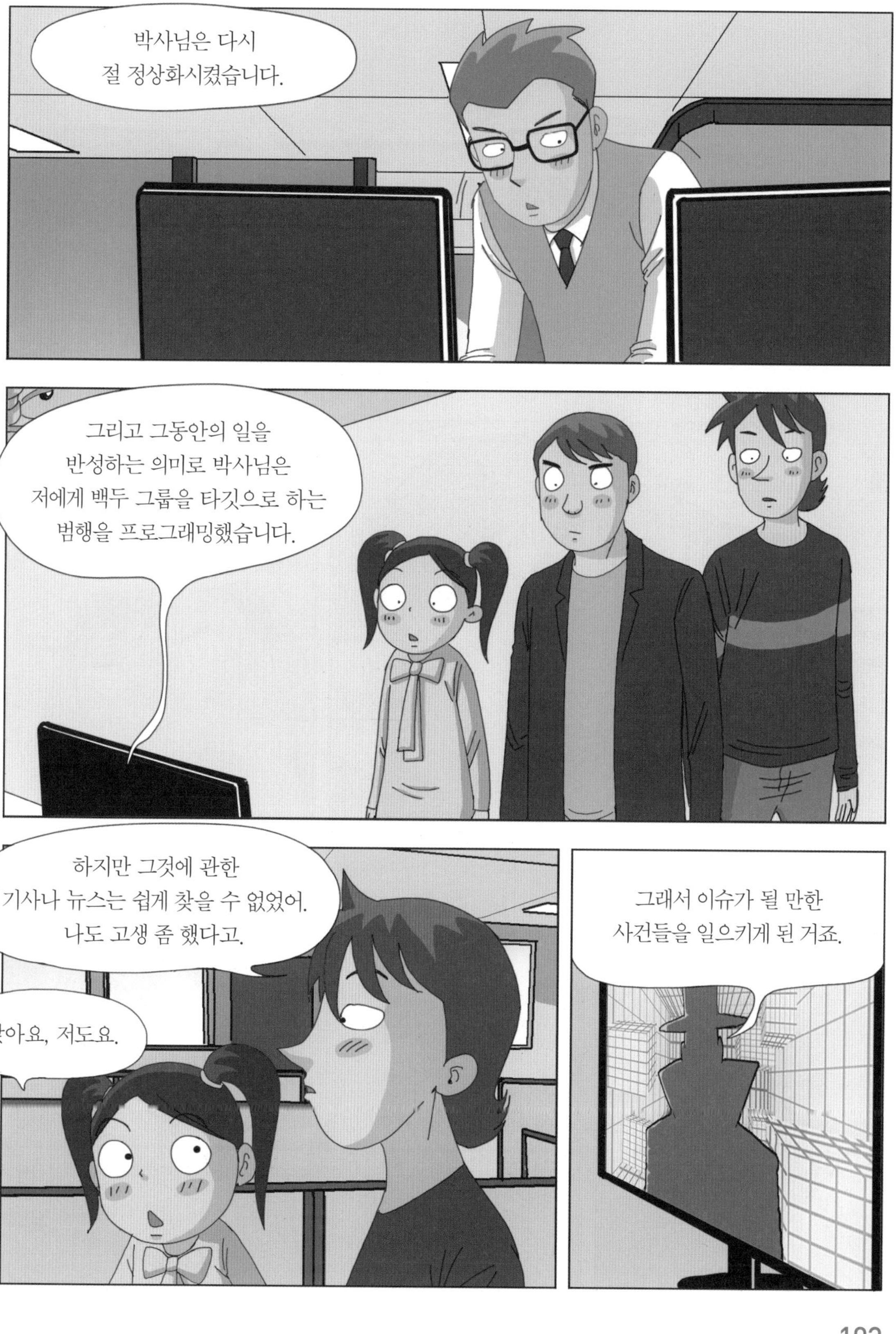
박사님은 다시 절 정상화시켰습니다.
그리고 그동안의 일을 반성하는 의미로 박사님은 저에게 백두 그룹을 타깃으로 하는 범행을 프로그래밍했습니다.
하지만 그것에 관한 기사나 뉴스는 쉽게 찾을 수 없었어. 나도 고생 좀 했다고.
맞아요, 저도요.
그래서 이슈가 될 만한 사건들을 일으키게 된 거죠.

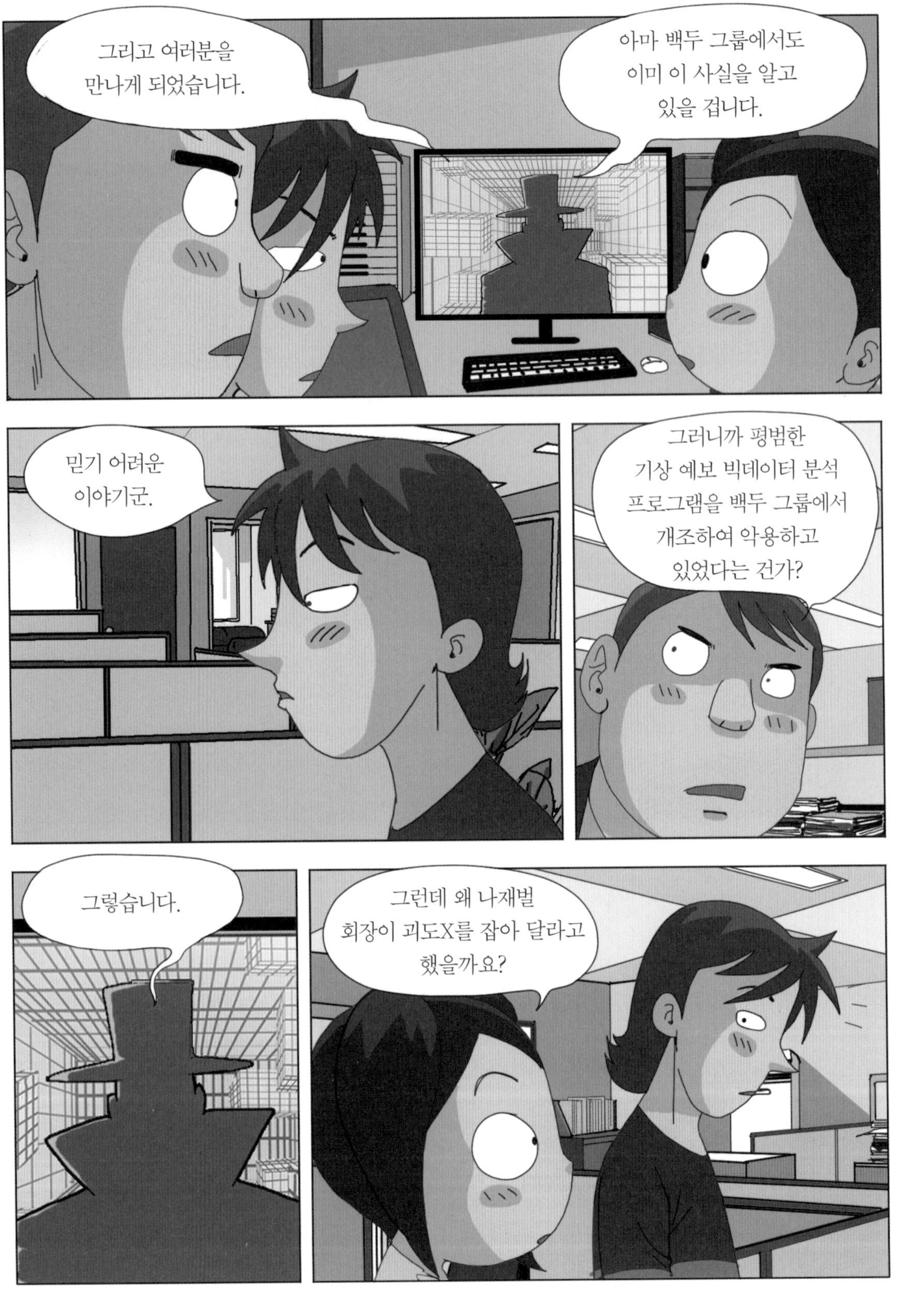
그리고 여러분을 만나게 되었습니다.
아마 백두 그룹에서도 이미 이 사실을 알고 있을 겁니다.
믿기 어려운 이야기군.
그러니까 평범한 기상 예보 빅데이터 분석 프로그램을 백두 그룹에서 개조하여 악용하고 있었다는 건가?
그렇습니다.
그런데 왜 나재벌 회장이 괴도X를 잡아 달라고 했을까요?

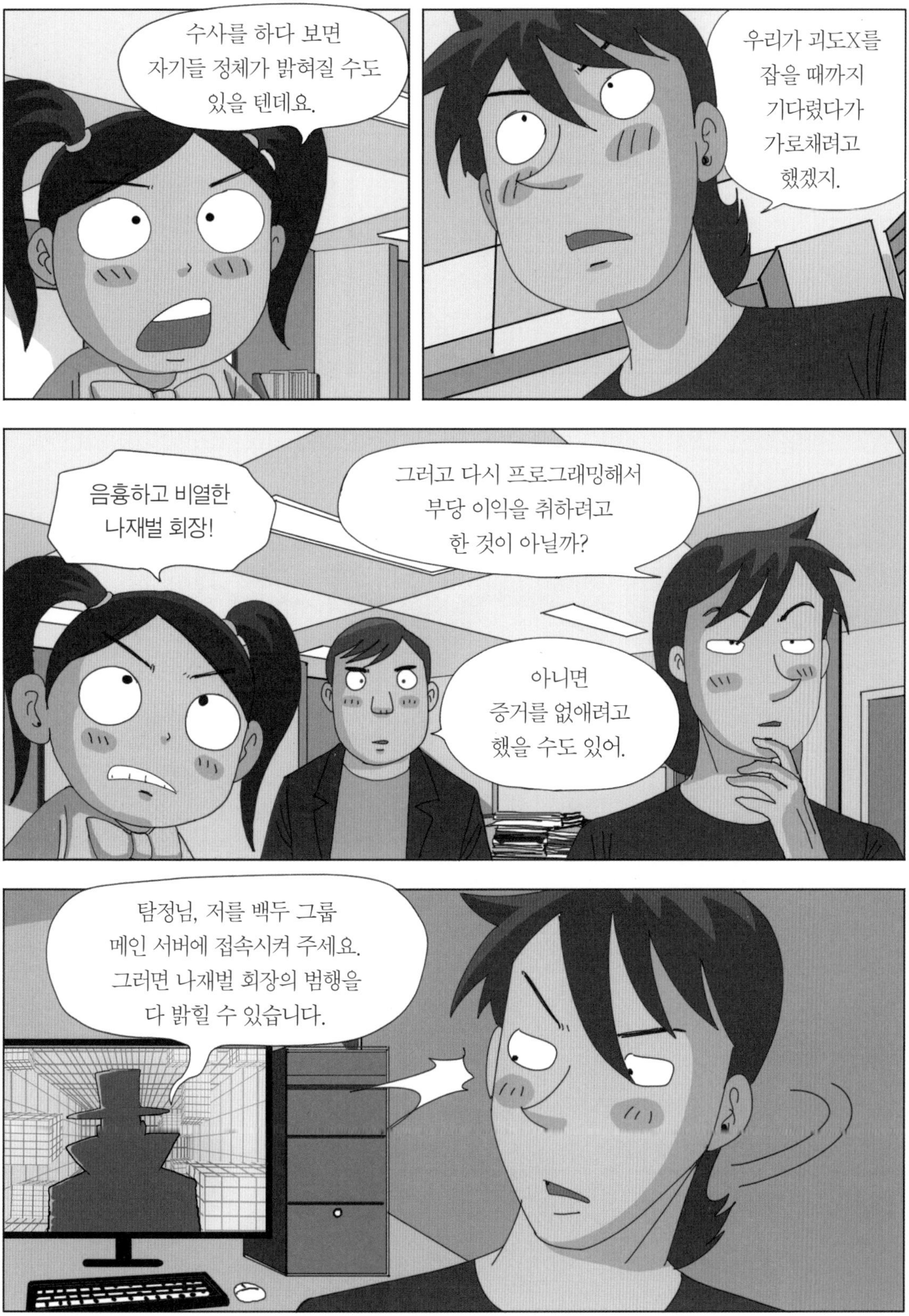
수사를 하다 보면 자기들 정체가 밝혀질 수도 있을 텐데요.
우리가 괴도X를 잡을 때까지 기다렸다가 가로채려고 했겠지.
음흉하고 비열한 나재벌 회장!
그러고 다시 프로그래밍해서 부당 이익을 취하려고 한 것이 아닐까?
아니면 증거를 없애려고 했을 수도 있어.
탐정님, 저를 백두 그룹 메인 서버에 접속시켜 주세요. 그러면 나재벌 회장의 범행을 다 밝힐 수 있습니다.

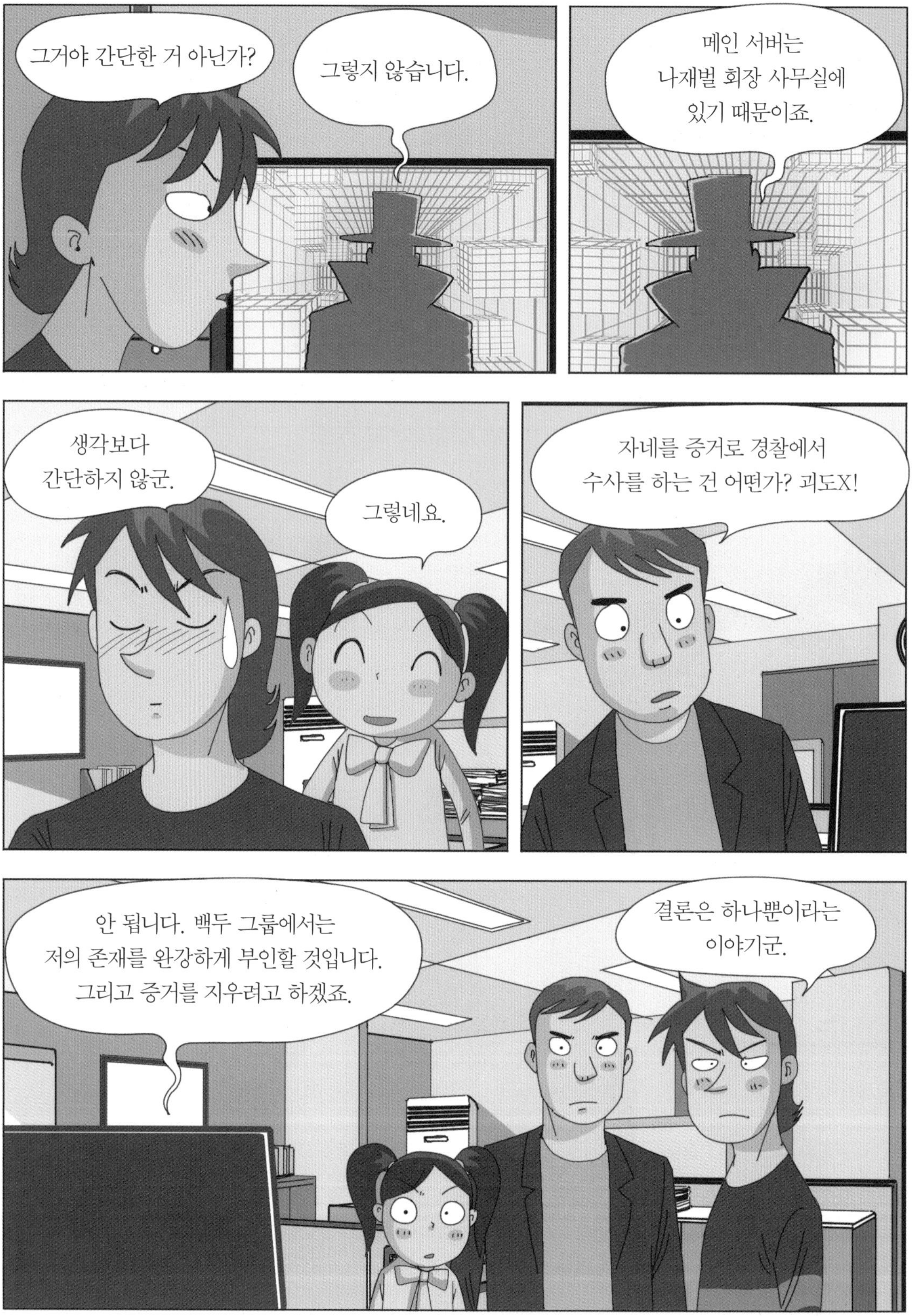
그거야 간단한 거 아닌가?
그렇지 않습니다.
메인 서버는 나재벌 회장 사무실에 있기 때문이죠.
생각보다 간단하지 않군.
그렇네요.
자네를 증거로 경찰에서 수사를 하는 건 어떤가? 괴도X!
안 됩니다. 백두 그룹에서는 저의 존재를 완강하게 부인할 것입니다. 그리고 증거를 지우려고 하겠죠.
결론은 하나뿐이라는 이야기군.

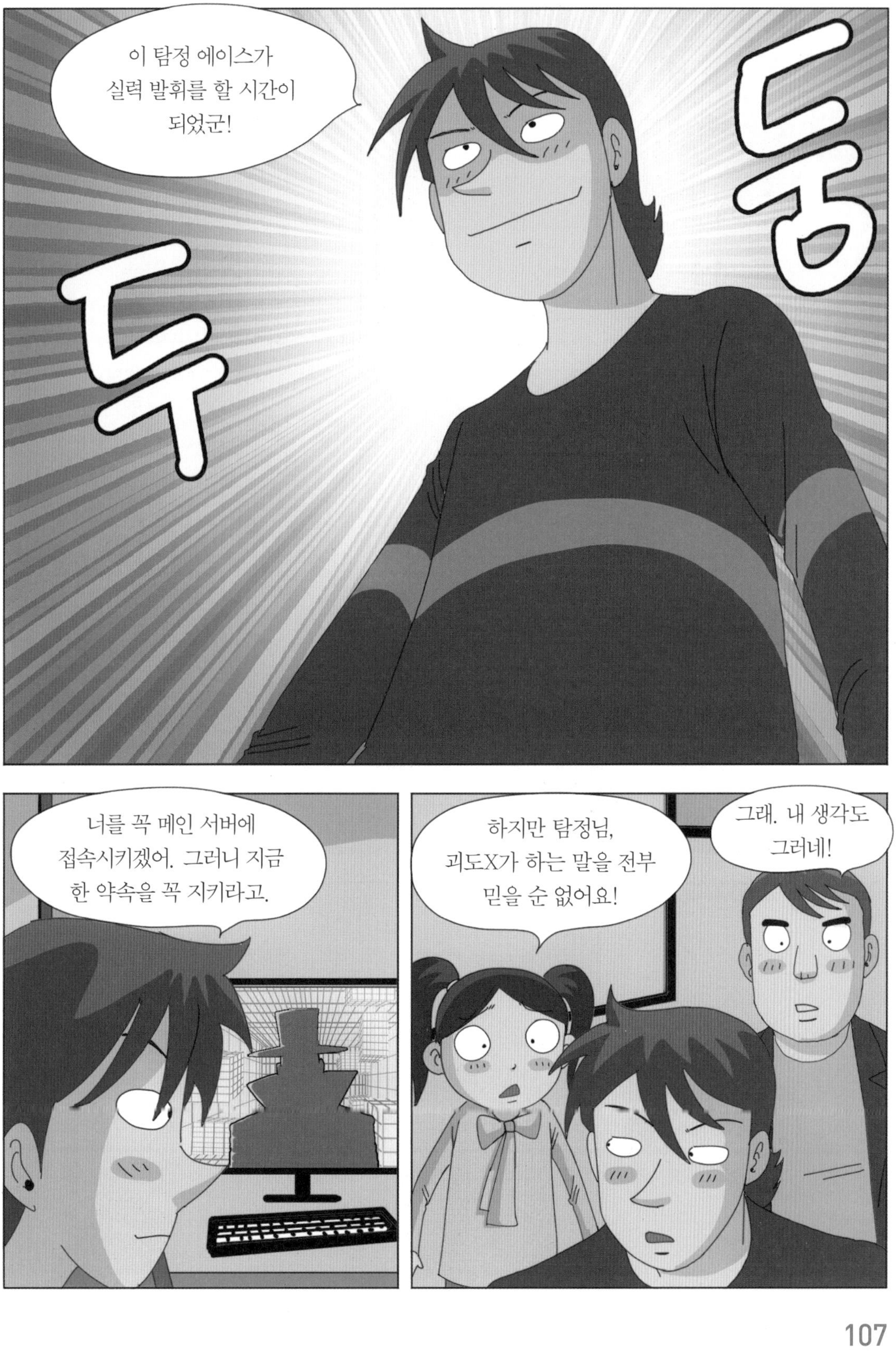
이 탐정 에이스가
실력 발휘를 할 시간이
되었군!
두
둥
너를 꼭 메인 서버에
접속시키겠어. 그러니 지금
한 약속을 꼭 지키라고.
하지만 탐정님,
괴도X가 하는 말을 전부
믿을 순 없어요!
그래. 내 생각도
그러네!

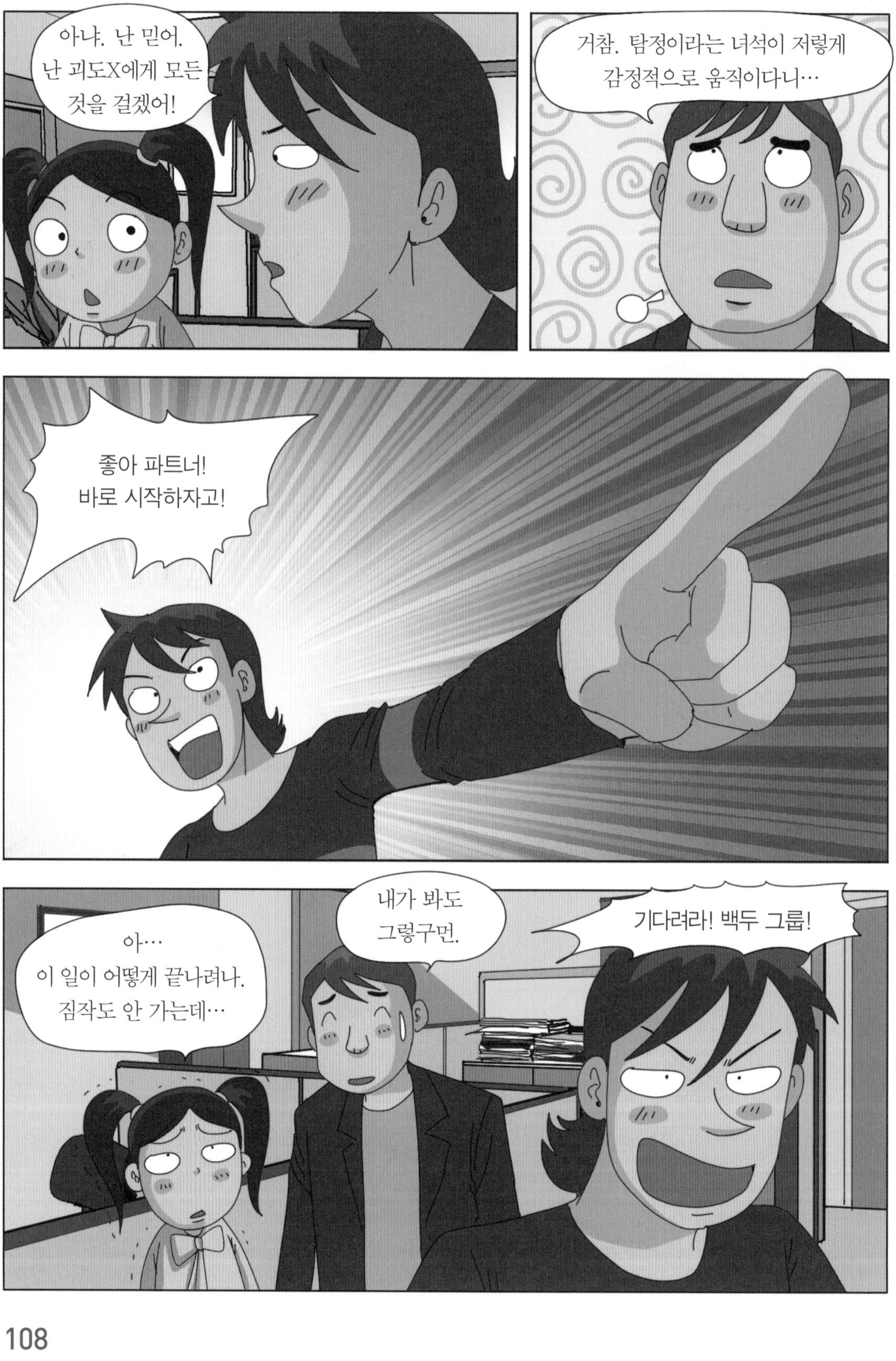
아냐. 난 믿어. 난 괴도X에게 모든 것을 걸겠어!
거참. 탐정이라는 녀석이 저렇게 감정적으로 움직이다니…
좋아 파트너! 바로 시작하자고!
아… 이 일이 어떻게 끝나려나. 짐작도 안 가는데…
내가 봐도 그렇구먼.
기다려라! 백두 그룹!

지진과 빅데이터

지진도 데이터로 예측할 수 있어요. 지진 조기 경보를 이용해 사전에 지진이 일어날 시간대와 그 규모를 파악하여 시민들이 빠르게 대피하여 안전을 지킬 수 있도록 하지요. 조기 경보는 P파와 S파 두 종류의 지진파가 시간차를 두고 발생하

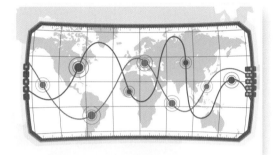

는 원리를 이용해요. 먼저 도착하는 P파의 도착 시간과 진폭 정보를 활용해 뒤따라오는 S파의 위치와 규모를 계산할 수 있지요.

하지만 위성 정보와 센서를 이용한 정밀한 지진 관측 시스템을 구축하려면 어마어마한 시간과 비용이 들어요. 대체 방안으로 '스마트폰 GPS 지진 경보 시스템'이 주목받고 있어요. 연구 결과 스마트폰 GPS는 지진이 발생한 지점을 정확히 찾을 수 있고, 지진파(S파)가 특정 지역에 도달하기 23초 전에 경보를 내렸어요. 규모 7.0 이상의 큰 지진에 한해서만 측정이 가능하다는 한계점을 가지고 있지만, 연구를 계속하여 스마트폰을 지진을 예측하는 유용한 도구로도 사용할 수 있도록 노력하고 있답니다.

빅데이터는 구체적인 지진 대피 전략을 짜는 데도 활용해요. 각자가 처한 상황에 맞는 대피 방법을 찾는 데 큰 도움을 줄 수 있어요.

또 사람 찾기 서비스를 이용하여 조난자가 어디쯤 있는지도 추적할 수 있어요. 위치 정보를 분석해 재난 발생 지역에 있는 사용자의 안전 여부를 확인하고, 신속하게 대피 지침을 전달하거나 구조 출동을 하는 등 빠른 결정을 내리는 데 큰 도움이 될 거예요.

기상과 빅데이터

 이순신 장군이 12척의 배로 대규모의 일본군을 물리칠 수 있었던 것은 날씨를 잘 이용했기 때문이에요. 이순신 장군은 항상 전쟁에 나가기 전에 그 지역의 지형과 조류, 날씨를 파악하고 그것을 이용한 전략을 세워 승리한 것으로 유명하지요.

 현대에도 날씨는 아주 중요하답니다. 세계 경제의 80%는 날씨의 직간접적인 영향을 받을 정도라고 해요. 특히 농업, 어업, 건설업, 관광업, 항공 운송업 등은 날씨가 지대한 영향을 미치지요. 그래서 날씨 정보에 대한 빅데이터를 이용하여 날씨를 정확하게 예측한다면 많은 부가 가치를 창출할 수 있답니다.

 기상청의 빅데이터는 다양한 분야에 활용할 수 있어요. 공공 - 행정 분야, 민간 - 시장 분야, 국민 - 개인 분야 등과 융합하게 되지요. 현재 기상청은 정보 개방 범위를 확대하고, 정보 관리 표준 양식을 개발하여 누구나 쉽게 활용할 수 있는 환경을 만들고 있어요.

 기상청이 '기상 기후 빅데이터 융합 서비스'를 소개했어요. 이것은 국민 생활과 경제 활동에 다양한 가치를 만들어 주는 대표적인 공공 빅데이터예요. 기상 기후 빅데이터와 타 분야 빅데이터 간의 융합 분석과 통찰을 통해 날씨의 영향을 고려한 의사 결정과 문제 해결을 도와주지요.

예를 들면 기상과 관광이 융합되면 개화 시기, 단풍 시기 등 계절별 특화 관광 사업자의 의사 결정을 도울 수 있고, 개인은 폭염, 열대야, 장마, 혹한, 폭설 등의 자료를 바탕으로 그 날짜를 피하여 휴가를 계획할 수 있는 것이지요.

농작물 생육 시기별 기상 정보, 농작물 주산지 기상 정보, 농작물 생산량 예측 서비스를 통해 농산물 유통과 수급을 조절하는 것을 도울 수 있어요. 그리고 과학적으로 영농을 지원하는 효과를 기대할 수 있어요.

또 날씨와 관련한 재미있는 빅데이터도 있어요. 날씨에 따른 소비자의 구매 상품 변화를 파악해 보니 비가 오는 날에는 피자빵을 많이 먹는다고 해요. 비가 올 거라는 예보가 있다면 피자빵을 많이 만들어야겠지요? 이처럼 재료의 물량을 조절하고 판매하는 것 등 효율적인 운용을 위해서도 날씨 빅데이터는 유용하게 활용된답니다.

기상 빅데이터를 기반으로 한 융합 기술은 여러 산업뿐만 아니라 건강과 에너지 분야 등으로도 넓혀지고 있답니다.

나재벌 회장과의 대결

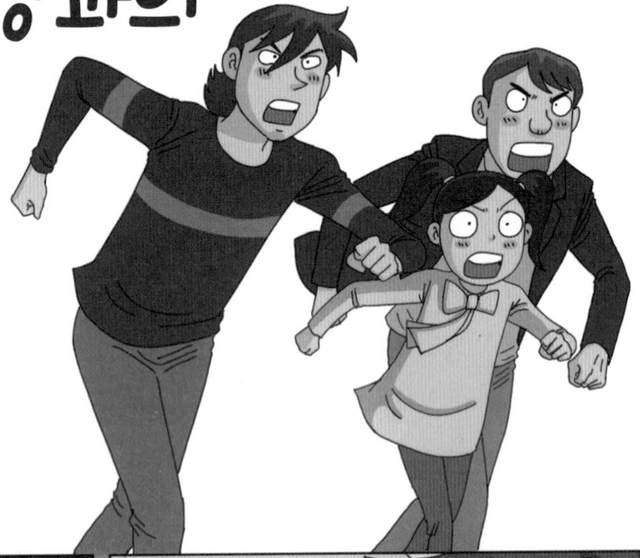

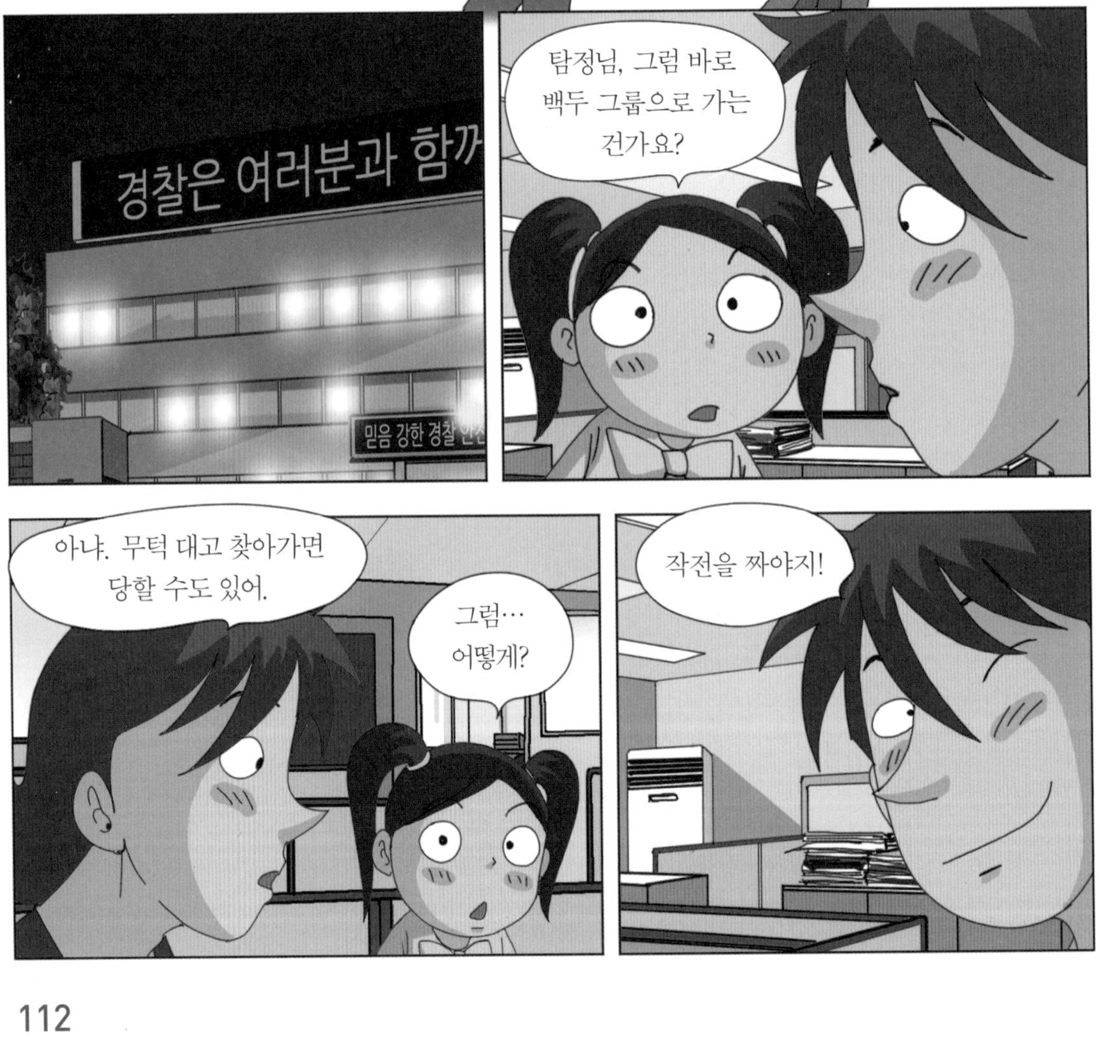
경찰은 여러분과
믿음 강한 경찰
탐정님, 그럼 바로 백두 그룹으로 가는 건가요?
아냐. 무턱 대고 찾아가면 당할 수도 있어.
그럼… 어떻게?
작전을 짜야지!

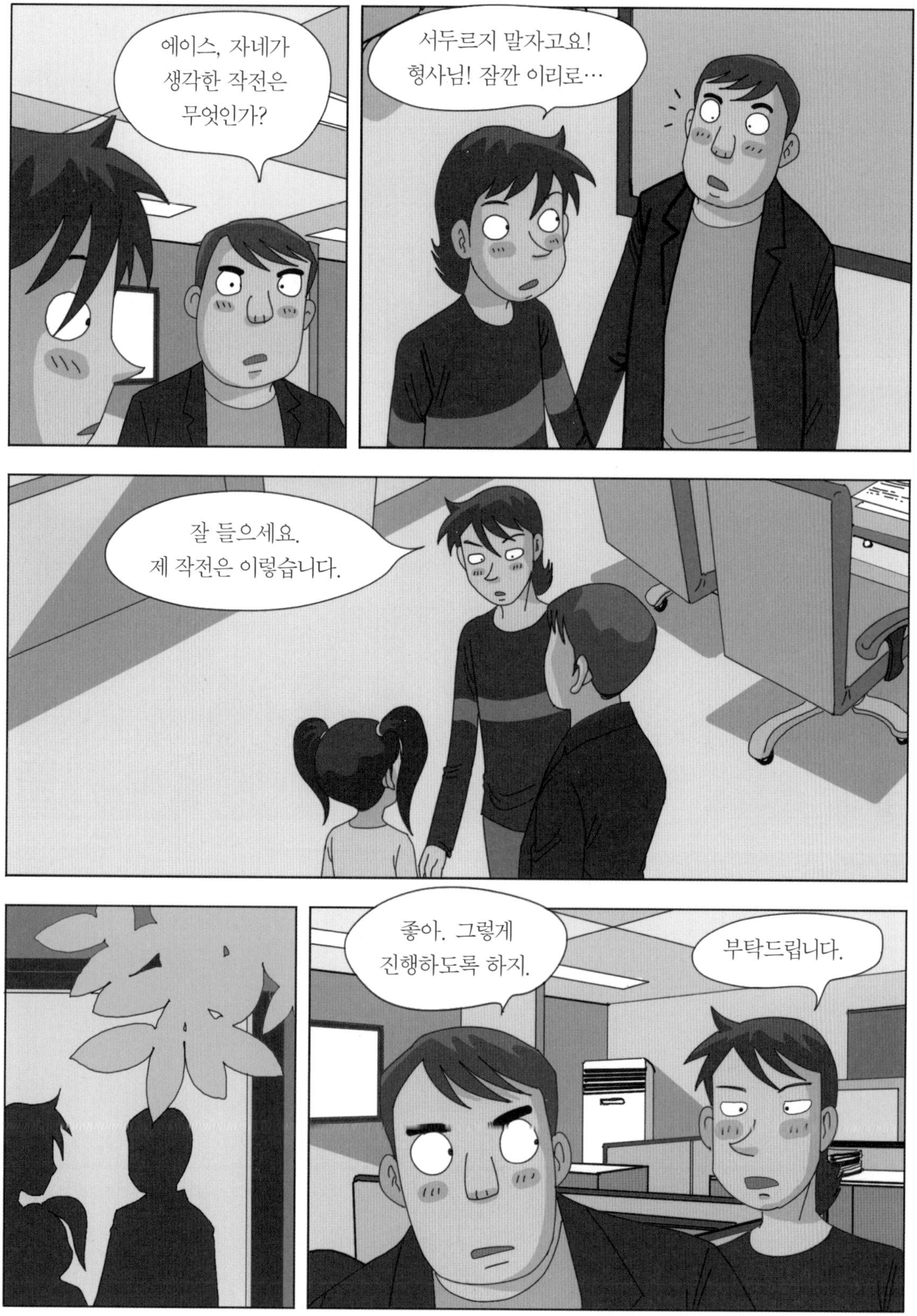
에이스, 자네가 생각한 작전은 무엇인가?
서두르지 말자고요! 형사님! 잠깐 이리로…
잘 들으세요. 제 작전은 이렇습니다.
좋아. 그렇게 진행하도록 하지.
부탁드립니다.

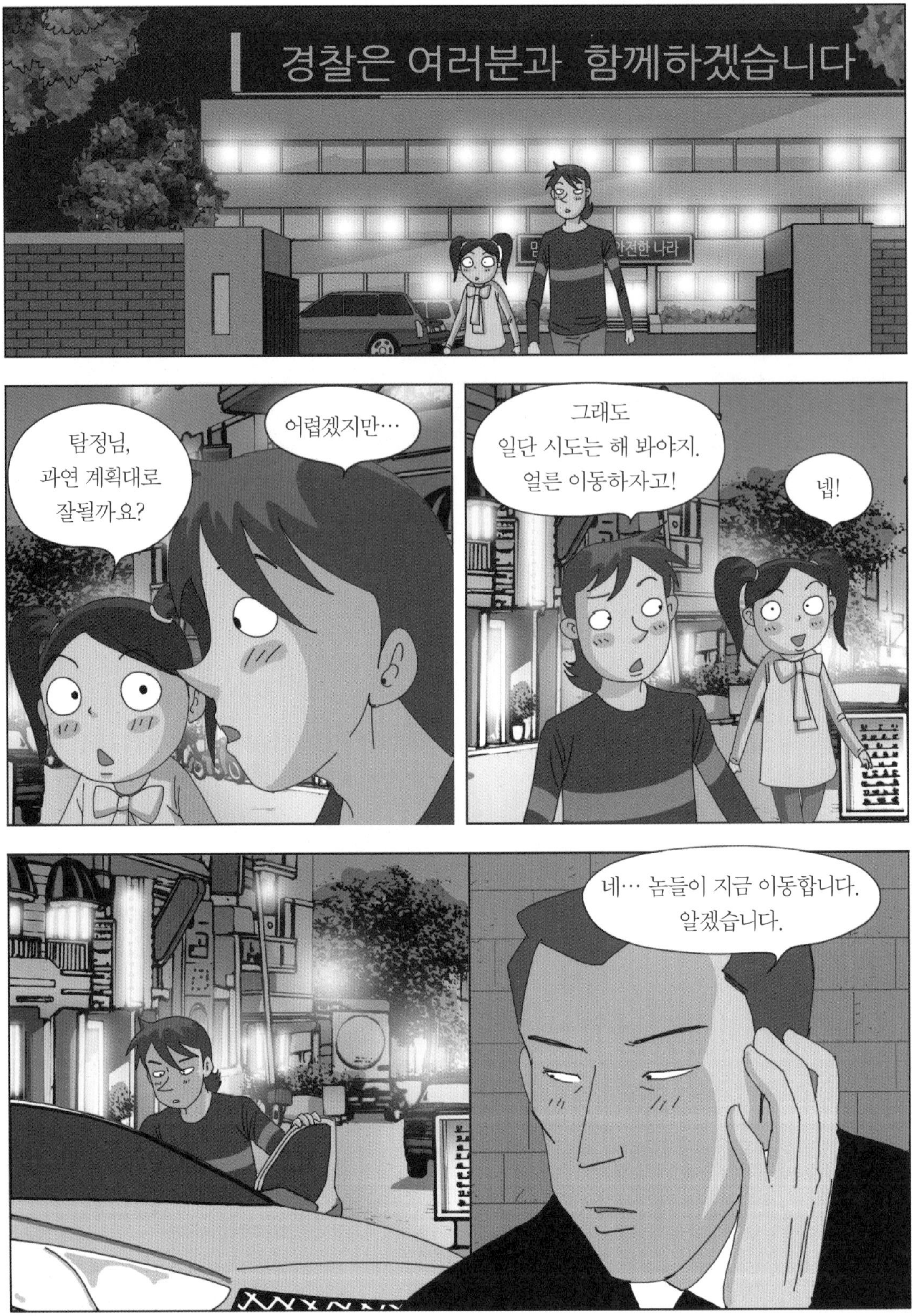
경찰은 여러분과 함께하겠습니다
안전한 나라
탐정님,
과연 계획대로
잘될까요?
어렵겠지만…
그래도
일단 시도는 해 봐야지.
얼른 이동하자고!
넵!
네… 놈들이 지금 이동합니다.
알겠습니다.

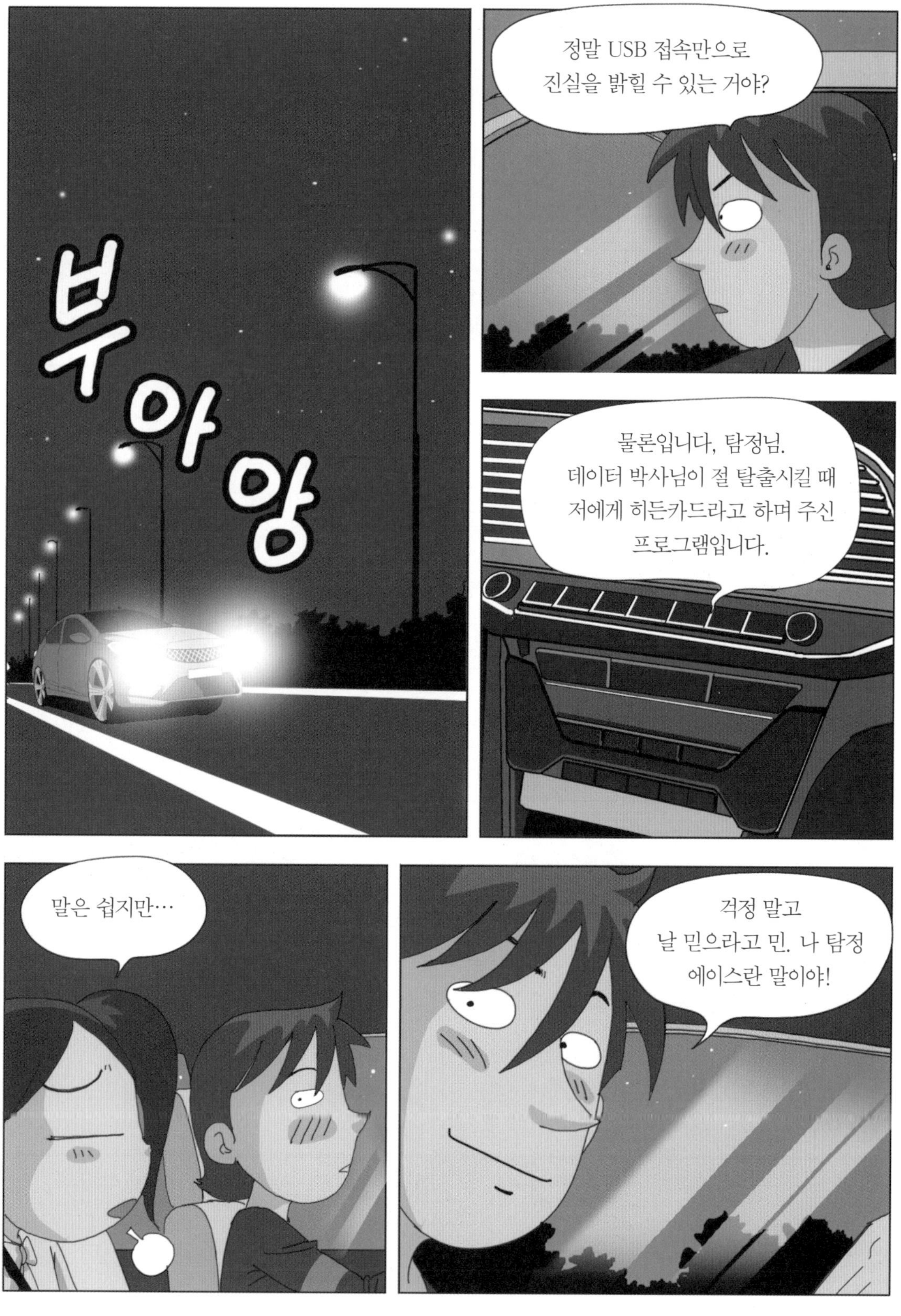
부아앙
정말 USB 접속만으로 진실을 밝힐 수 있는 거야?
물론입니다, 탐정님. 데이터 박사님이 절 탈출시킬 때 저에게 히든카드라고 하며 주신 프로그램입니다.
말은 쉽지만…
걱정 말고 날 믿으라고 민. 나 탐정 에이스란 말이야!

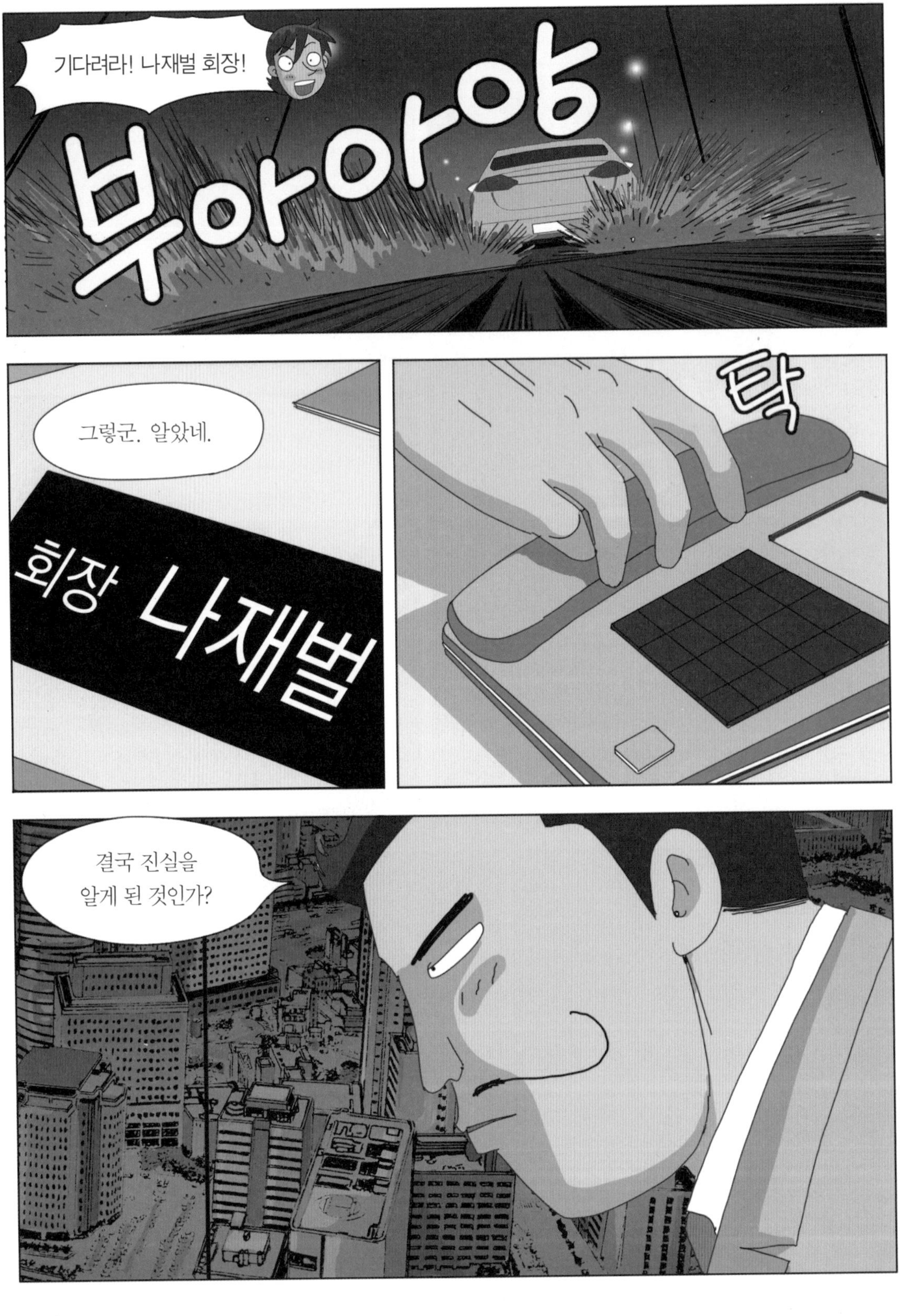
기다려라! 나재벌 회장!
부아아앙
그렇군. 알았네.
회장 나재벌
탁
결국 진실을
알게 된 것인가?

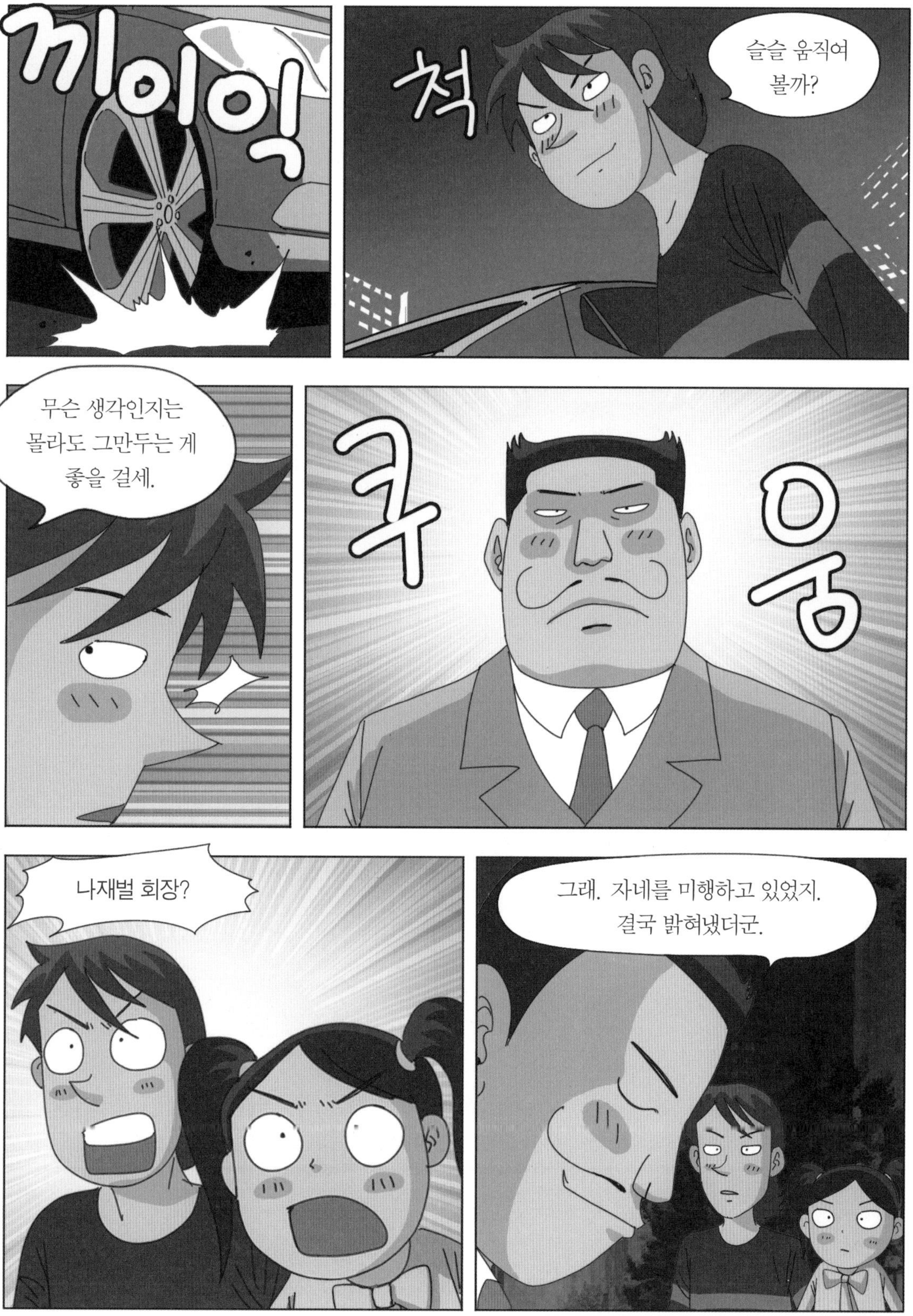
끼이익
척
슬슬 움직여 볼까?
무슨 생각인지는 몰라도 그만두는 게 좋을 걸세.
쿠
웅
나재벌 회장?
그래. 자네를 미행하고 있었지. 결국 밝혀냈더군.

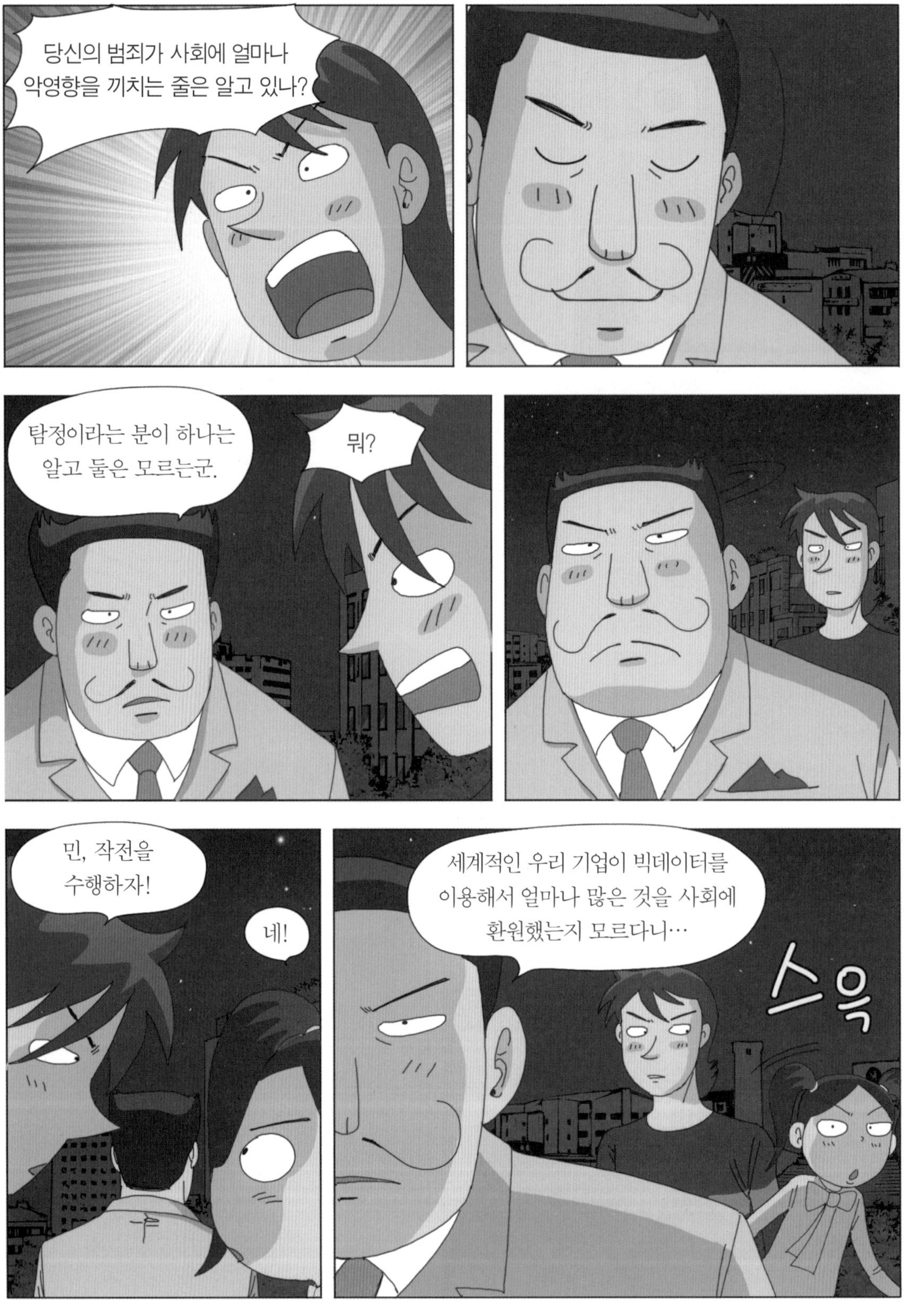
당신의 범죄가 사회에 얼마나 악영향을 끼치는 줄은 알고 있나?
탐정이라는 분이 하나는 알고 둘은 모르는군.
뭐?
민, 작전을 수행하자!
네!
세계적인 우리 기업이 빅데이터를 이용해서 얼마나 많은 것을 사회에 환원했는지 모르다니…
스윽

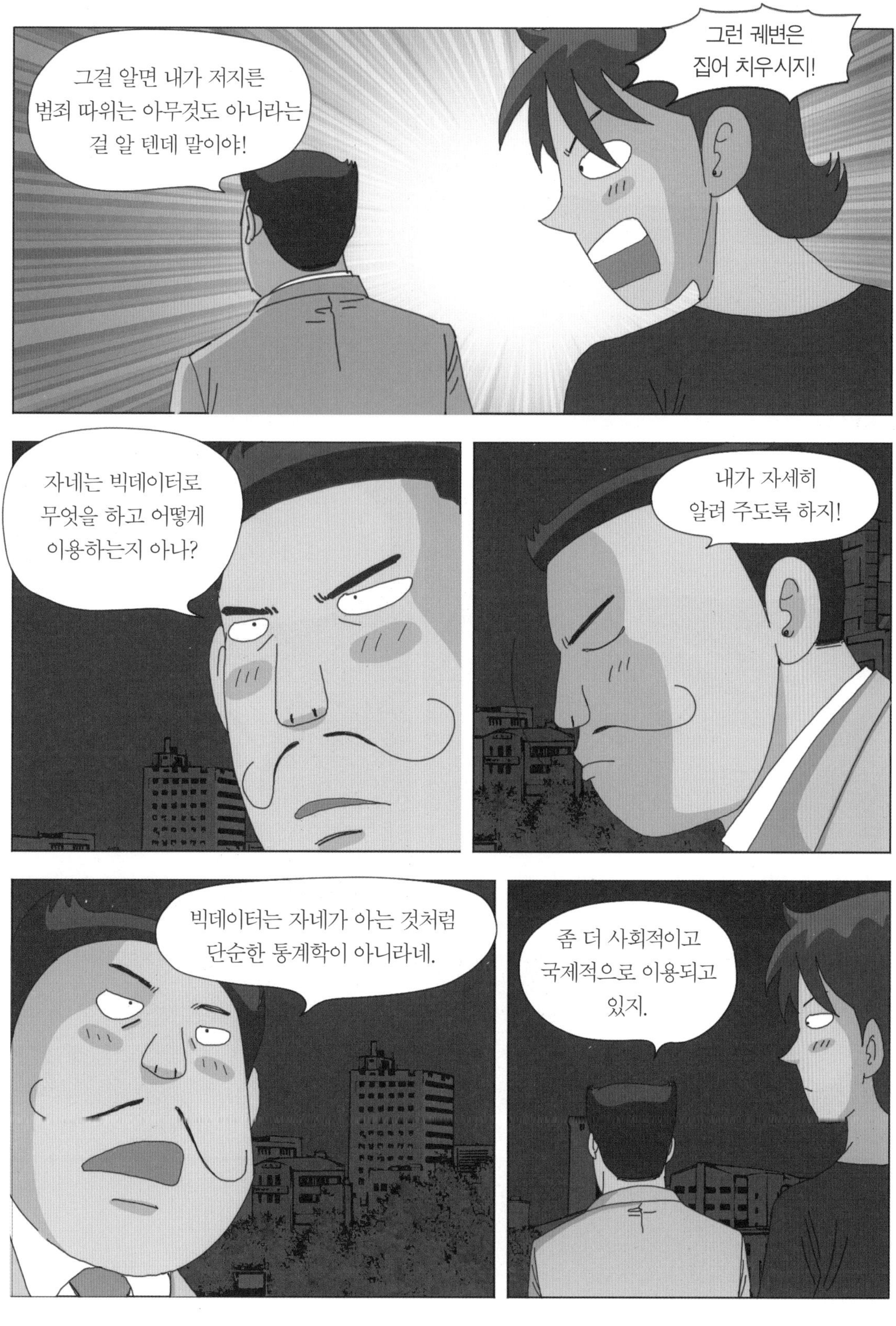
그걸 알면 내가 저지른 범죄 따위는 아무것도 아니라는 걸 알 텐데 말이야!
그런 궤변은 집어 치우시지!
자네는 빅데이터로 무엇을 하고 어떻게 이용하는지 아나?
내가 자세히 알려 주도록 하지!
빅데이터는 자네가 아는 것처럼 단순한 통계학이 아니라네.
좀 더 사회적이고 국제적으로 이용되고 있지.

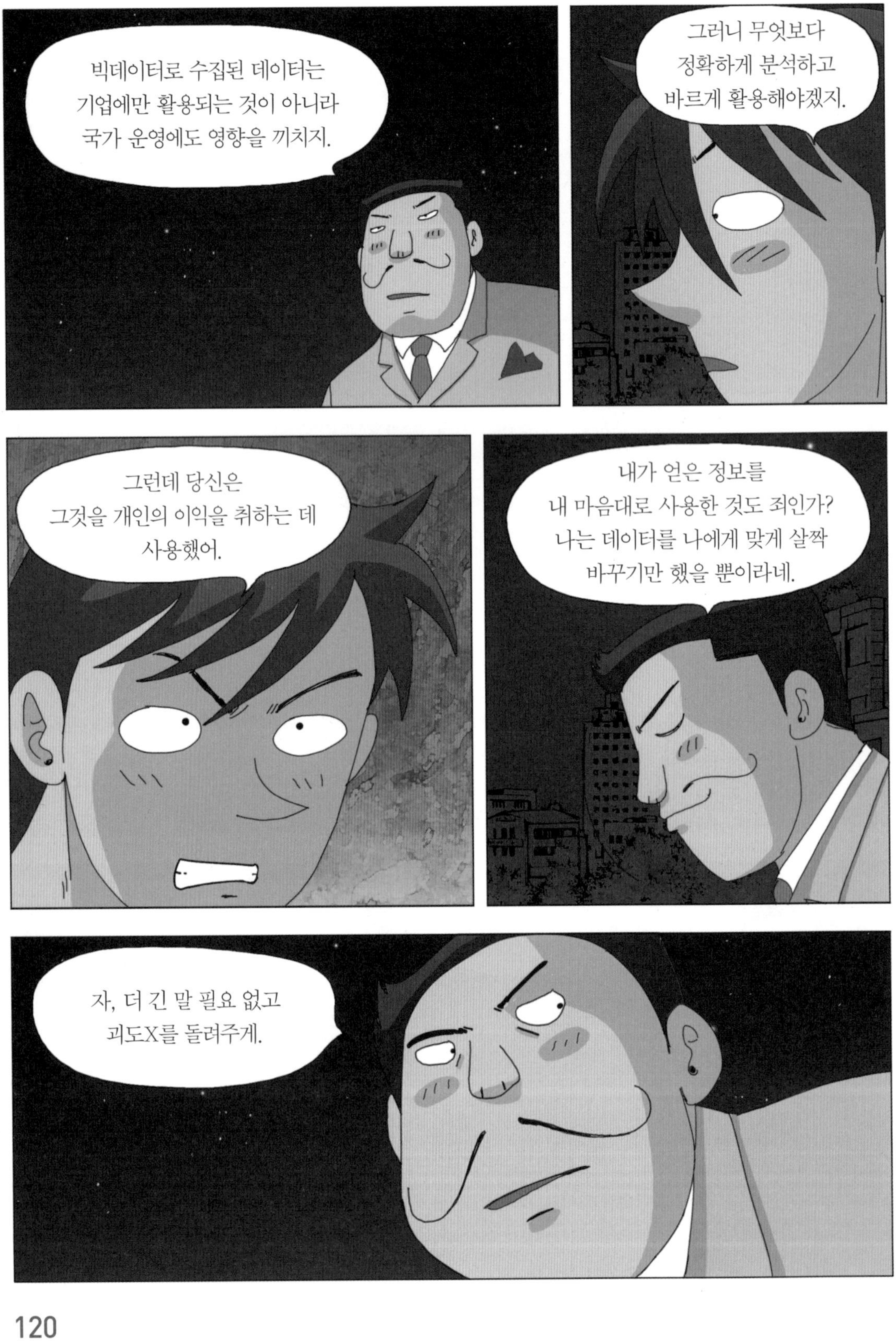

빅데이터로 수집된 데이터는 기업에만 활용되는 것이 아니라 국가 운영에도 영향을 끼치지.
그러니 무엇보다 정확하게 분석하고 바르게 활용해야겠지.
그런데 당신은 그것을 개인의 이익을 취하는 데 사용했어.
내가 얻은 정보를 내 마음대로 사용한 것도 죄인가? 나는 데이터를 나에게 맞게 살짝 바꾸기만 했을 뿐이라네.
자, 더 긴 말 필요 없고 괴도X를 돌려주게.

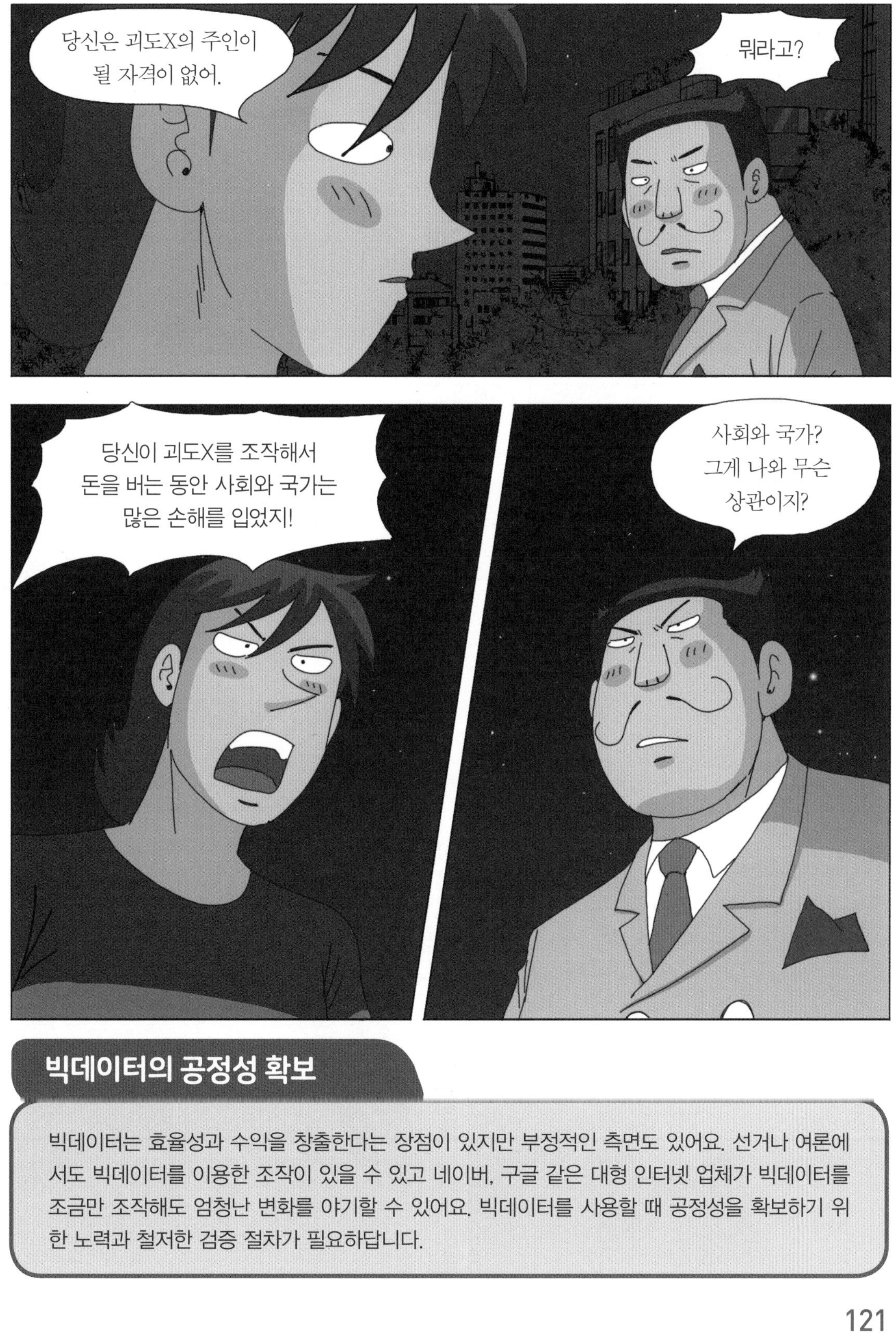
당신은 괴도X의 주인이
될 자격이 없어.
뭐라고?
당신이 괴도X를 조작해서
돈을 버는 동안 사회와 국가는
많은 손해를 입었지!
사회와 국가?
그게 나와 무슨
상관이지?

빅데이터의 공정성 확보

빅데이터는 효율성과 수익을 창출한다는 장점이 있지만 부정적인 측면도 있어요. 선거나 여론에서도 빅데이터를 이용한 조작이 있을 수 있고 네이버, 구글 같은 대형 인터넷 업체가 빅데이터를 조금만 조작해도 엄청난 변화를 야기할 수 있어요. 빅데이터를 사용할 때 공정성을 확보하기 위한 노력과 철저한 검증 절차가 필요하답니다.

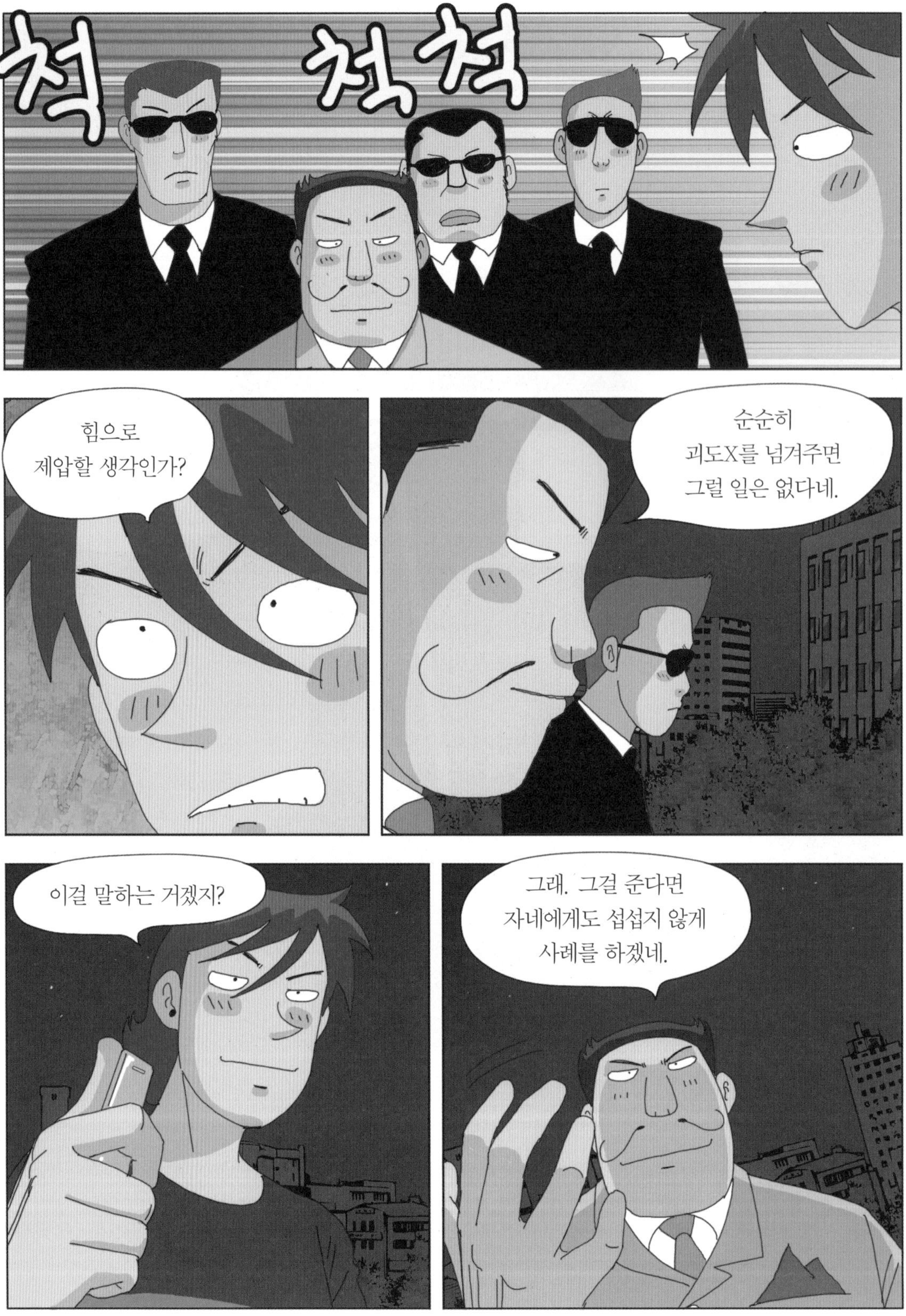
척 척척
힘으로 제압할 생각인가?
순순히 괴도X를 넘겨주면 그럴 일은 없다네.
이걸 말하는 거겠지?
그래. 그걸 준다면 자네에게도 섭섭지 않게 사례를 하겠네.

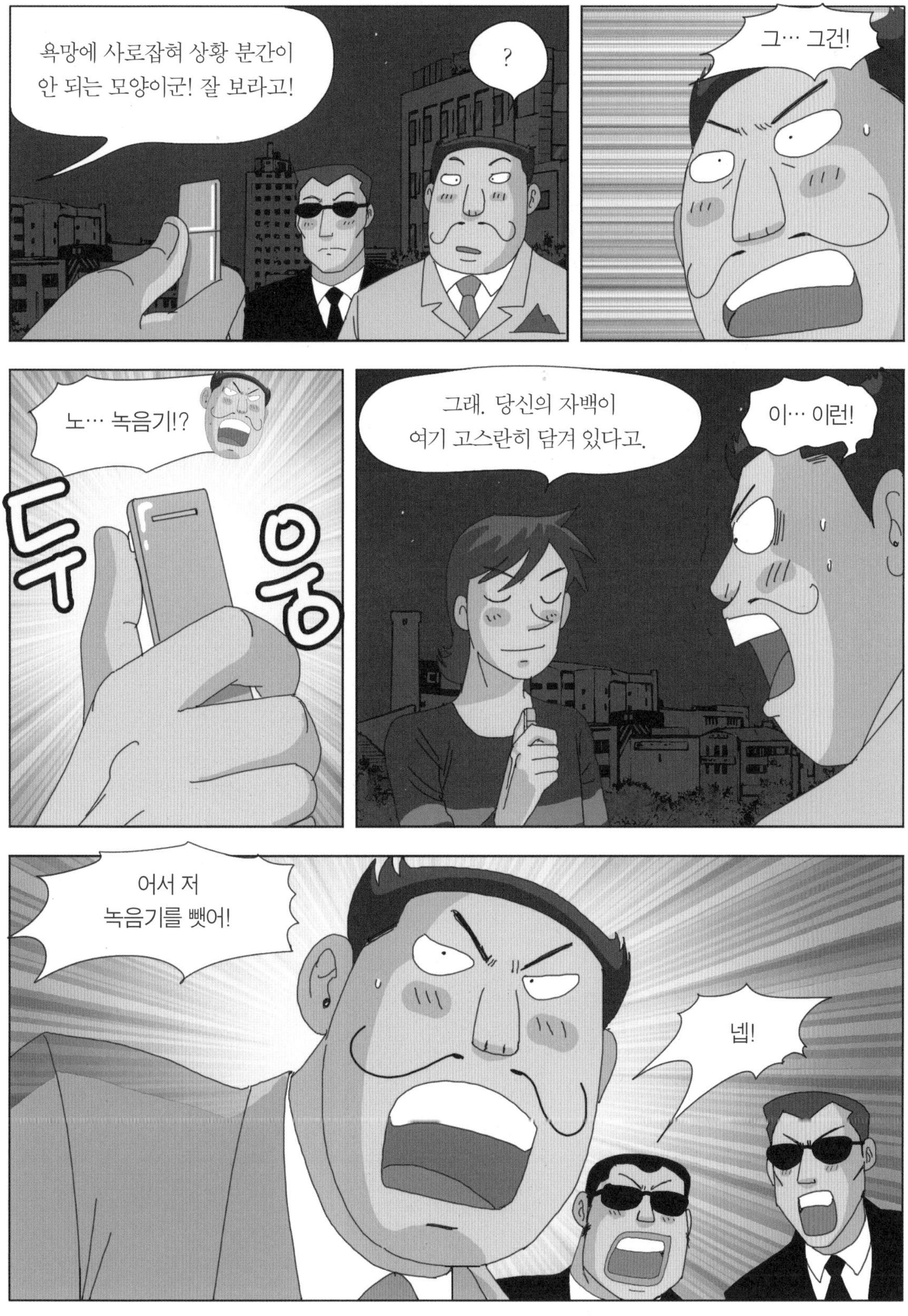

욕망에 사로잡혀 상황 분간이 안 되는 모양이군! 잘 보라고!
?
그… 그건!
노… 녹음기!?
두 웅
그래. 당신의 자백이 여기 고스란히 담겨 있다고.
이… 이런!
어서 저 녹음기를 뺏어!
넵!

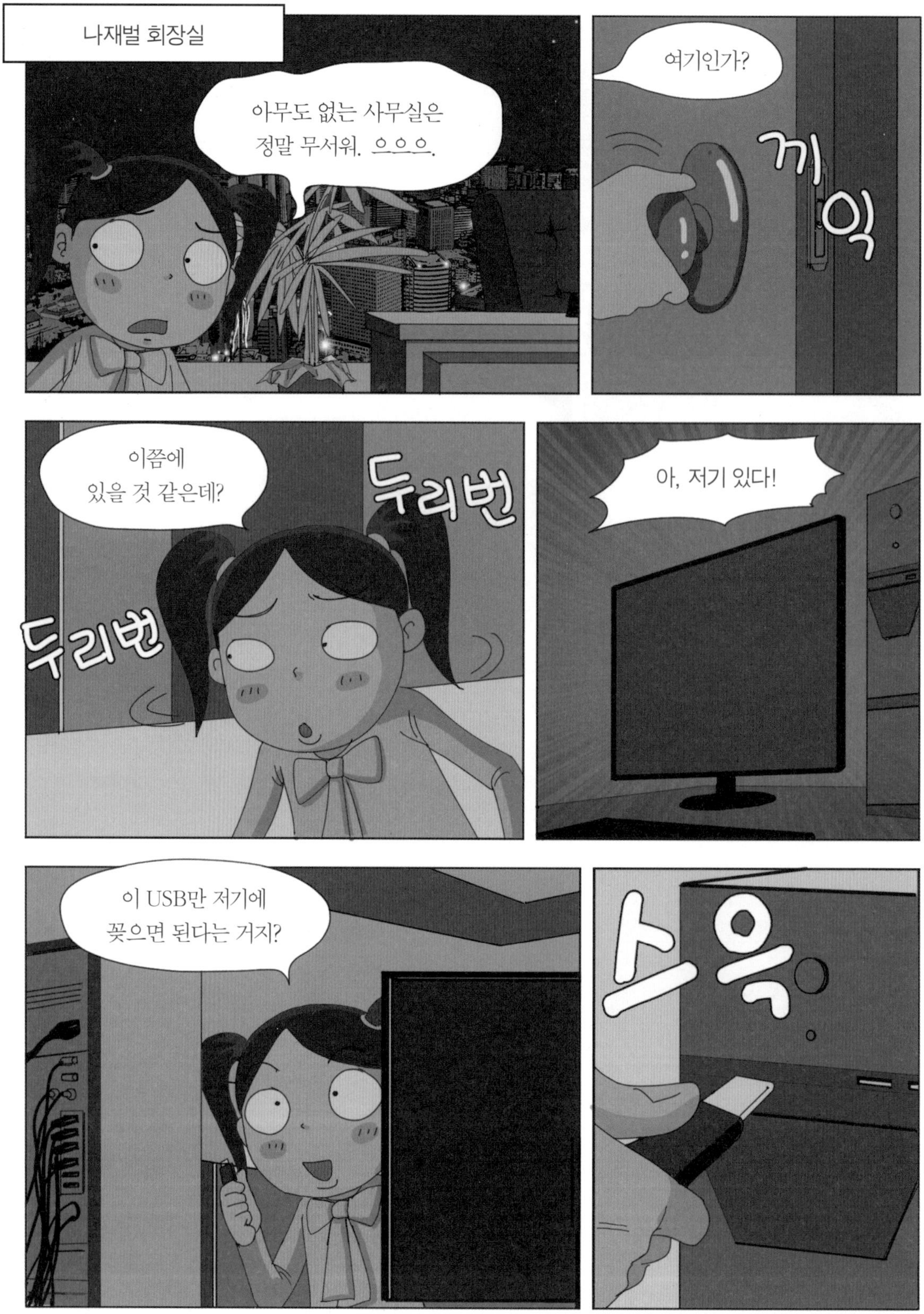
나재벌 회장실
아무도 없는 사무실은 정말 무서워. 으으으.
여기인가?
끼익
이쯤에 있을 것 같은데?
두리번
두리번
아, 저기 있다!
이 USB만 저기에 꽂으면 된다는 거지?
스윽

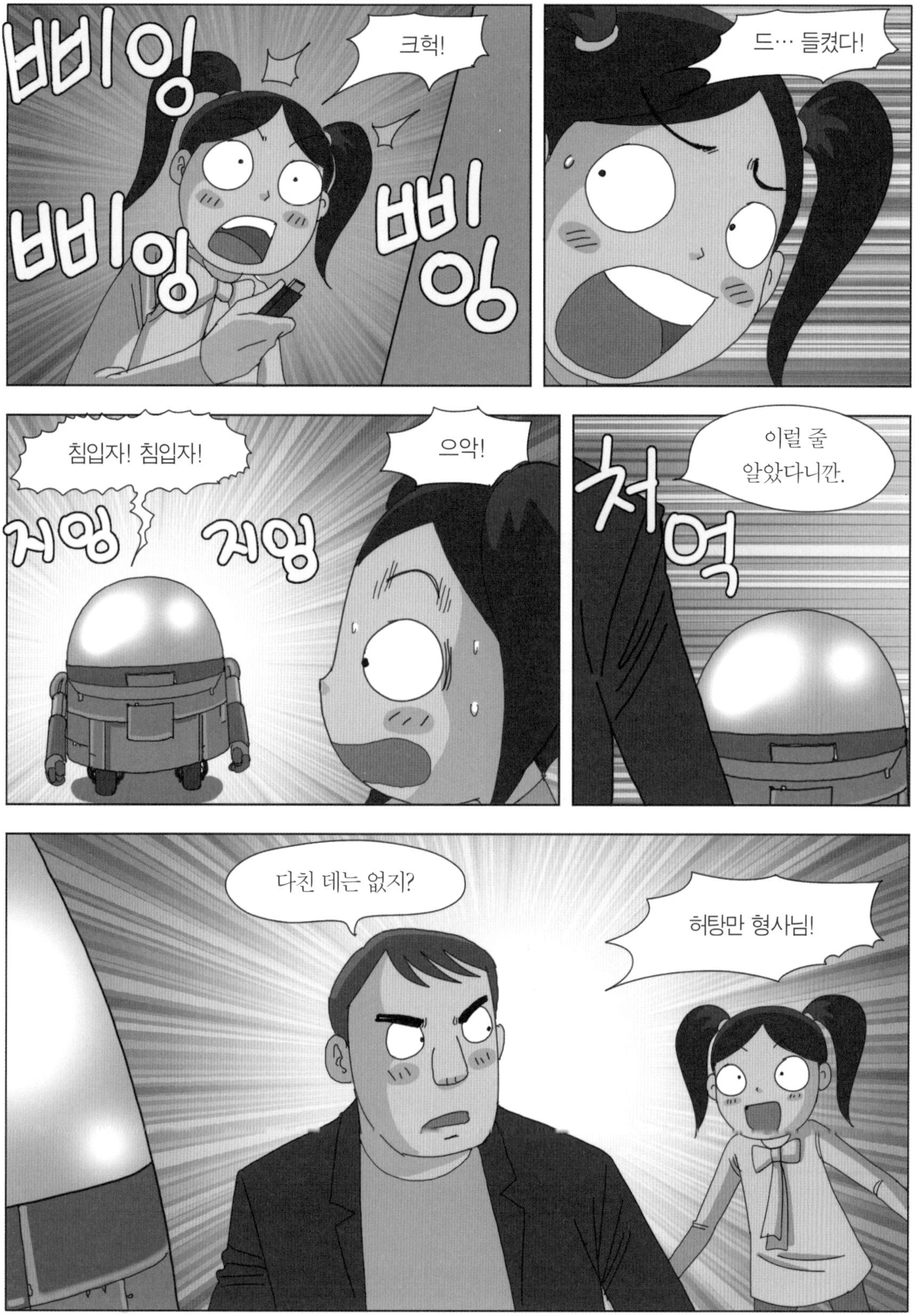
삐잉
크헉!
삐잉
삐잉
드… 들켰다!
침입자! 침입자!
지잉 지잉
으악!
처억
이럴 줄
알았다니깐.
다친 데는 없지?
허탕만 형사님!

정치와 빅데이터

빅데이터가 정치에서 더욱 주목받은 것은 2016년에 있었던 미국 대선 결과 예측과 영국 EU(유럽연합) 탈퇴와 관련하여 구글 트렌드가 정확한 예측을 하면서부터예요. 문재인 대통령 역시 대선에서 빅데이터 도움을 받았다고 알려졌지요.

후보는 빅데이터를 활용하여 지역별, 연령별, 성별 키워드를 분석하여 그에 적합한 연설을 함으로써 유권자의 큰 호응을 얻을 뿐만 아니라 자신을 홍보하고, 대중을 동원하고, 선거 조직을 운영하는 데 빅데이터를 활용하지요.

과거에 라디오, TV를 활용하던 선거가 2000년 대에 SNS로 이어졌는데 이제는 빅데이터 선거로 변모하고 있어요.

미국 전 대통령 버락 오바마는 빅데이터를 활용하여 선거에서 승리한 것으로 유명하답니다. 오바마는 데이터 발굴 전문가, 소프트웨어 개발자, 통계학자, 수학자, 예측모델학자 등으로 구성된 빅데이터 팀을 운영했어요. 미국 유권자를 5가지 성향으로 나누고 자기편으로 설득할 가망성이 있는 유권자를 찾아 선거 전략을 세우고 집중공략한 것이지요.

도널드 트럼프 대통령도 선거 6개월 전, 미국 내 최고 데이터 과학자로 불리는 오츠코보스키를 영입했어요. 그는 세 가지 정보 인프라 구축을 목표로 했어요. 첫째, 역대 선거 결과 등 정치 데이터, 둘째, 유권자 성향 데이터, 인구 통계학적 데이터, 지리적 데이터 등 공개 데이터, 셋째, 여론 조사와 시장 조사 데이터를 빅데이터화했지요. 이를 분석한 결과로 유권자 표심을 공략해 결국 트럼프 대통령이 당선되는 데 크게 기여했어요.

우리나라 대선에서는 문재인 캠프가 빅데이터를 적극적으로 활용하였어요. 문재인 대통령은 네이버 부사장을 경선 캠프에 참여시키면서 빅데이터를 주요한 선거 수단으로 활용했어요. 당시 문재인 캠프에서는 유권자가 검색하는 키워드 중심으로 통계를 내 유권자가 관심을 가지고 있는 현안에 집중했어요.

빅데이터는 선거 결과도 정확히 예측하지요. 2017년 5월 대선 때 빅데이터가 문재인 후보의 당선이 유력한 것으로 분석·예측한 대로 문재인 대통령이 당선되었어요.

빅데이터를 선거에만 활용하는 것은 아니에요. 복잡한 정치 현상을 분석하여 합리적이고 객관적인 정치적 대안을 마련하는 것에도 크게 활용된답니다. 소수의 경험과 직감에 의존하지 않고 데이터를 기반으로 분석한 수치에 근거해 의사 결정을 하는 정치인이 많아질 것이라 기대가 됩니다.

드디어 밝혀진 나재벌 회장의 악행

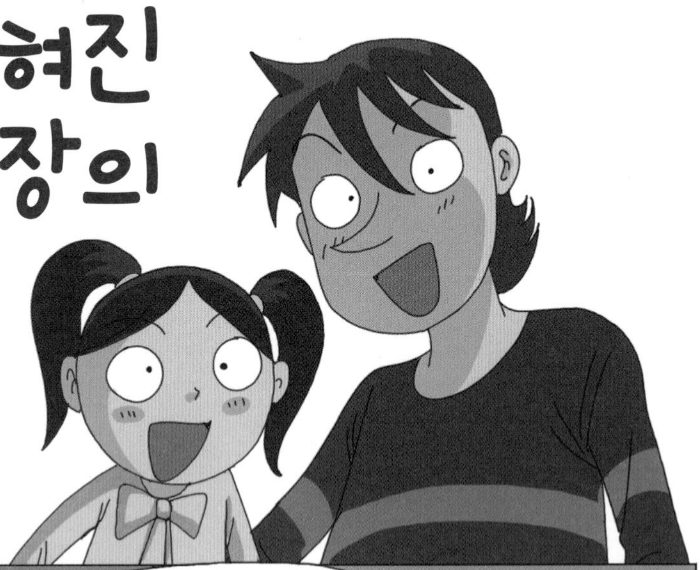

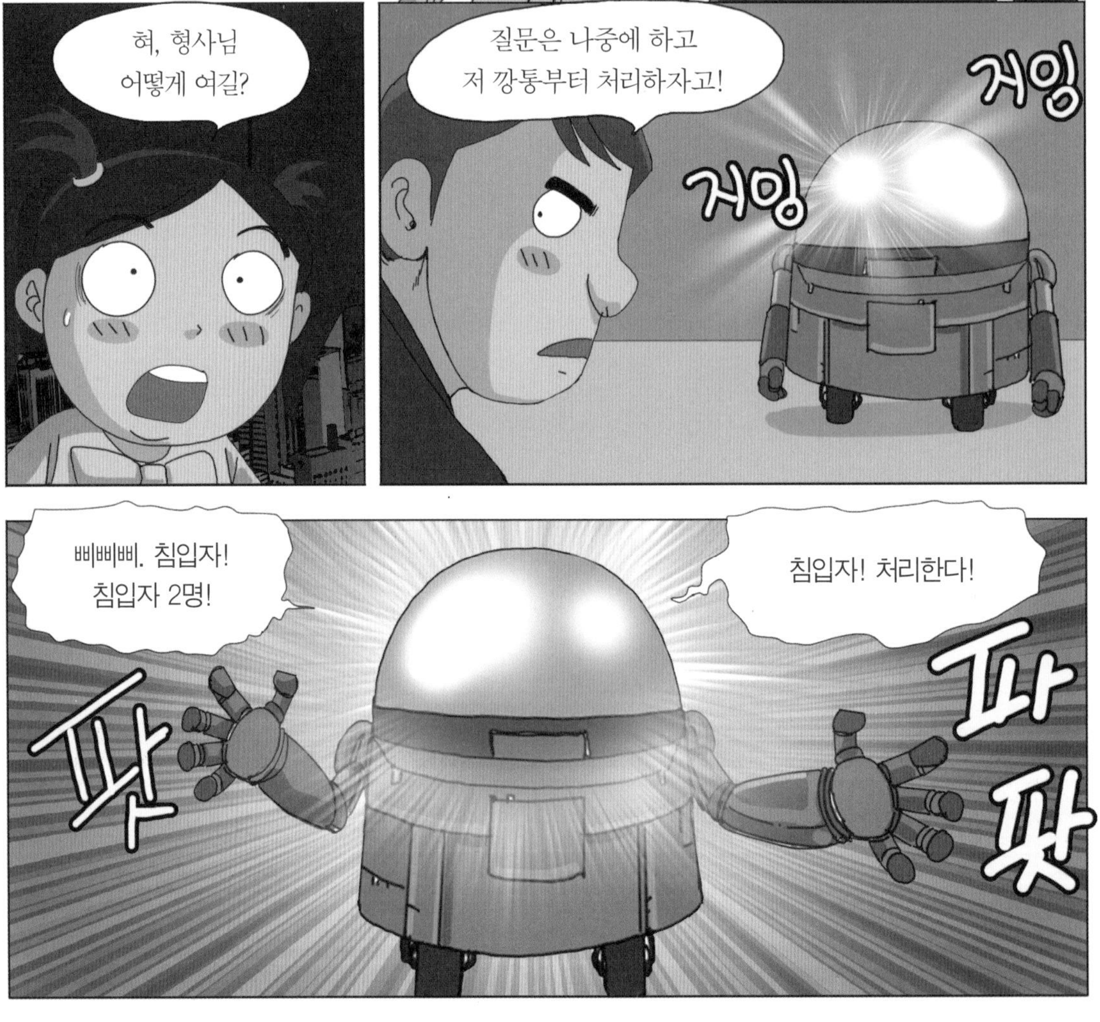

혀, 형사님
어떻게 여길?
질문은 나중에 하고
저 깡통부터 처리하자고!
거잉
거잉
삐삐삐. 침입자!
침입자 2명!
침입자! 처리한다!
팟
파
팟

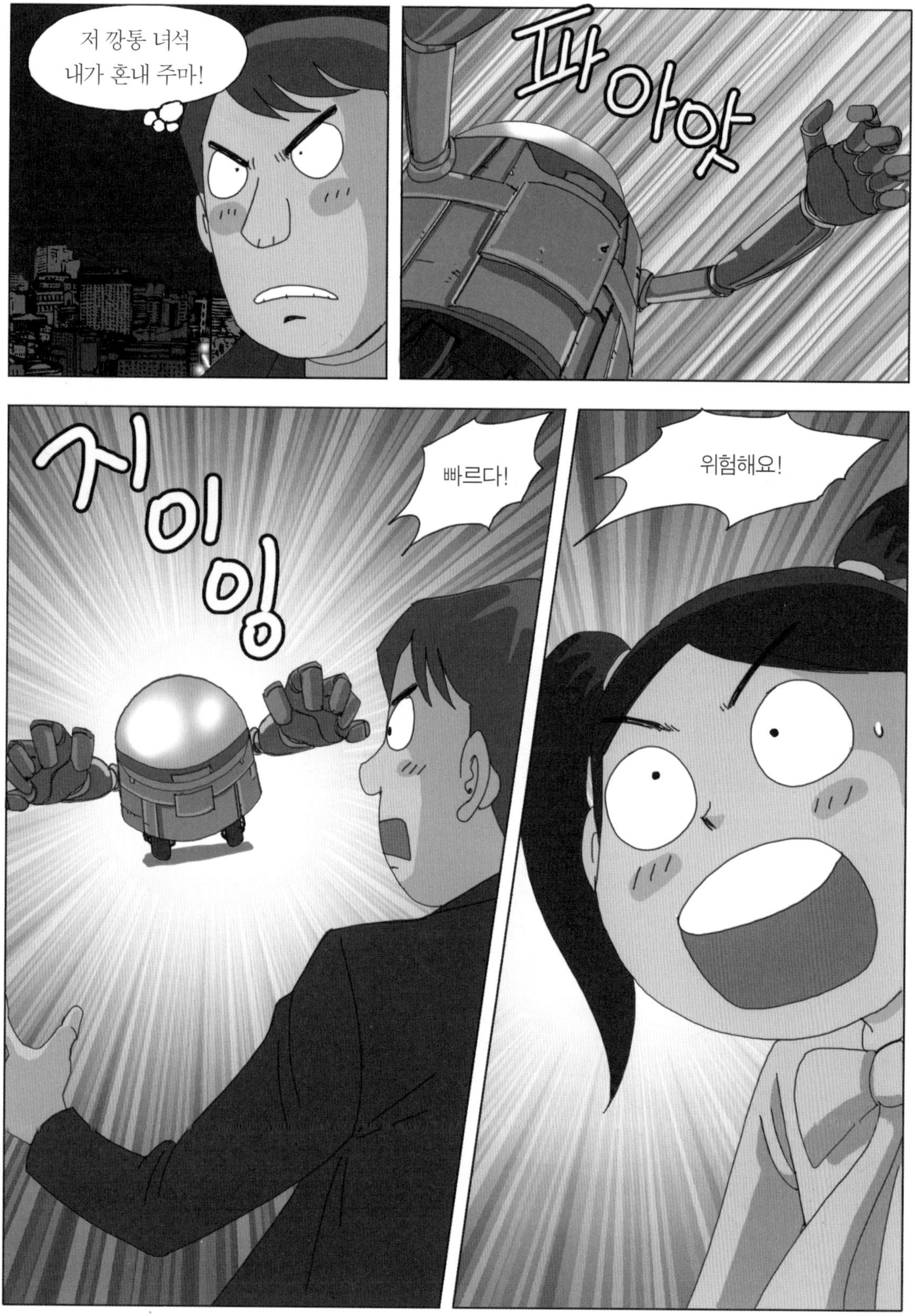

저 깡통 녀석
내가 혼내 주마!
파아앗
지이잉
빠르다!
위험해요!

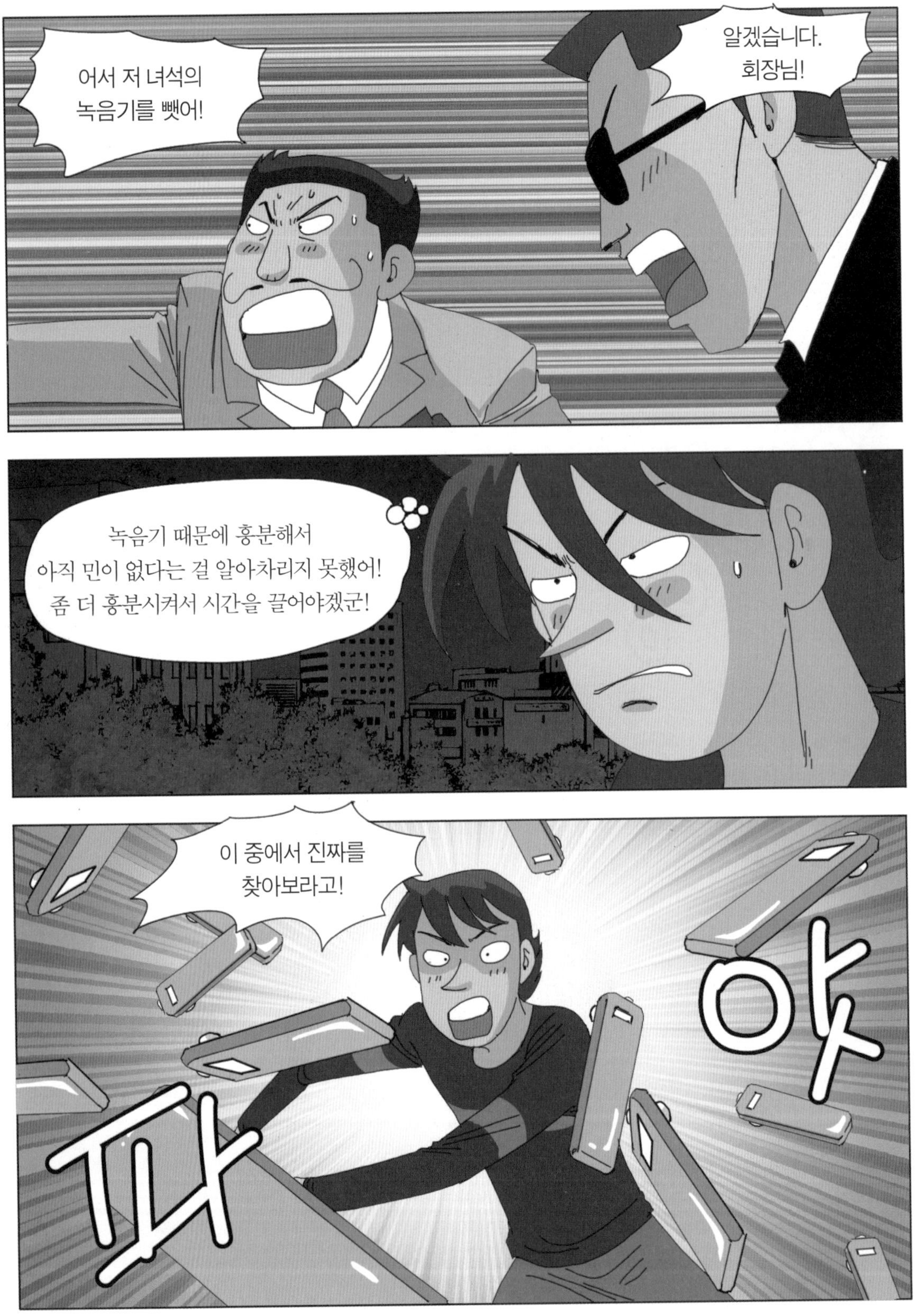
어서 저 녀석의
녹음기를 뺏어!
알겠습니다.
회장님!
녹음기 때문에 흥분해서
아직 민이 없다는 걸 알아차리지 못했어!
좀 더 흥분시켜서 시간을 끌어야겠군!
이 중에서 진짜를
찾아보라고!
야
파

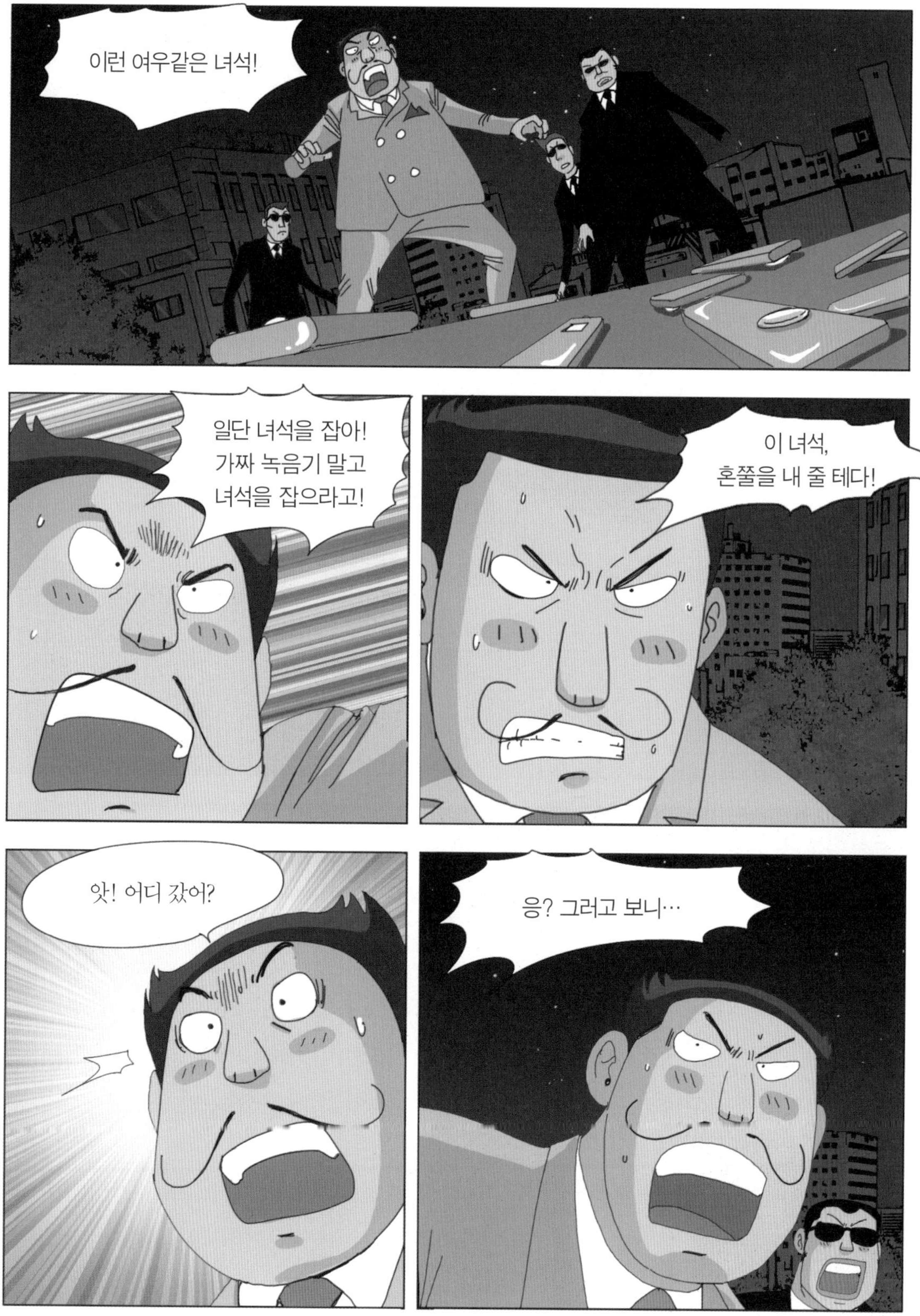

이런 여우같은 녀석!
일단 녀석을 잡아! 가짜 녹음기 말고 녀석을 잡으라고!
이 녀석, 혼쭐을 내 줄 테다!
앗! 어디 갔어?
응? 그러고 보니…

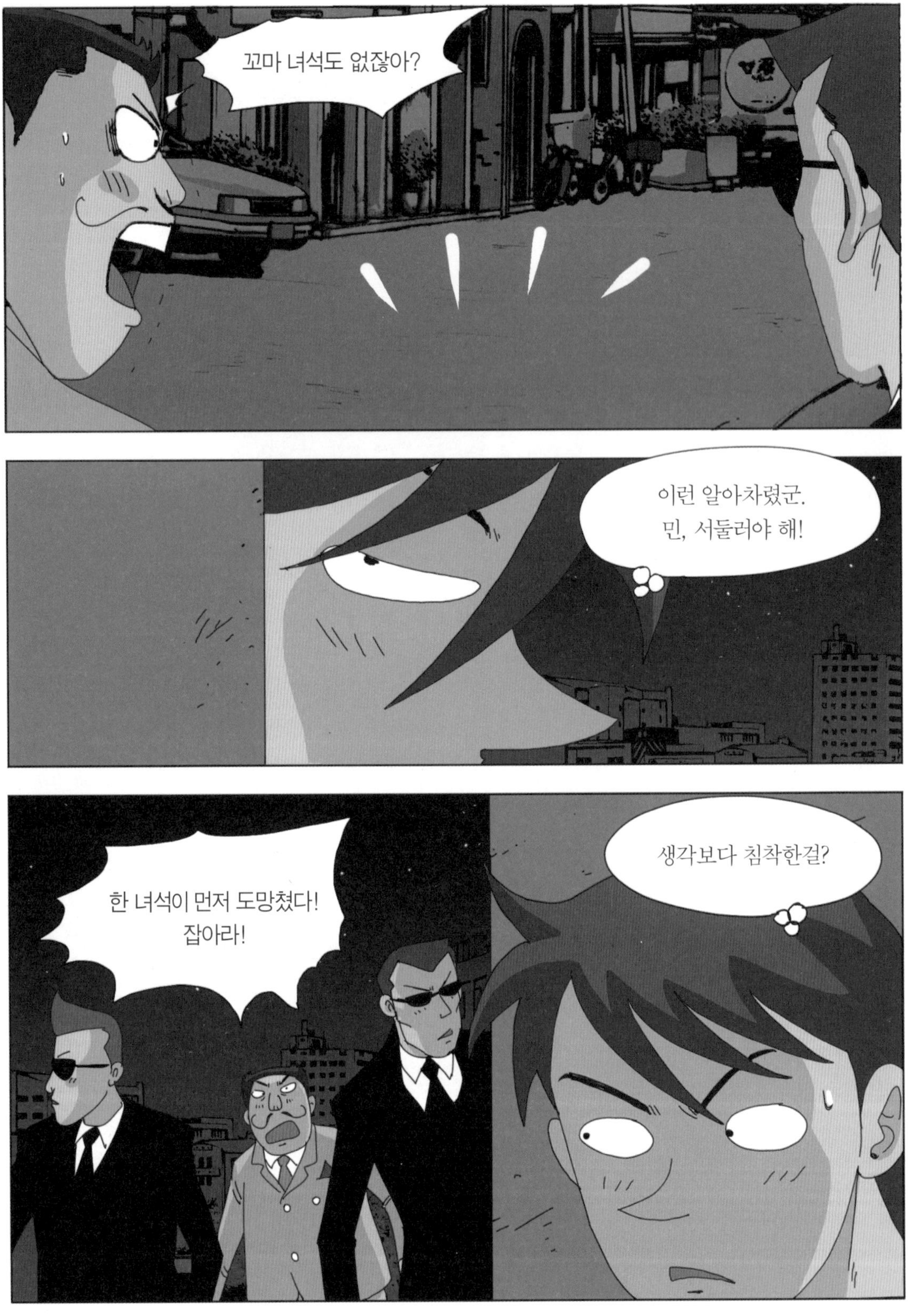
꼬마 녀석도 없잖아?
이런 알아차렸군. 민, 서둘러야 해!
한 녀석이 먼저 도망쳤다! 잡아라!
생각보다 침착한걸?

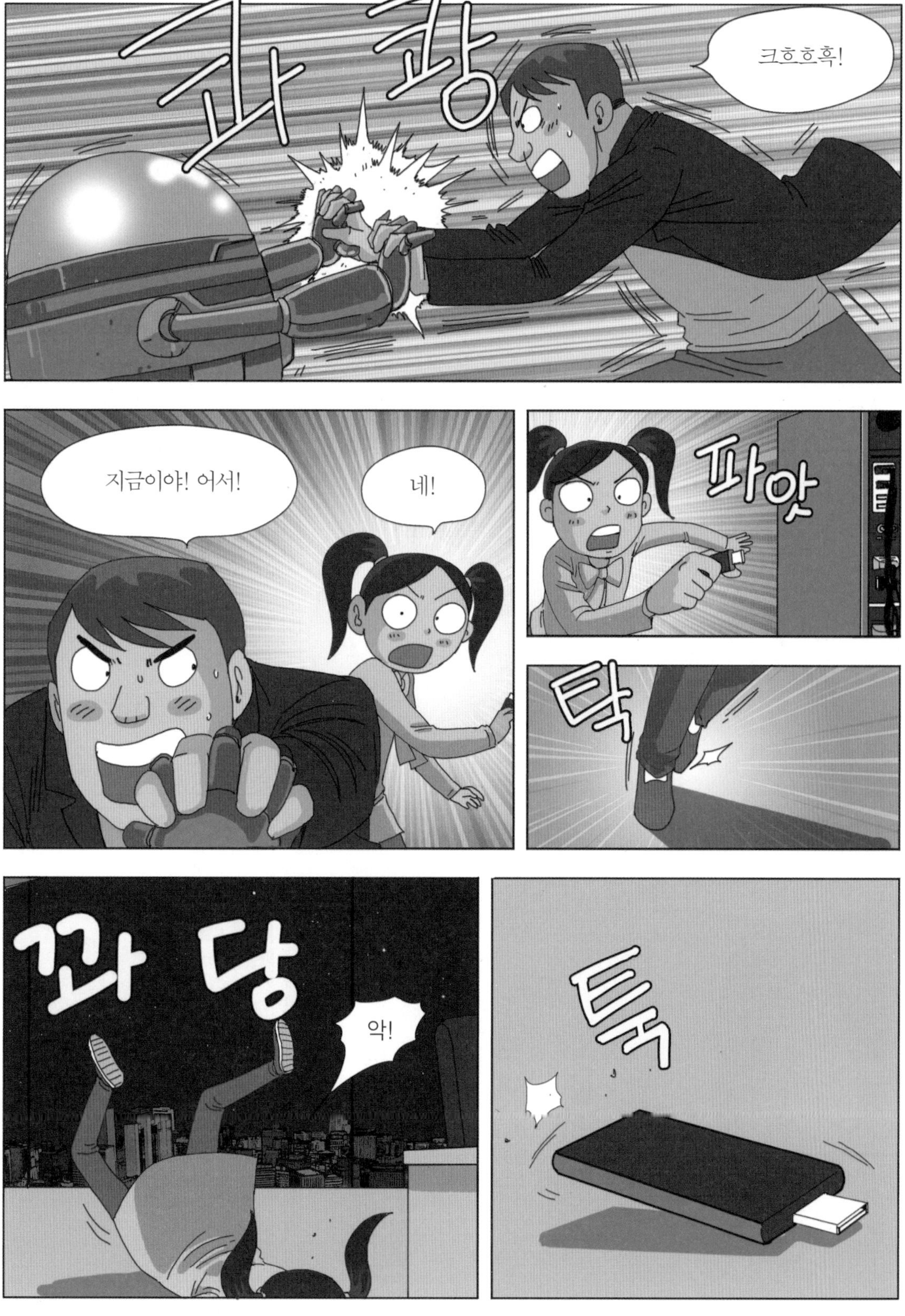

콰광
크흐흐흑!
지금이야! 어서!
네!
파앗
탁
꽈당
악!
툭

안 돼!

으…

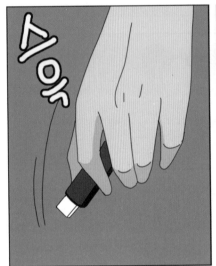

스윽

데이터 박사님?

이 USB에
그 프로그램이
들어 있군요?

맞아요!
박사님 어서!

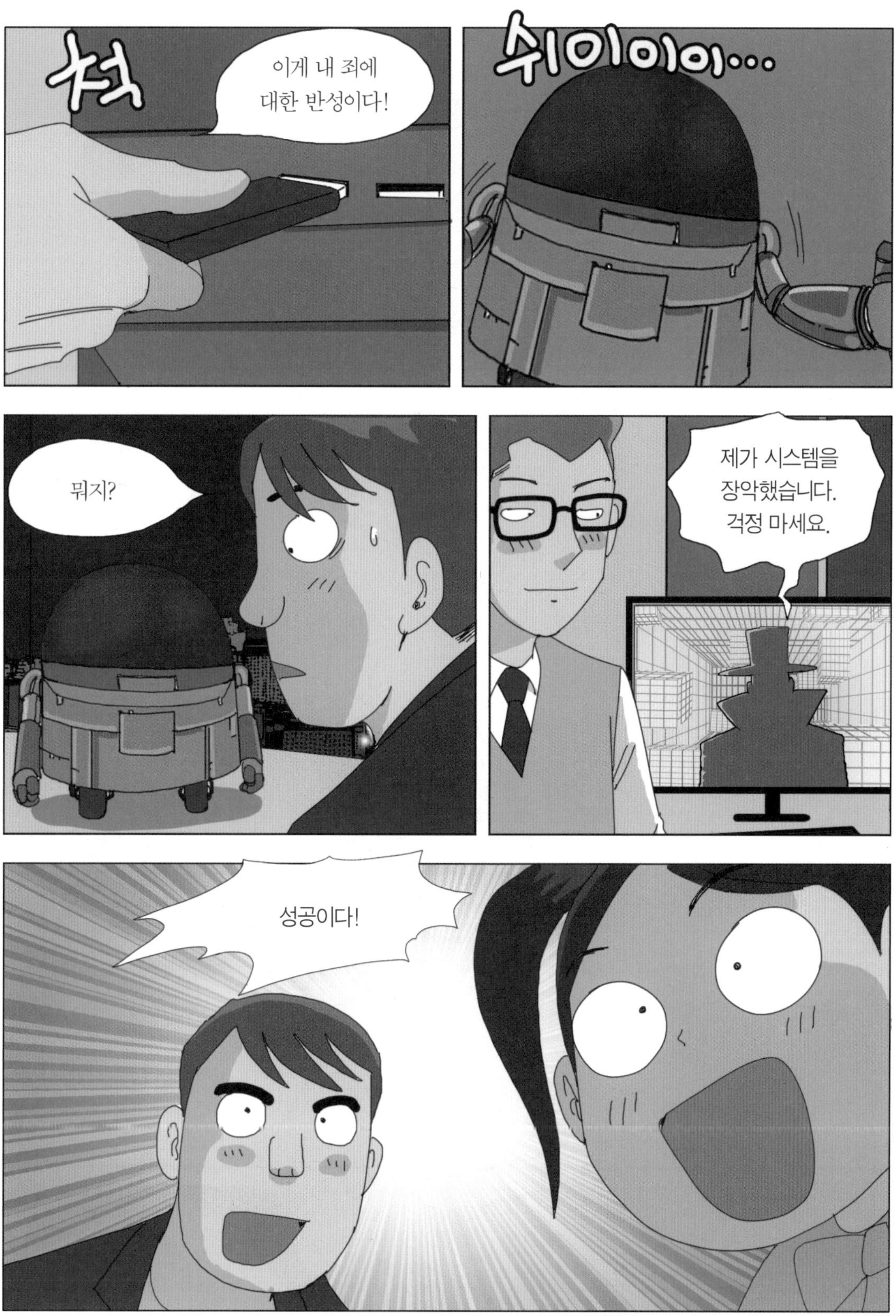
척
이게 내 죄에
대한 반성이다!
쉬이이이이...
뭐지?
제가 시스템을
장악했습니다.
걱정 마세요.
성공이다!

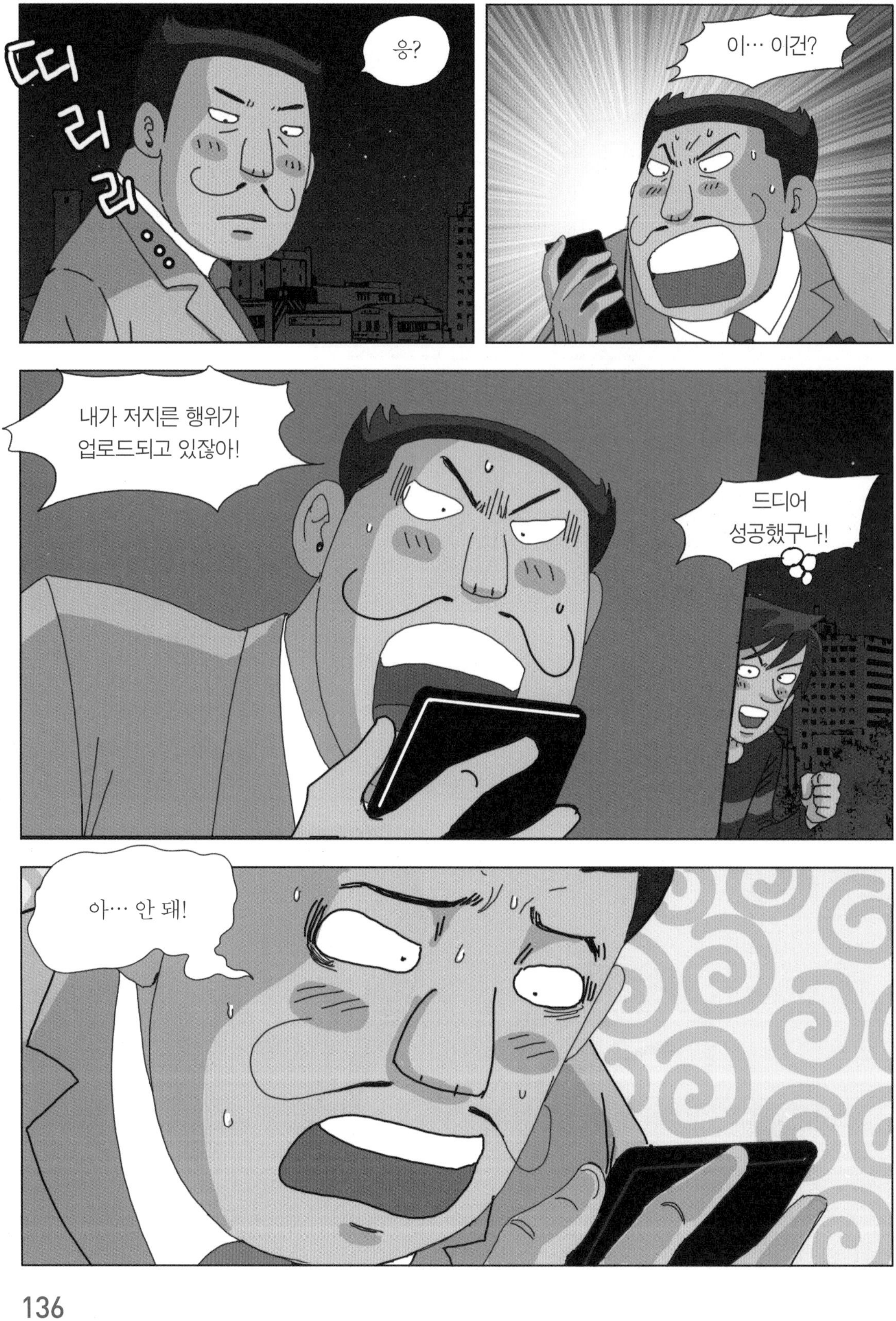

뜨디리리
응?
이… 이건?
내가 저지른 행위가 업로드되고 있잖아!
드디어 성공했구나!
아… 안 돼!

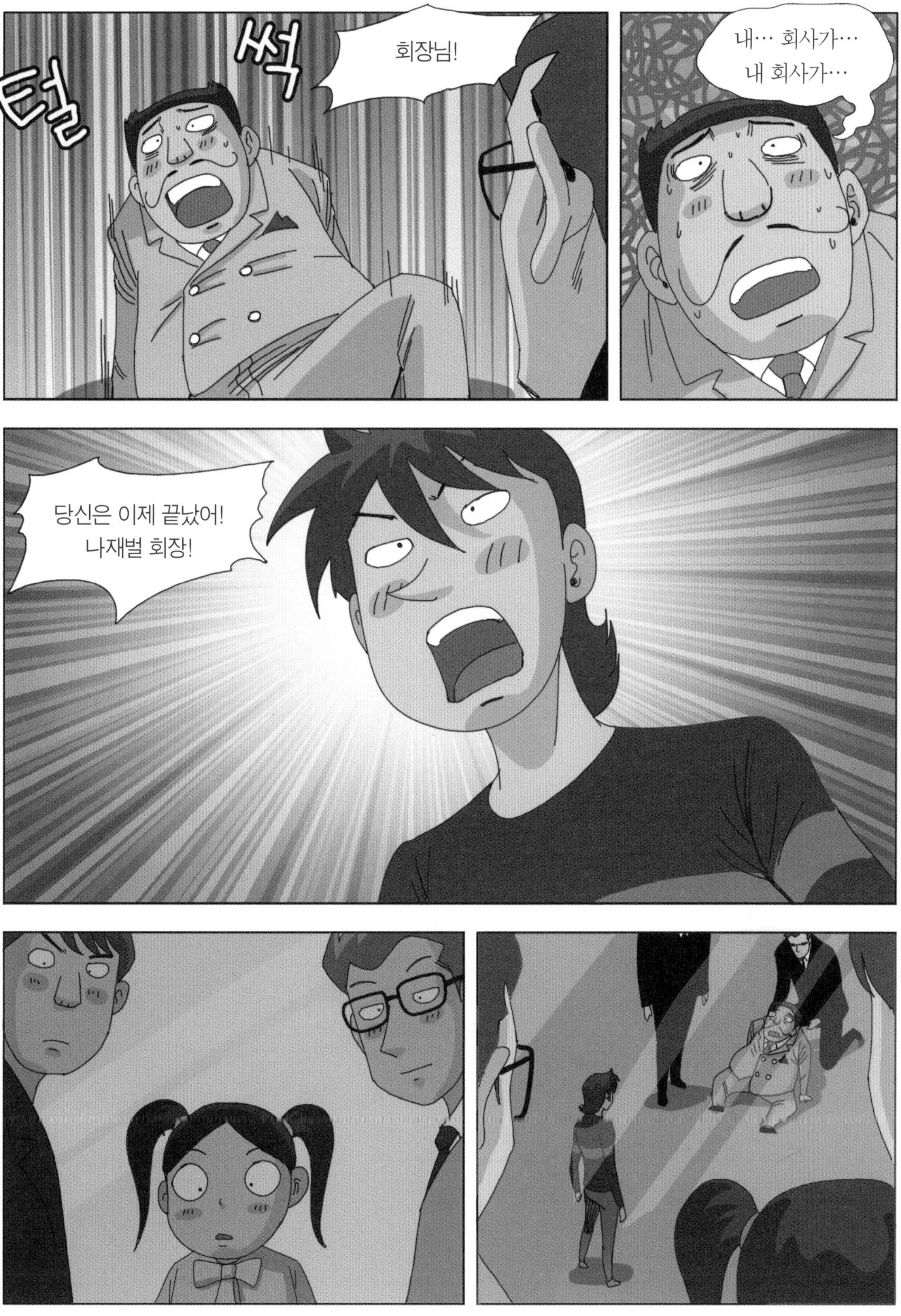
털
썩
회장님!
내… 회사가…
내 회사가…
당신은 이제 끝났어!
나재벌 회장!

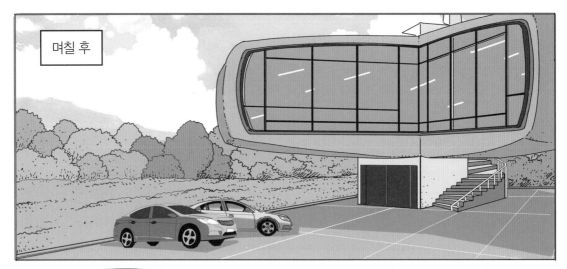

며칠 후

우리가 조사한 것이 다가 아니던데? 나재벌 회장 정말 엄청난 죄를 저질렀어!

그러니까요! 그러고는 뻔뻔하게 우리에게 괴도X를 잡아달라고 하다니!

그나저나 일이 잘 마무리돼서 다행이군.

아! 그러고 보니 형사님!

138

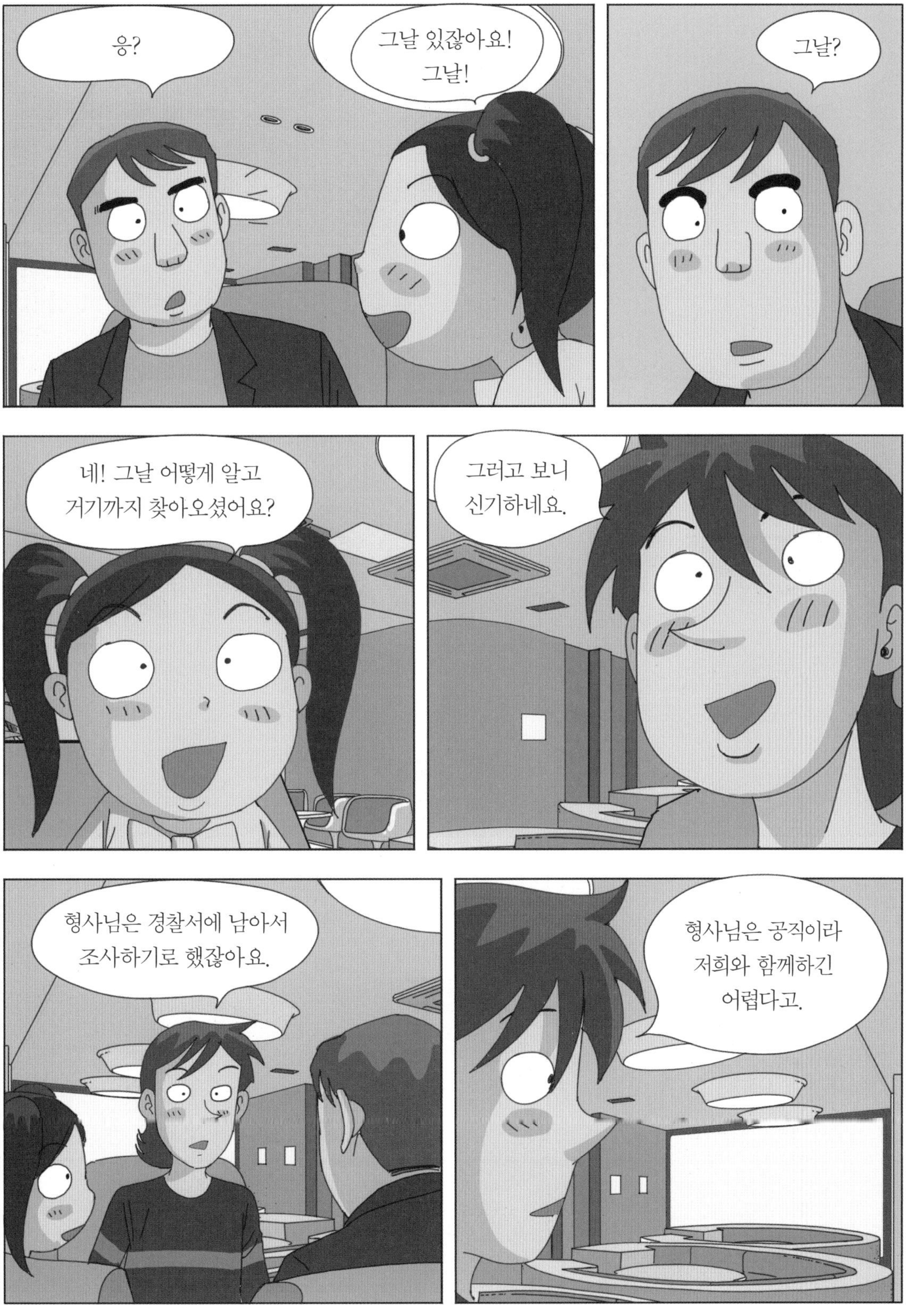
응?
그날 있잖아요!
그날!
그날?
네! 그날 어떻게 알고
거기까지 찾아오셨어요?
그러고 보니
신기하네요.
형사님은 경찰서에 남아서
조사하기로 했잖아요.
형사님은 공직이라
저희와 함께하긴
어렵다고.

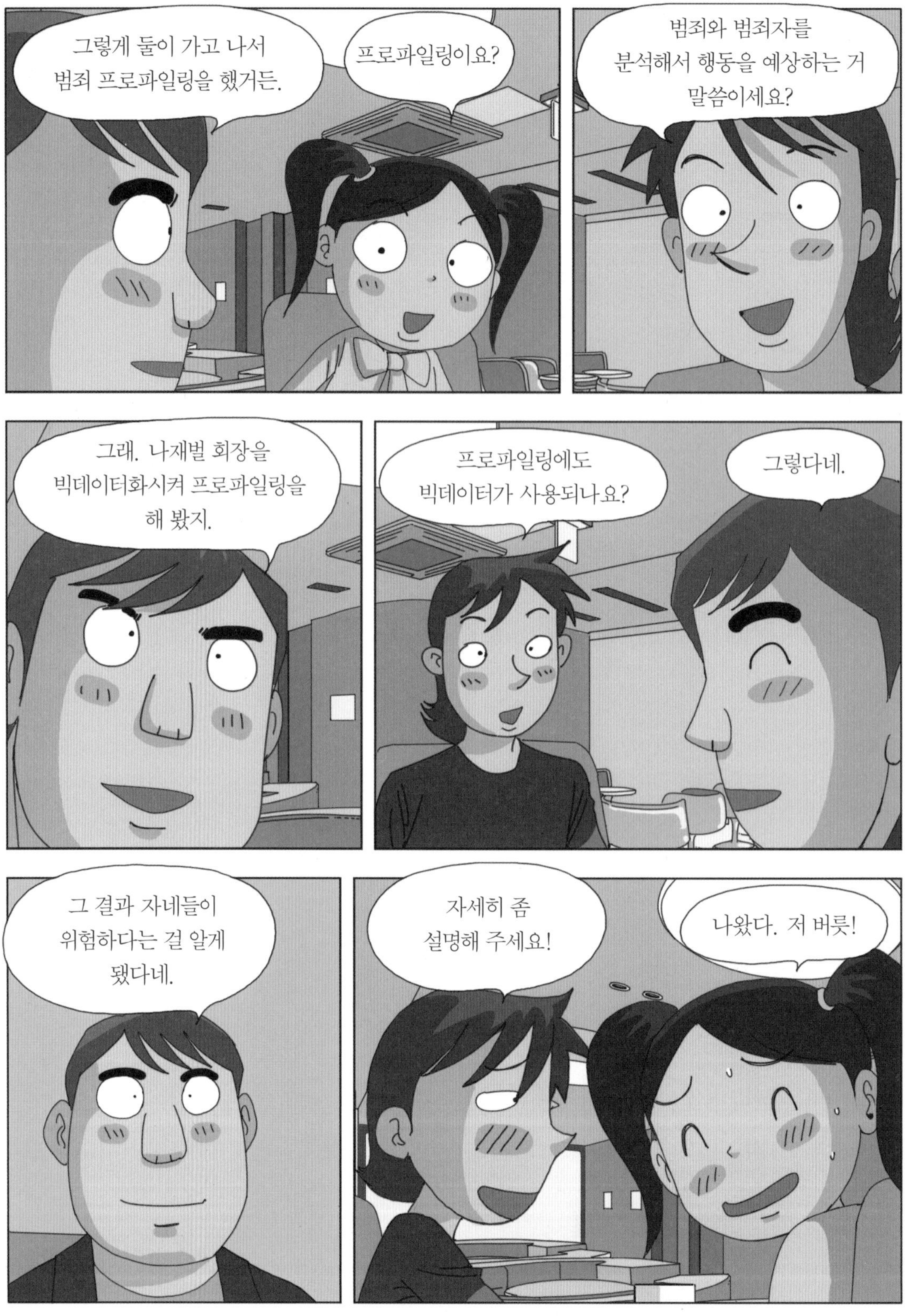

그렇게 둘이 가고 나서 범죄 프로파일링을 했거든.
프로파일링이요?
범죄와 범죄자를 분석해서 행동을 예상하는 거 말씀이세요?
그래. 나재벌 회장을 빅데이터화시켜 프로파일링을 해 봤지.
프로파일링에도 빅데이터가 사용되나요?
그렇다네.
그 결과 자네들이 위험하다는 걸 알게 됐다네.
자세히 좀 설명해 주세요!
나왔다. 저 버릇!

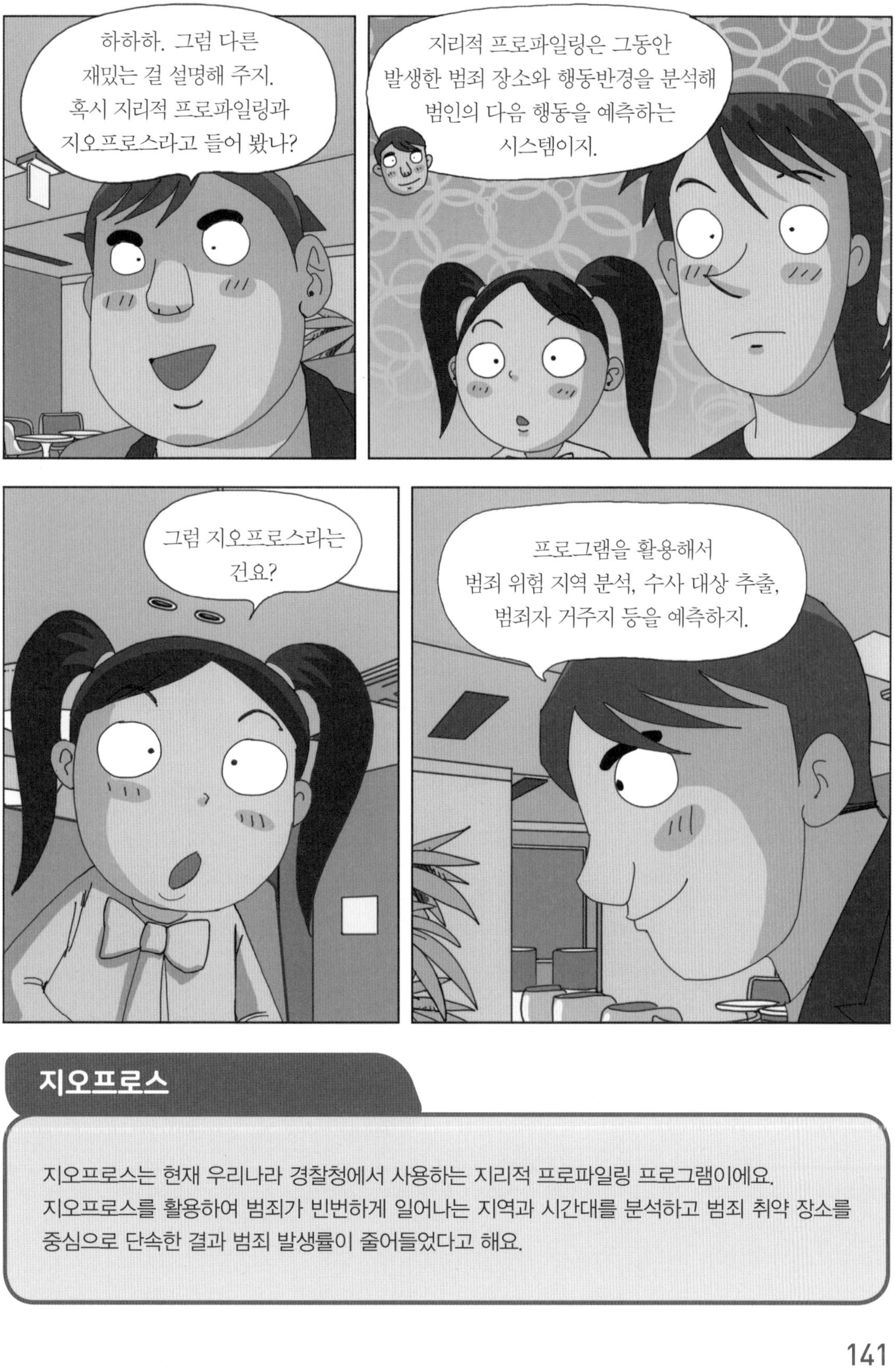
하하하. 그럼 다른 재밌는 걸 설명해 주지. 혹시 지리적 프로파일링과 지오프로스라고 들어 봤나?
지리적 프로파일링은 그동안 발생한 범죄 장소와 행동반경을 분석해 범인의 다음 행동을 예측하는 시스템이지.
그럼 지오프로스라는 건요?
프로그램을 활용해서 범죄 위험 지역 분석, 수사 대상 추출, 범죄자 거주지 등을 예측하지.

지오프로스

지오프로스는 현재 우리나라 경찰청에서 사용하는 지리적 프로파일링 프로그램이에요. 지오프로스를 활용하여 범죄가 빈번하게 일어나는 지역과 시간대를 분석하고 범죄 취약 장소를 중심으로 단속한 결과 범죄 발생률이 줄어들었다고 해요.

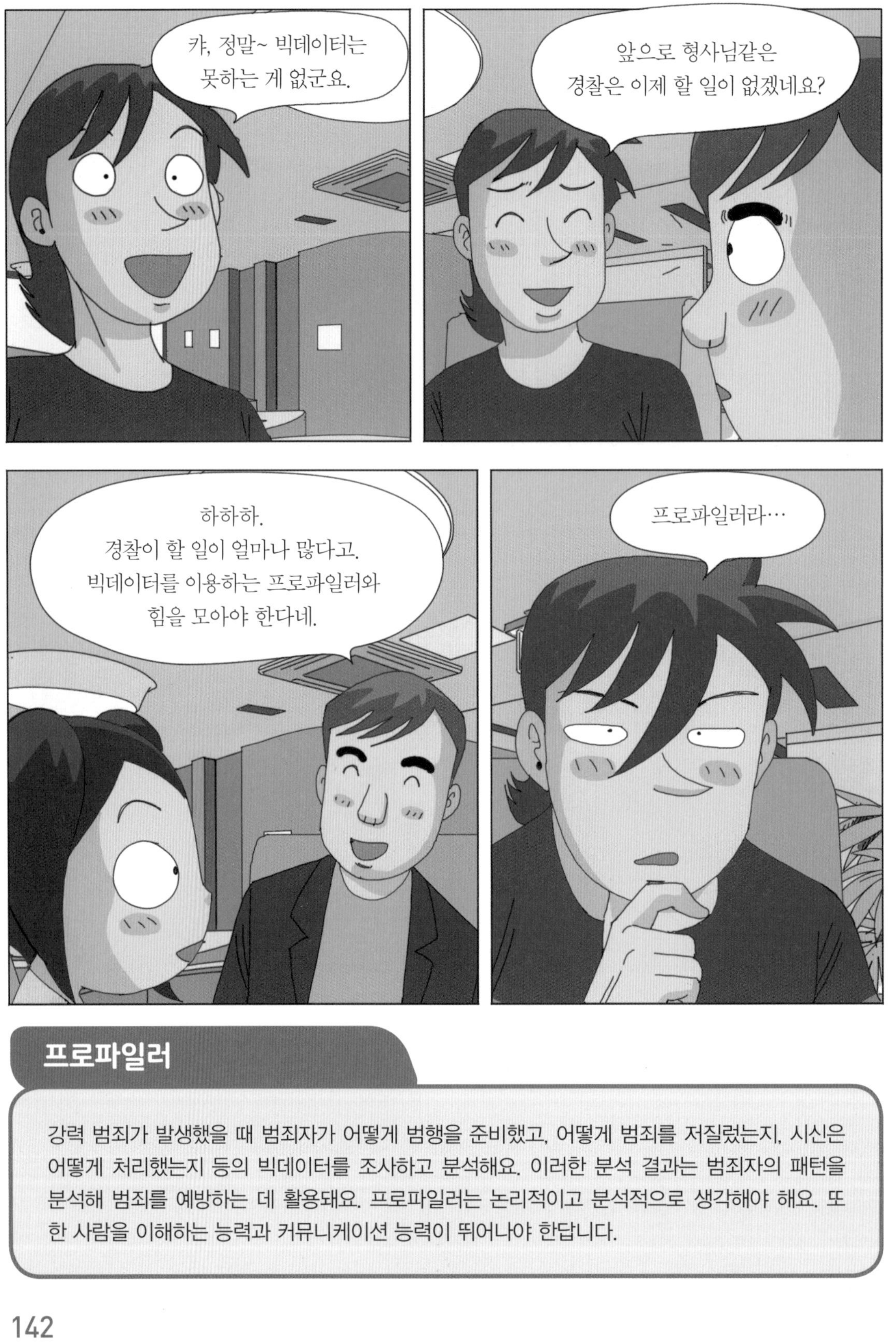
캬, 정말~ 빅데이터는
못하는 게 없군요.
앞으로 형사님같은
경찰은 이제 할 일이 없겠네요?
하하하.
경찰이 할 일이 얼마나 많다고.
빅데이터를 이용하는 프로파일러와
힘을 모아야 한다네.
프로파일러라…

프로파일러

강력 범죄가 발생했을 때 범죄자가 어떻게 범행을 준비했고, 어떻게 범죄를 저질렀는지, 시신은 어떻게 처리했는지 등의 빅데이터를 조사하고 분석해요. 이러한 분석 결과는 범죄자의 패턴을 분석해 범죄를 예방하는 데 활용돼요. 프로파일러는 논리적이고 분석적으로 생각해야 해요. 또한 사람을 이해하는 능력과 커뮤니케이션 능력이 뛰어나야 한답니다.

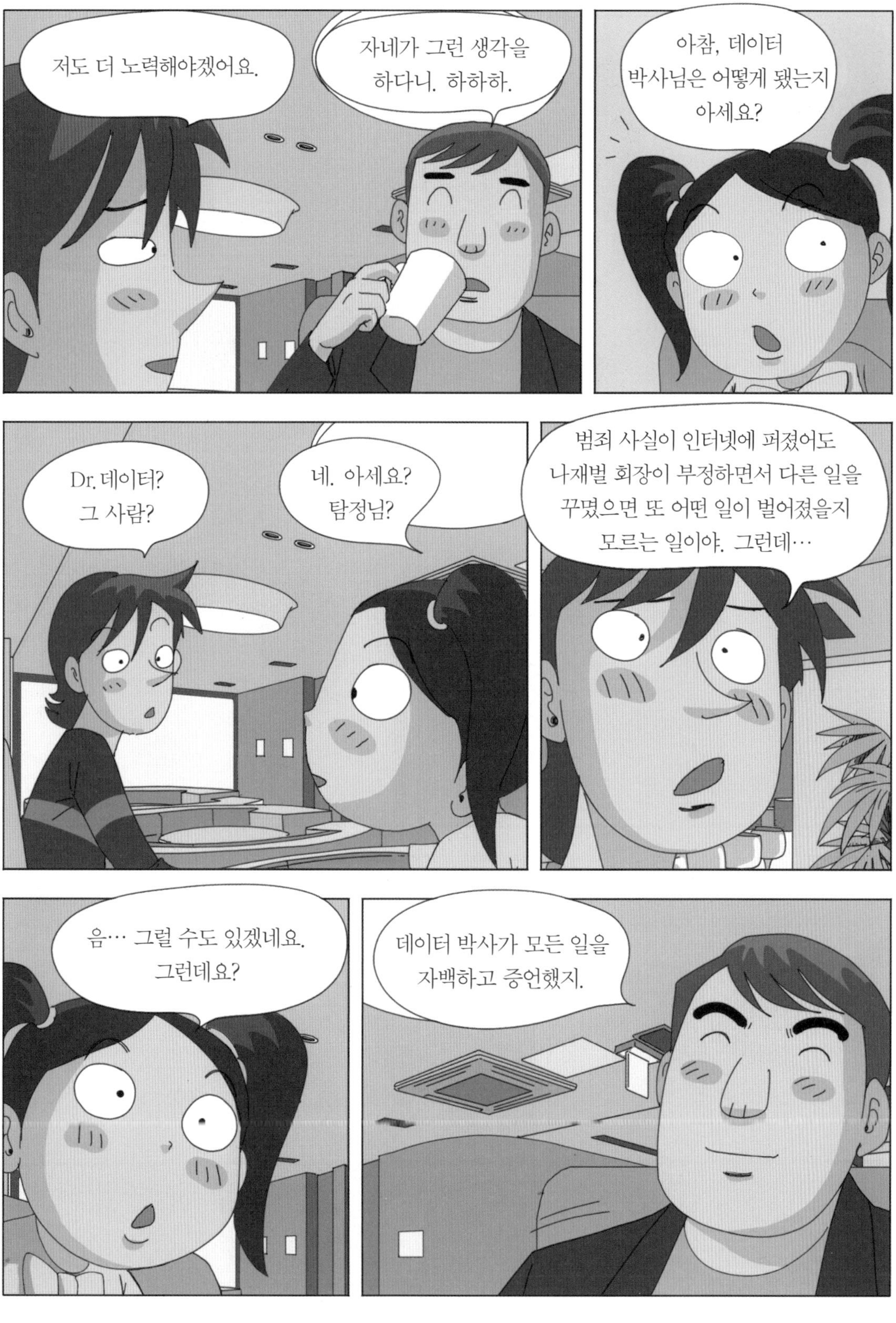
저도 더 노력해야겠어요.
자네가 그런 생각을 하다니. 하하하.
아참, 데이터 박사님은 어떻게 됐는지 아세요?
Dr. 데이터? 그 사람?
네. 아세요? 탐정님?
범죄 사실이 인터넷에 퍼졌어도 나재벌 회장이 부정하면서 다른 일을 꾸몄으면 또 어떤 일이 벌어졌을지 모르는 일이야. 그런데…
음… 그럴 수도 있겠네요. 그런데요?
데이터 박사가 모든 일을 자백하고 증언했지.

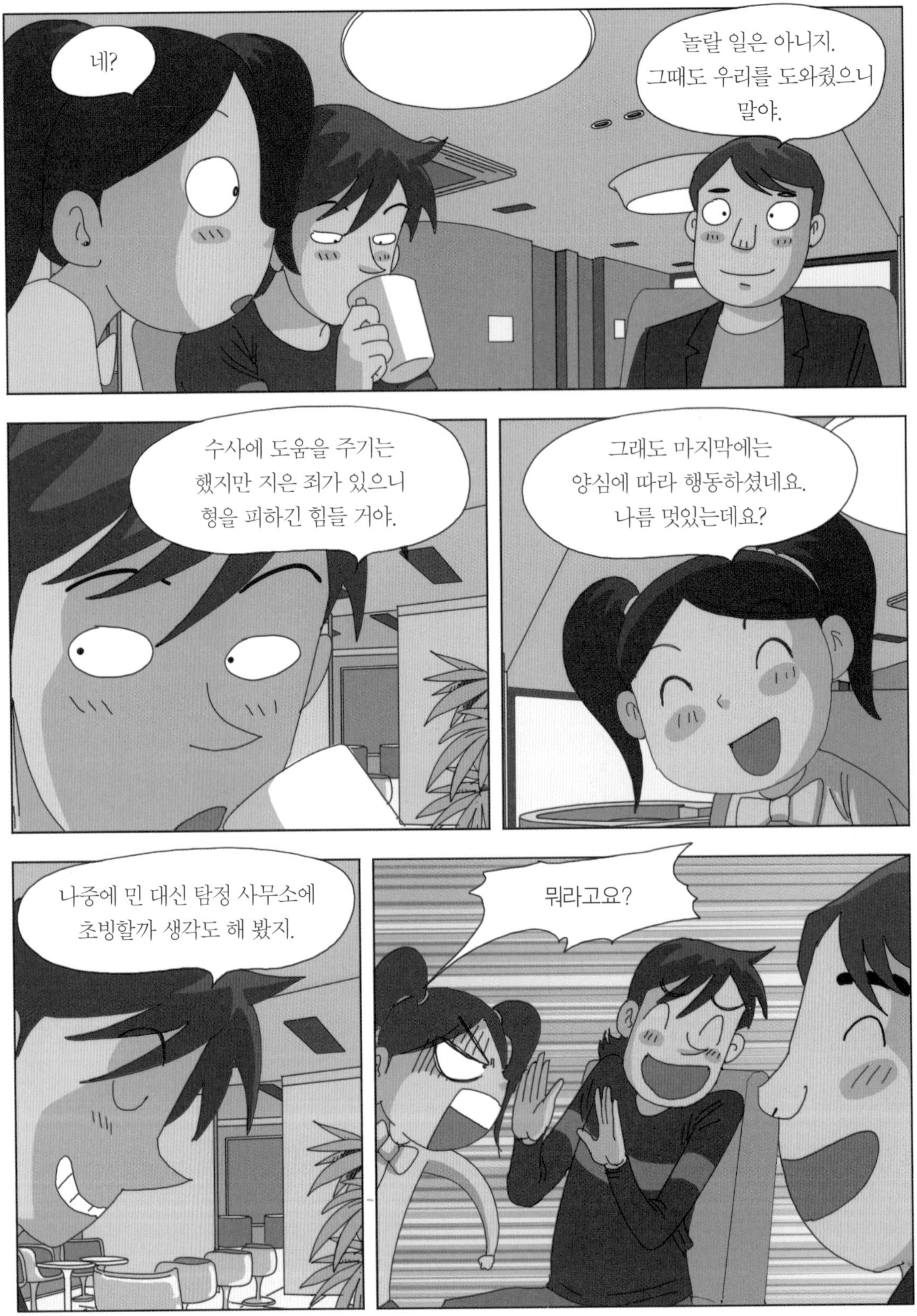
네?
놀랄 일은 아니지. 그때도 우리를 도와줬으니 말야.
수사에 도움을 주기는 했지만 지은 죄가 있으니 형을 피하긴 힘들 거야.
그래도 마지막에는 양심에 따라 행동하셨네요. 나름 멋있는데요?
나중에 민 대신 탐정 사무소에 초빙할까 생각도 해 봤지.
뭐라고요?

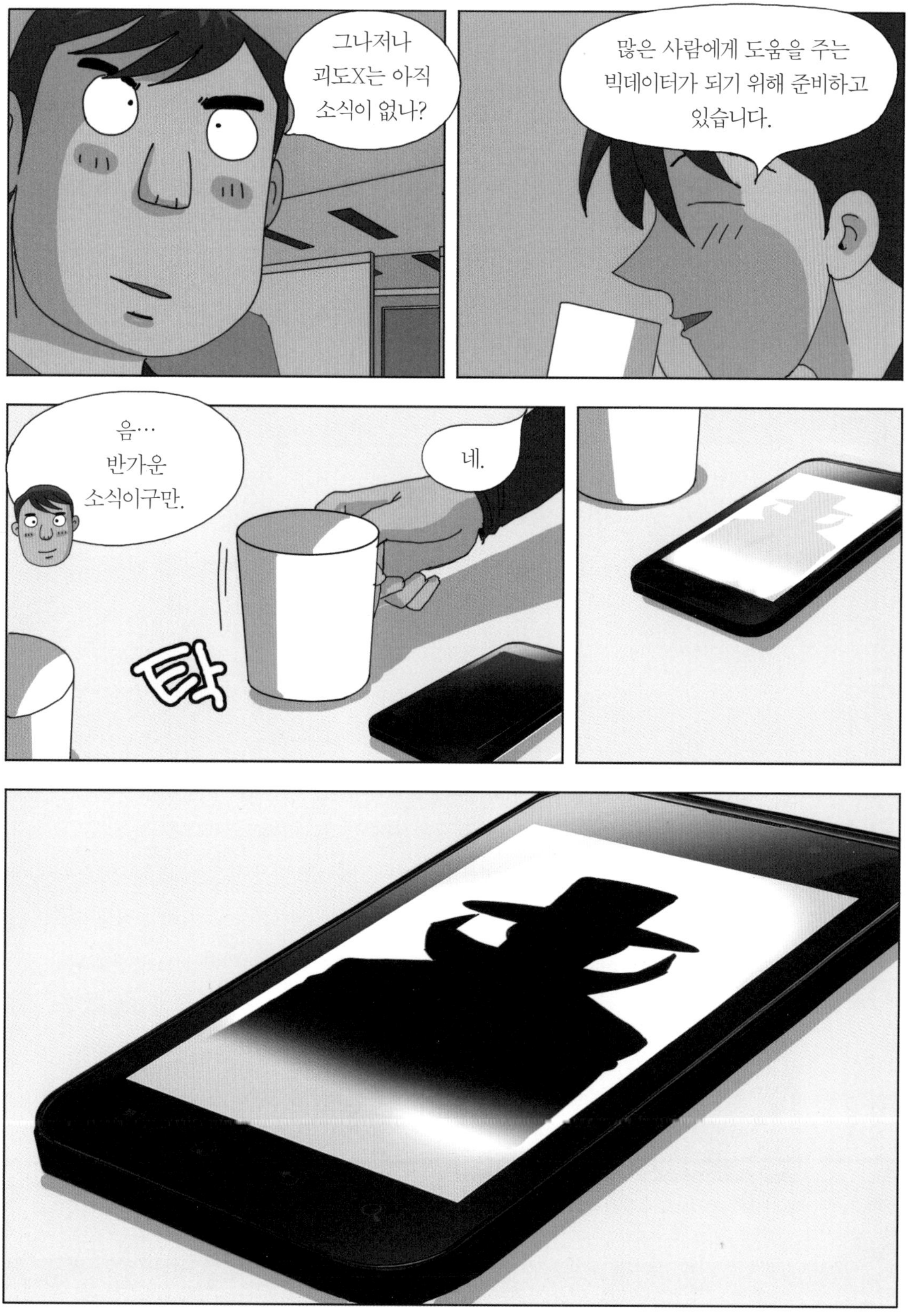
그나저나
괴도X는 아직
소식이 없나?
많은 사람에게 도움을 주는
빅데이터가 되기 위해 준비하고
있습니다.
음…
반가운
소식이구만.
네.
탁

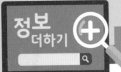
스포츠와 빅데이터

　스포츠에도 빅데이터를 활용해요. 선수의 상태를 관리하고 데이터 분석 결과를 훈련에 적용하며 새로운 전략을 수립하죠.

　스포츠에서 데이터를 이용하는 분야는 크게 세 가지로 나눌 수 있어요. 선수 개개인의 퍼포먼스를 관리하는 분야와 신체 관리를 통한 부상 방지 분야, 그리고 관중의 데이터를 관리하는 분야예요.

　'2014 브라질 월드컵'에서 독일 축구 대표팀이 빅데이터를 활용했어요. 독일의 우승에는 기업용 소프트웨어를 만드는 회사인 'SAP'가 개발한 데이터 분석 솔루션 '매치 인사이트'가 결정적인 역할을 했어요.

　선수의 정강이 보호대, 선수복, 축구공 속에 삽입된 마이크로센서에서 시시각각 공간 좌표 데이터를 수신하고, 이를 실시간으로 빠르게 분석하는 프로그램이에요. 각 선수의 순간 가속도, 이동 속도, 볼 접촉 기록을 모아 전체 팀의 활동을 그림으로 표시해 주기도 하지요. 이로써 선수 개개인의 약점을 보완하는 훈련을 하도록 하고 팀의 훈련 효율을 높이는 전략을 찾아낼 수 있었지요. 또한

데이터를 실시간으로 수집·분석하는 SAP 매치 인사이트

분석 자료를 통해 선수의 부상을 사전에 예방하고 궁극적으로 팀 전력을 높일 수 있었다고 해요.

빅데이터 스포츠는 선수의 기량을 정량적으로 평가하고 기록하는 데이터 시대를 만들고 있어요. 선수의 세세한 몸동작조차도 모두 데이터로 바뀌는 빅데이터 스포츠 시대가 열리고 있답니다.

Deutschland 1:0 Italien
56:04
Philipp Lahm
Passquote
Laufleistung
Defensive
66,7%

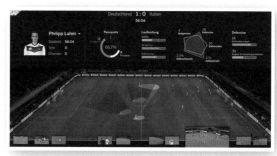

브라질 월드컵에 사용한 독일 대표팀 빅데이터 분석 솔루션

빅데이터를 효과적으로 분석하고 적용하면 선수의 실력 향상과 좋은 성적으로 이어지므로 스포츠와 빅데이터는 더욱 긴밀한 상관관계를 맺게 될 거예요.

Job? 05
나는 **빅데이터** 전문가가 될 거야!

초판 1쇄 발행 · 2018년 4월 25일
초판 4쇄 발행 · 2021년 9월 10일

지은이 · 정용석
그린이 · 허재호
펴낸이 · 이종문(李從聞)
펴낸곳 · 국일아이

등 록 · 제406-2008-000032호
주 소 · 경기도 파주시 광인사길 121 파주출판문화정보산업단지(문발동)
영업부 · Tel 031)955-6050 | Fax 031)955-6051
편집부 · Tel 031)955-6070 | Fax 031)955-6071

평생전화번호 · 0502-237-9101~3

홈페이지 · www.ekugil.com
블 로 그 · blog.naver.com/kugilmedia
페이스북 · www.facebook.com/kugilmedia
E - m a i l · kugil@ekugil.com

• 값은 표지 뒷면에 표기되어 있습니다.
• 잘못된 책은 구입하신 서점에서 바꿔드립니다.

ISBN 979-11-87007-91-3(14300)
     979-11-87007-86-9(세트)

Job?
나는 빅데이터
전문가가 될 거야!

워크북

국일아이

목차

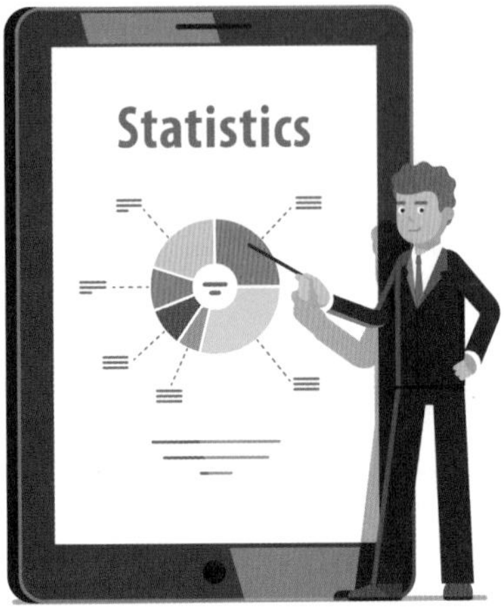

Statistics

워크북 활용법

직업 탐험 각 기관의 대표 직업(네 가지)이 하는 일, 필요한 지식, 자질 등에 관한 정보뿐만 아니라 관련 직업에 관한 정보를 얻어요.

직업 놀이터 다른 그림 찾기, 숨은그림찾기, 미로 찾기, 색칠하기, OX 퀴즈 등 재미있는 놀이 요소를 통해 직업 상식을 알아봐요.

직업 톡톡 직업 윤리나 직업과 관련한 이야기로 자신의 생각을 표현하며 직업을 간접 체험해요.

NCS
(국가직무능력표준)

국가직무능력표준(NCS, National Competency Standards)이란 국가가 현장에서 직무를 수행하는 데 필요한 지식, 기술, 태도 등을 산업별, 수준별로 표준화한 것을 말한다. 대분류 24개, 중분류 78개, 소분류 238개, 세분류 897개로 표준화되었으며 계속 계발 중이므로 더 추가될 예정이다.

국가직무능력표준(NCS)에 따른 24개 분야의 직업군

01 사업 관리	02 경영·회계 사무	03 금융·보험	04 교육·자연 사회 과학	05 법률·경찰 소방·교도·국방

06 보건·의료	07 사회 복지·종교	08 문화·예술 디자인·방송	09 운전·운송	10 영업·판매

3

11 경비·청소	12 이용·숙박·여행 오락·스포츠	13 음식 서비스	14 건설	15 기계

16 재료	17 화학	18 섬유·의류	19 전기·전자	20 정보 통신

21 식품 가공	22 인쇄·목재 가구·공예	23 환경·에너지·안전	24 농림·어업

등장인물의 특징 알아보기

《job? 나는 빅데이터 전문가가 될 거야!》에는 에이스, 민, Dr. 데이터, 허탕만 형사, 나재벌 회장, 괴도X 등이 등장한다. 각 인물을 떠올리며 빈칸을 채워 보자.

인물	특징
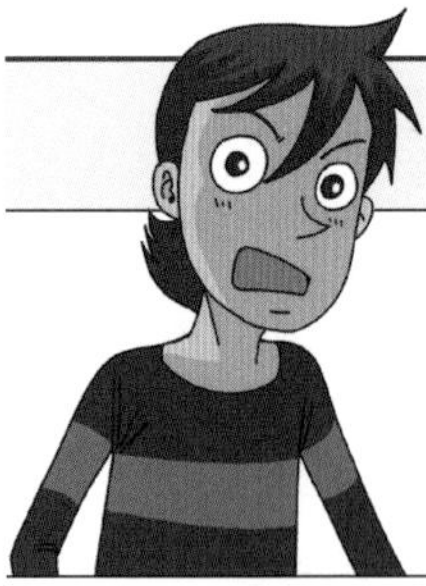 에이스	사건 해결에 탁월한 능력을 보이는 ______________이다. 머리로 모든 것을 계산하고 추리하는 능력자이지만 IT 분야에 취약하다.
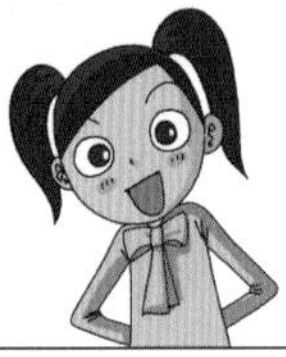 민	탁월한 자료 조사 능력과 서포터 능력으로 에이스를 보좌하는 최고의 조수다. IT에 관한 지식이 수준급이어서 에이스의 부족한 부분을 채워 주고 돕는다.
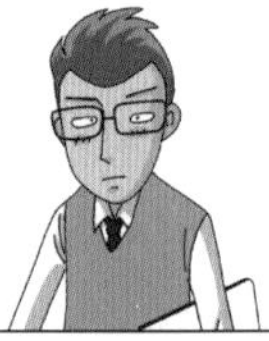 Dr. 데이터	백두 그룹의 ______________로 에이스에게 사건을 의뢰한다. 악의는 없어 보이지만 어딘지 모르게 수상한 Dr. 데이터! 그의 정체는 무엇일까?
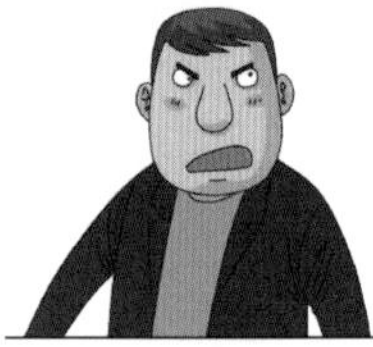 허탕만 형사	직감이 뛰어난 형사로 탐정인 에이스와 친밀한 관계다. 괴도X의 사건을 개인적으로 조사하여 괴도X의 비밀을 파헤치려 한다. 에이스에게 자신이 찾은 정보를 알려 준다.
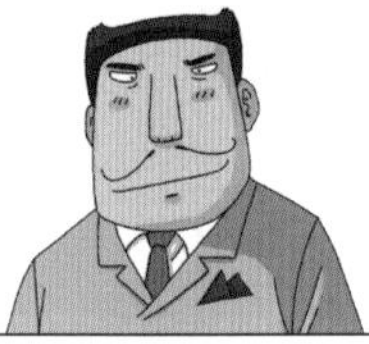 나재벌 회장	세계 최고의 기업인 백두 그룹의 회장이다. 괴도X 사건 의뢰를 지시한 인물이기도 하다. 수상하지만 알리바이에는 빈틈이 없다. 그가 숨기고 있는 것은 무엇일까?
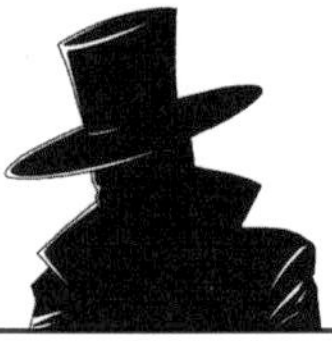 괴도X	______________를 이용하여 악명 높은 범죄를 일으킨다. 괴도X의 정체는 수수께끼에 쌓여 있고 아무도 그 정체를 알지 못한다. 과연 괴도X는 누구일까?

궁금해요, 빅데이터

빅데이터는 디지털 환경에서 생기는 대규모 데이터를 말한다. 다음 중 빅데이터에 관해 바르게 설명한 것을 찾아보자. (정답은 네 개)

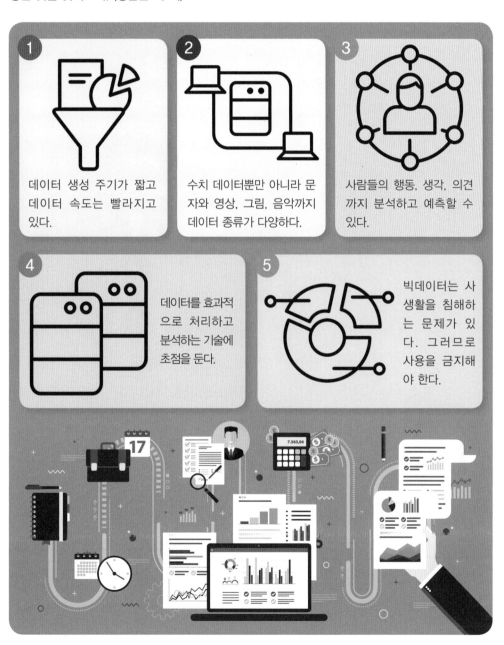

1. 데이터 생성 주기가 짧고 데이터 속도는 빨라지고 있다.

2. 수치 데이터뿐만 아니라 문자와 영상, 그림, 음악까지 데이터 종류가 다양하다.

3. 사람들의 행동, 생각, 의견까지 분석하고 예측할 수 있다.

4. 데이터를 효과적으로 처리하고 분석하는 기술에 초점을 둔다.

5. 빅데이터는 사생활을 침해하는 문제가 있다. 그러므로 사용을 금지해야 한다.

빅데이터 분석가는 무슨 일을 할까?

빅데이터 분석가는 수많은 데이터를 통해 사람의 행동, 생각 등을 분석한다. 다음 중 빅데이터 분석가가 하는 일을 바르게 설명한 사람을 찾아보자. (정답은 네 개)

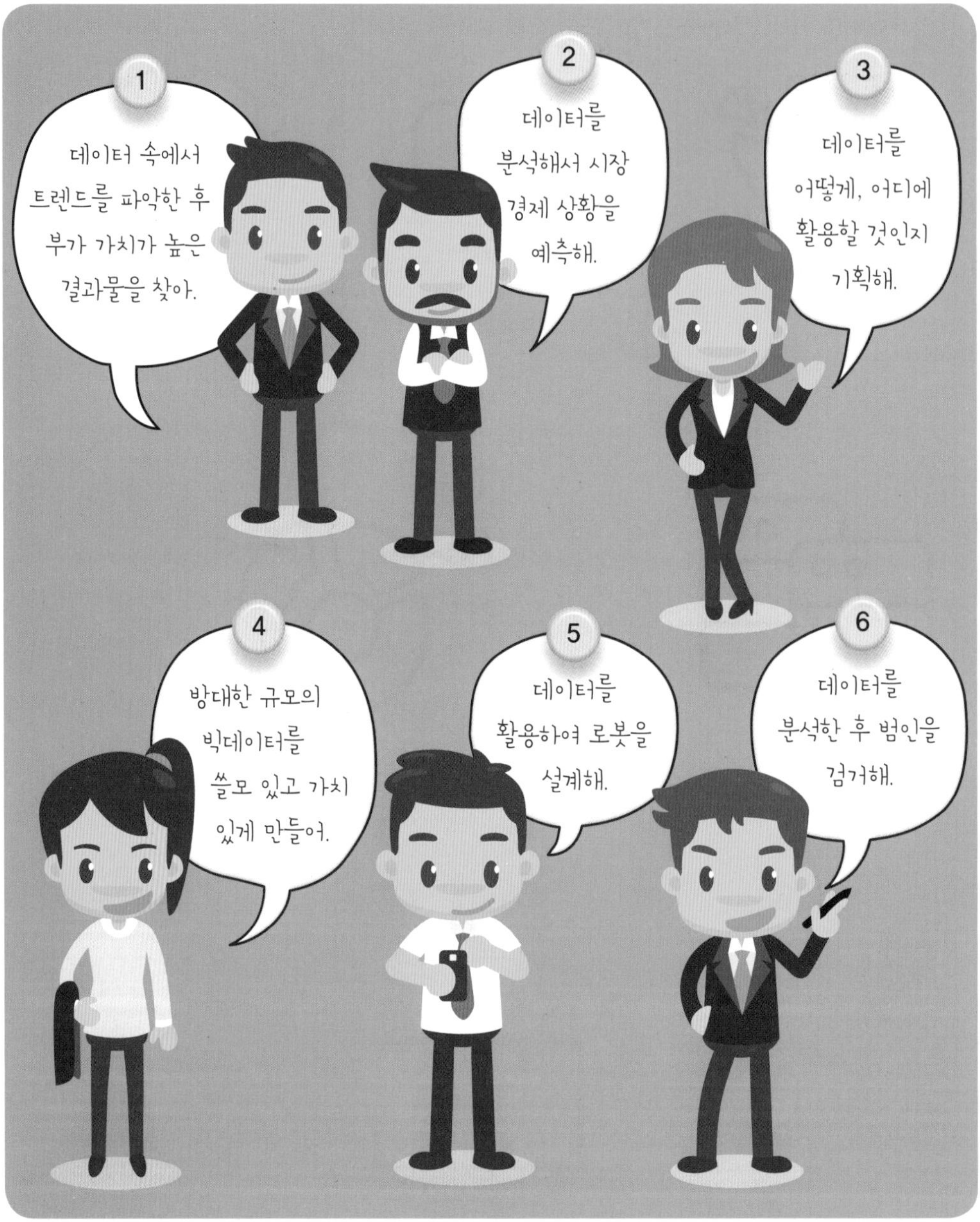

1
데이터 속에서 트렌드를 파악한 후 부가 가치가 높은 결과물을 찾아.
2
데이터를 분석해서 시장 경제 상황을 예측해.
3
데이터를 어떻게, 어디에 활용할 것인지 기획해.
4
방대한 규모의 빅데이터를 쓸모 있고 가치 있게 만들어.
5
데이터를 활용하여 로봇을 설계해.
6
데이터를 분석한 후 범인을 검거해.

빅데이터 분석가에게 필요한 능력은?

빅데이터 분석가는 데이터를 분석하여 기업의 생산성 향상과 매출 확대를 돕고, 공공 기관 서비스의 효율을 높인다. 빅데이터 분석가에게 어떤 능력이 필요한지 생각해 보고 〈보기〉를 참고하여 빈칸에 알맞은 말을 넣어 보자.

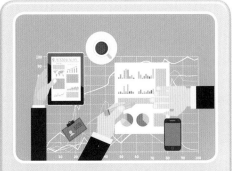

유행이나 트렌드를 주로 다루기 때문에 세계 각 기업이나 분야별 ❶ _____ 을 파악할 수 있어야 한다.

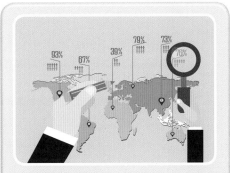

세계 각국의 빅데이터와 관련한 새로운 기술과 내용, ❷ _____ 등을 신속하게 찾아내야 한다.

❸ _____ 에 관련한 지식과 비즈니스 컨설팅에 대한 이해가 필요하다.

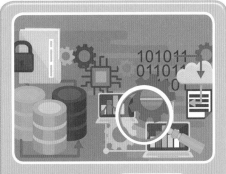

데이터 분석을 위한 ❹ _____ 활용 등에 관한 전문적인 역량이 필요하다.

보기

설계 기법, 시장 동향, 통계학, 기사와 논문

빅데이터 사이언티스트는 무슨 일을 할까?

빅데이터 사이언티스트가 하는 일을 바르게 설명한 알파벳을 찾아 색칠한 후 완성한 그림이 무엇인지 확인해 보자.

- R 빅데이터와 과학에 관한 연구를 한다.
- X 빅데이터를 분석한 정보를 해외에 수출한다.
- F 데이터 중에서 불필요한 데이터를 삭제하고 관리한다.
- Z 학생들에게 빅데이터에 관해 가르친다.
- K 데이터를 다각적으로 분석하여 전략 방향을 제시하고, 제품이나 서비스를 개선한다.
- E 빅데이터를 저장하는 컴퓨터 프로그램을 설계한다.

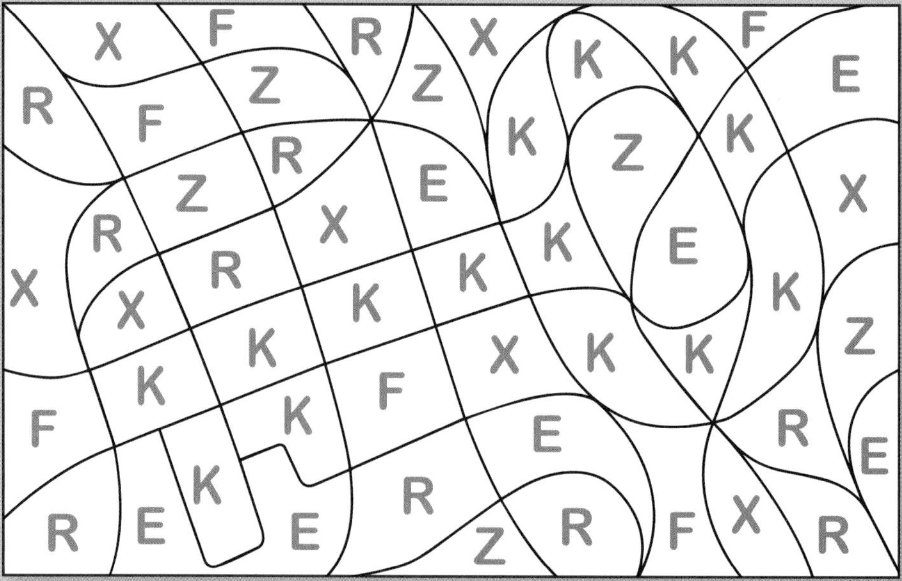

X F R X K K F E
R F Z Z
K Z K R Z E X
R X K E R K K
X X K K
K X K K Z
K F F K E R E
K R R E E Z R F X R

완성한 그림:

누구일까?

〈보기〉에서 소개하는 사람은 빅데이터 전문가 중 한 사람이다. 누구에 관한 설명인지 그 직업을 맞혀 보자.

보기

1. 구매 상품, 구매 주기, SNS 분석 등을 통해 재구매 시기와 구매 패턴을 파악한다.
2. 고객의 특성에 따라 필요한 상품과 서비스를 제공하는 기술을 개발한다.
3. 고객이 구매한 물품 이력을 분석하여 취향과 관심사를 파악한다.
4. 고객에게 필요하다고 생각하는 물품의 구매를 제안하고 할인권을 제공하는 등 고객을 유치한다.

빅데이터 분석가

빅데이터 엔지니어

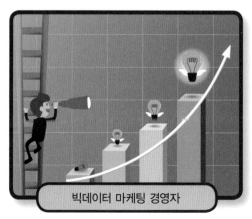

빅데이터 마케팅 경영자

빅데이터 개발자

빅데이터 컨설턴트는 무슨 일을 할까?

빅데이터 컨설턴트에 관해 바르게 설명한 번호를 찾고 그에 해당하는 그림을 예쁘게 색칠해 보자. (정답은 두 개)

1

빅데이터를 기반으로 신규 사업을 구상하고 모의 검증을 하고 분석한다.

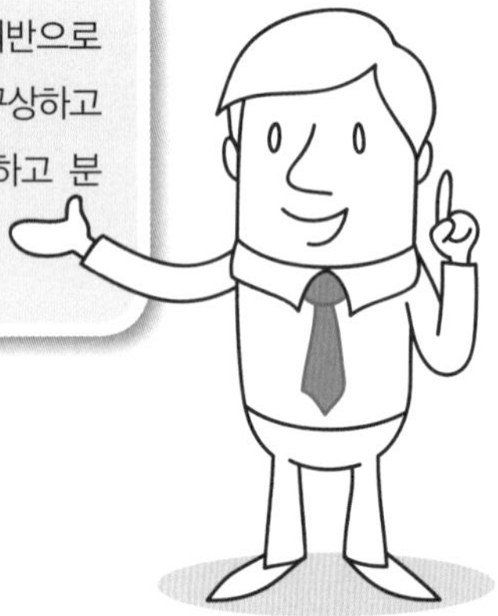

2

데이터를 통해 사람들의 행동과 생각을 분석한다.

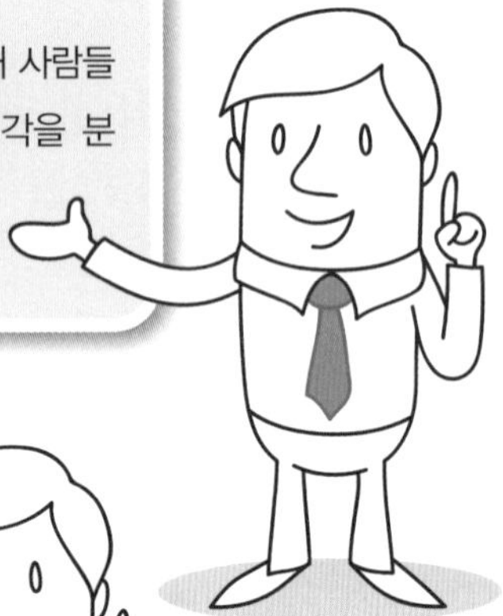

3

기업에 필요한 새로운 경영 전략을 수립하도록 지원한다.

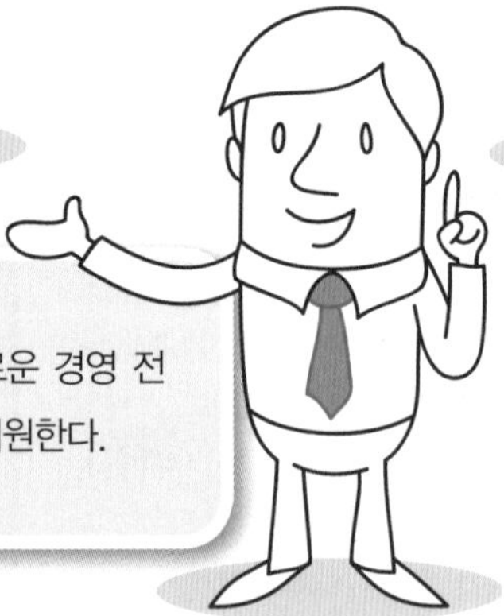

4

빅데이터 분석으로 유출된 개인 정보를 보호한다.

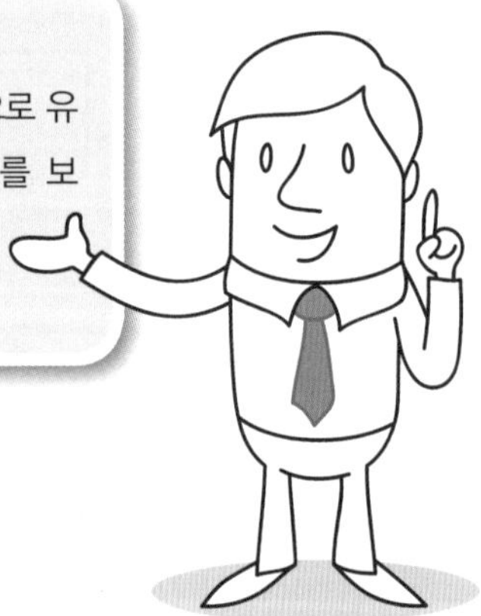

5

사회 현안, 선거 결과, 공공 정책 개발, 계층별 의식 등을 조사한다.

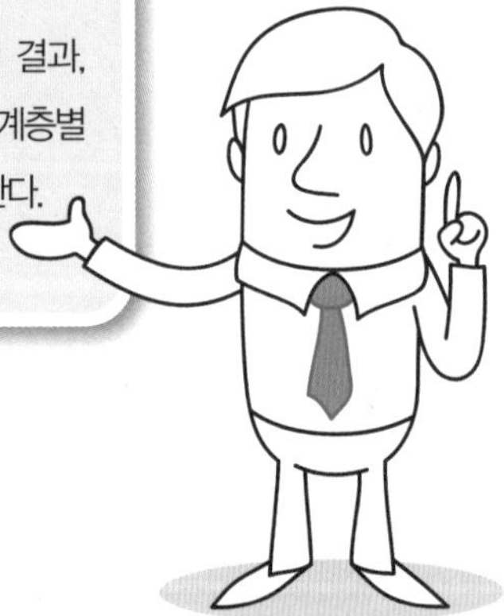

빅데이터 교통연구원을 찾아라

빅데이터 교통연구원은 빅데이터를 활용하여 지역 교통망 및 도시 교통 체계를 계획하고 교통 분야를 연구한다. 빅데이터 교통연구원을 바르게 알고 있는 사람은 누구인지 찾아보자. (정답은 두 개)

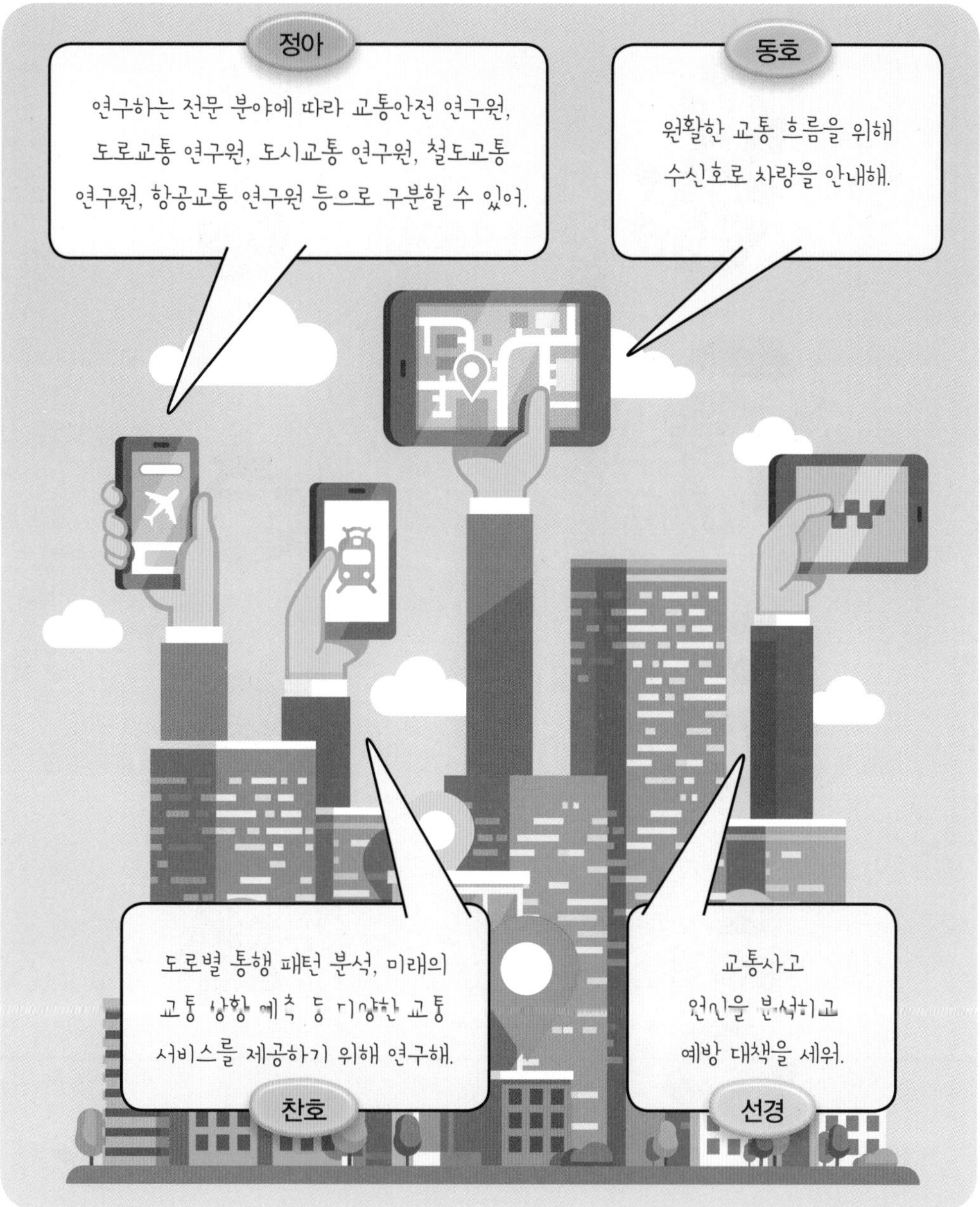
정아
연구하는 전문 분야에 따라 교통안전 연구원, 도로교통 연구원, 도시교통 연구원, 철도교통 연구원, 항공교통 연구원 등으로 구분할 수 있어.
동호
원활한 교통 흐름을 위해 수신호로 차량을 안내해.
도로별 통행 패턴 분석, 미래의 교통 상황 예측 등 다양한 교통 서비스를 제공하기 위해 연구해.
찬호
교통사고 원인을 분석하고 예방 대책을 세워.
선경

빅데이터 전문가에 대해 알아보자

빅데이터 전문가는 하는 일에 따라 명칭이 다르다. 각 명칭을 선택한 후 선을 따라가 어떤 일을 하는지 확인해 보자.

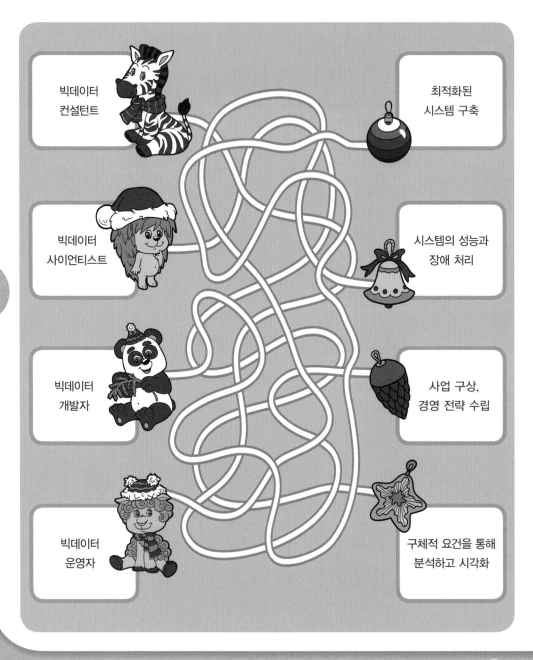

빅데이터 컨설턴트

빅데이터 사이언티스트

빅데이터 개발자

빅데이터 운영자

최적화된 시스템 구축

시스템의 성능과 장애 처리

사업 구상, 경영 전략 수립

구체적 요건을 통해 분석하고 시각화

알쏭달쏭 OX 퀴즈

우리는 인터넷과 모바일 기기로 끊임없이 소통하고 데이터로 그 흔적을 남긴다. 다음 중에서 빅데이터에 관한 설명이 맞으면 O, 틀리면 X에 표시해 보자.

O× 퀴즈

1. 전화 통화, 문자 메시지, 이메일, 동영상, 블로그, SNS까지 우리가 사용한 흔적들이 세계 곳곳의 데이터망에 자동으로 저장된다. ○ ×
2. 빅데이터는 어마어마하게 많은 양의 데이터만을 의미한다. ○ ×
3. 데이터를 가공해서 사람들이 유용하게 사용할 수 있는 정보나 지식으로 만드는 기술을 데이터 마이닝(data mining)이라고 한다. ○ ×
4. 불필요한 정보를 계속 삭제하므로 앞으로 관리해야 할 정보량은 점점 줄어든다. ○ ×
5. 누군가 정보를 독점하거나 악용할 수 있다는 것이 단점이다. ○ ×

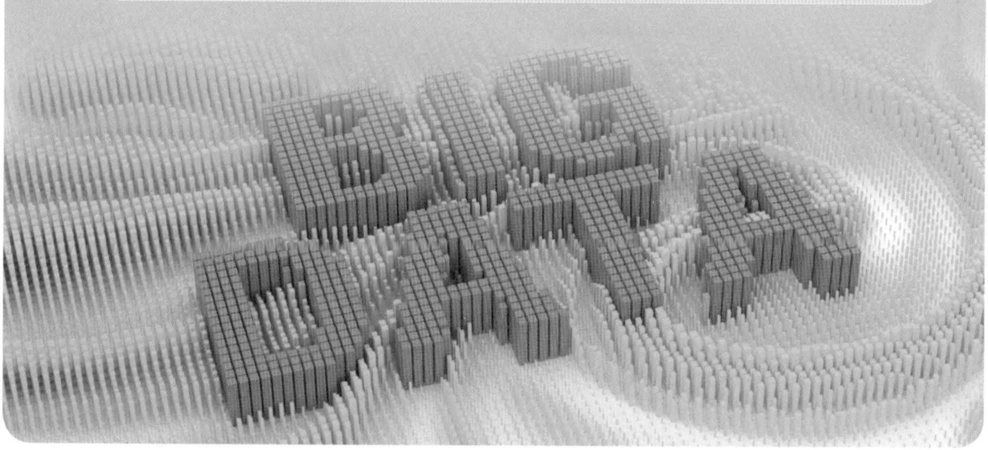
BIG DATA

빅데이터 특징

빅데이터의 대표적 특징 5가지를 5V라고 한다. 이 특징을 잘 알고 있는 친구를 찾아 동그라미 표시를 해 보자. (정답은 다섯 개)

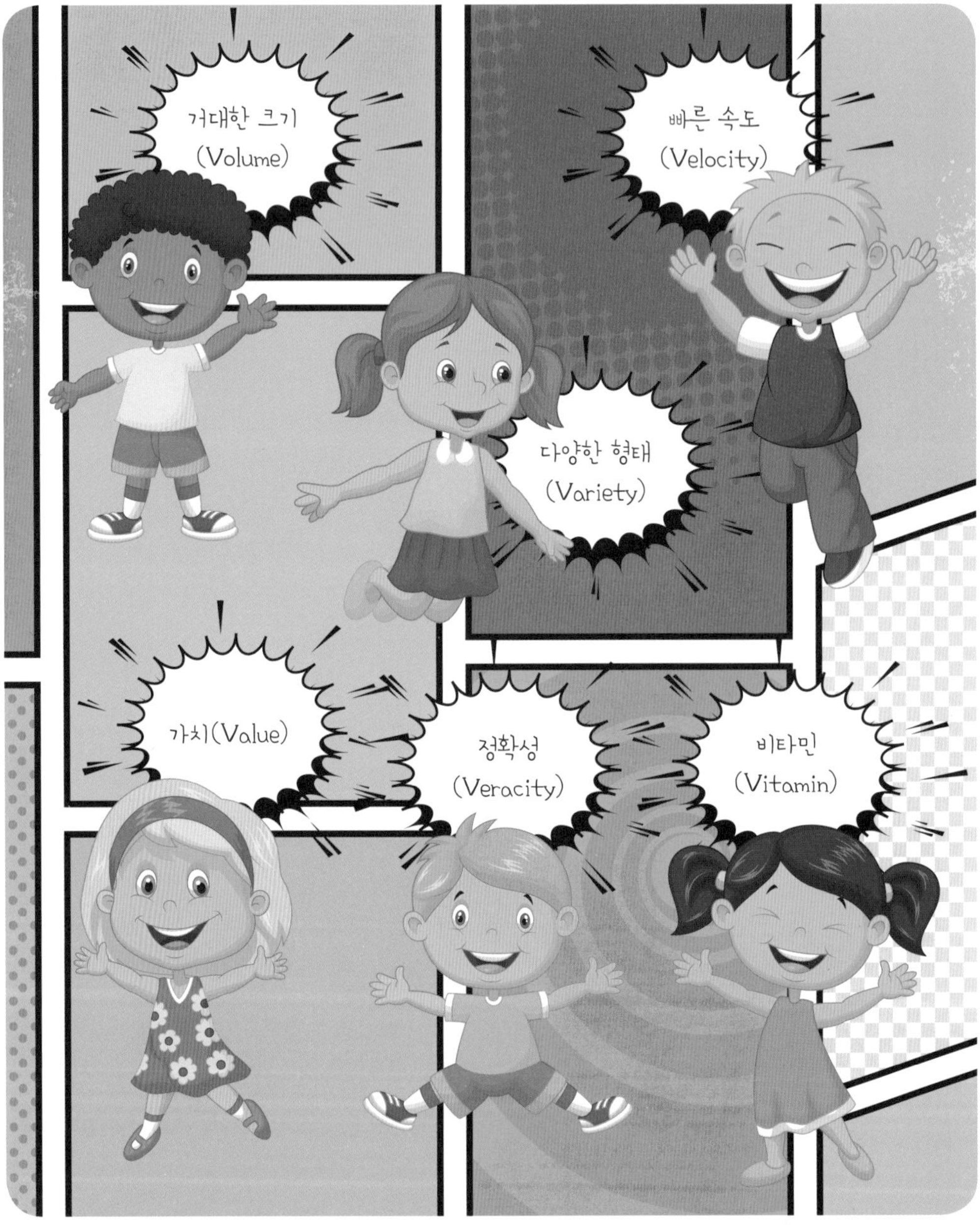
거대한 크기
(Volume)
빠른 속도
(Velocity)
다양한 형태
(Variety)
가치(Value)
정확성
(Veracity)
비타민
(Vitamin)

데이터 종류

다음은 데이터의 종류와 특징을 설명한 것이다. 서로 알맞은 것끼리 연결해 보자.

- 정형 데이터
- 비정형 데이터
- 반정형 데이터

- 통계 활용이 용이한 전통적인 데이터로 이름, 나이 등 단어와 숫자로 구성된 단순한 정보다. 쉽고 빠르게 분석할 수 있지만 정보의 양이 한정적이다.
- 정형 데이터와 비정형 데이터에 속하지 않은 모든 데이터를 말한다. 고정된 양식은 없지만 구조가 정해져 있다.
- 영상, 사진, 문서, SNS 대화, 음성 등 형태와 구조가 복잡한 데이터다. 방대한 정보를 담고 있고, 통제가 힘들다.

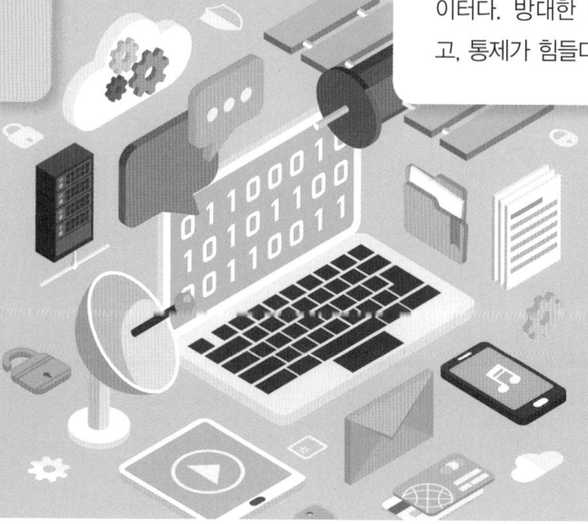

빅데이터 활용

빅데이터는 정치, 경제, 사회, 문화 등 전 영역에 걸쳐 그 활용 범위가 넓어지고 있다. 빅데이터가 어느 분야에서 어떻게 활용되고 있는지 알아보고 〈보기〉를 참고하여 빈칸에 알맞은 말을 넣어 보자.

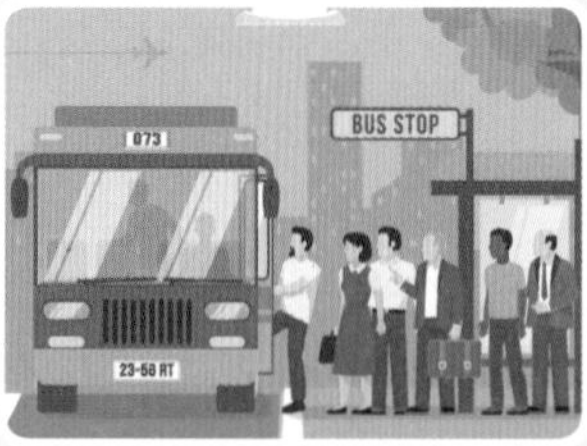
BUS STOP
873
23-50 RT

1

버스 도착 시간, 도로 교통 상황을 파악한다. 서울시는 자정 이후 가장 붐비는 택시 노선 데이터를 분석하여 올빼미 버스 노선과 배차 시간을 정하여 운영하고 있다.

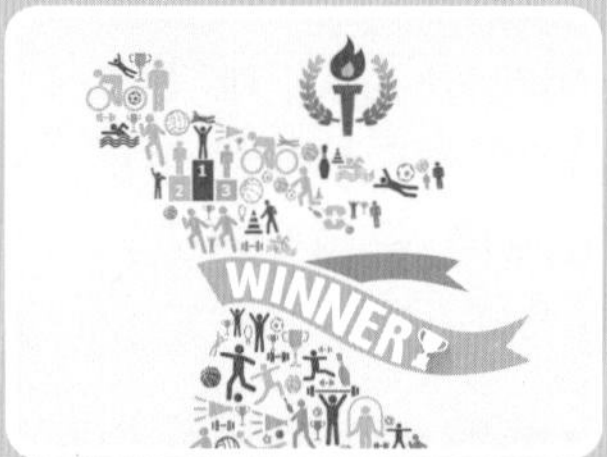
WINNER

2

선수의 성적, 강점과 약점을 파악하여 전략과 전술을 세운다. 부상 확률과 원인을 파악하여 위험 상황에 대비한다.

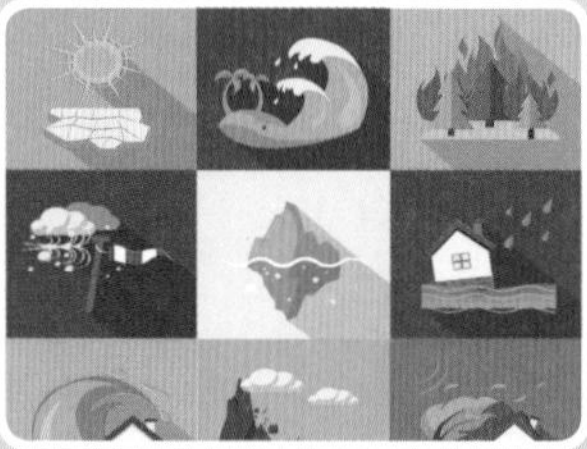

3

호우, 풍랑, 강풍, 한파 등 날씨를 예측한다. 지진, 태풍 등 자연재해에 대비하고, 기후 변화에 따른 질병을 예방한다.

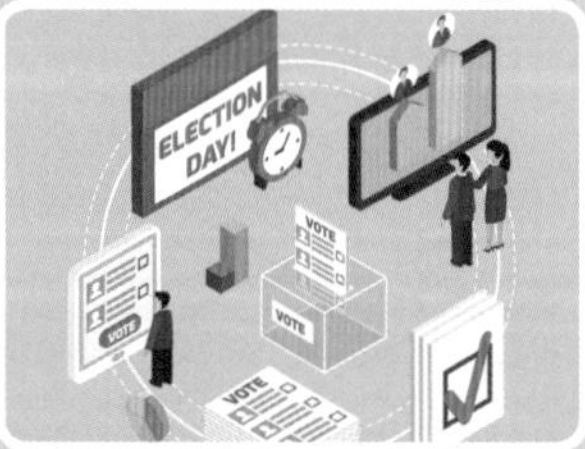
ELECTION DAY!
VOTE

4

유권자의 성향을 분석하고 원하는 것이 무엇인지를 파악한다. 이를 바탕으로 공약을 세우고 정책을 발표한다.

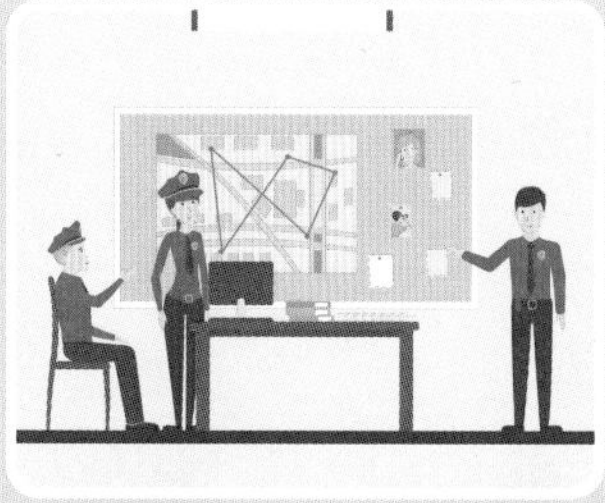

5

범죄 발생 장소와 행동 반경을 분석해 범인이 다음에 어디에서 범행할지 예측하고 수사에 참조한다. 시간대별 범죄 다발 지역 등을 분석해 순찰하고 범죄를 예방한다.

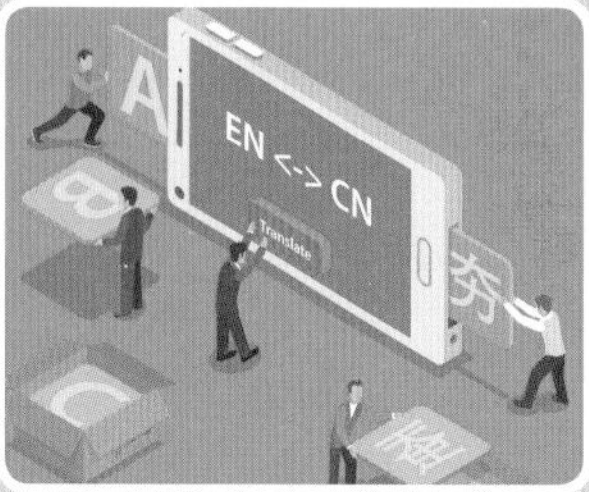
EN <-> CN
Translate

6

대화 패턴이 담긴 데이터를 분석하여 번역한다. 구글은 수백만 권의 책과 전 세계인의 검색어 데이터를 바탕으로 100여 개의 언어를 번역한다.

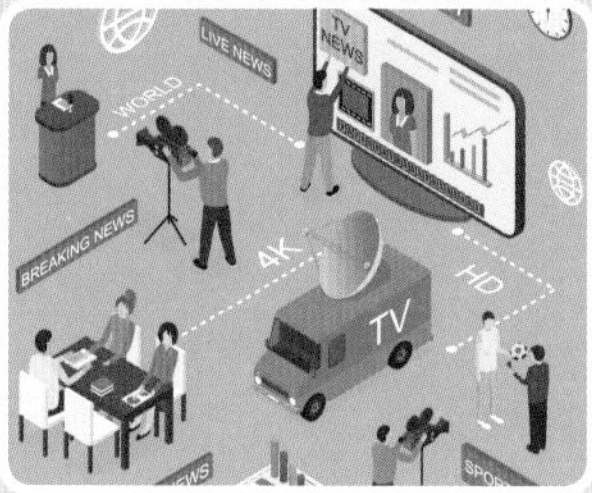
LIVE NEWS
TV NEWS
WORLD
BREAKING NEWS
4K
HD
TV

7

시청자가 원하는 것이 무엇인지 파악하고 의견을 반영하여 방송 작품을 만든다. 배우, 감독, 스토리까지 시청자가 원하는 대로 만든 드라마도 있다.

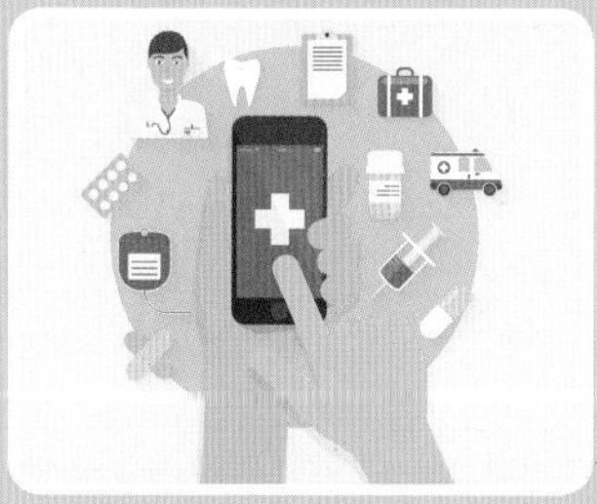

8

환자의 치료 기록을 분석하여 가장 효과적이고 부작용이 적은 치료법을 찾는다. 건강 상태를 파악하고 전염병을 예방하며 신약을 개발한다.

보기

교통, 방송, 의료, 정치·선거, 스포츠, 범죄 수사, 번역, 기상·기후

세계적인 빅데이터

다음은 선거, 마케팅, 스포츠, 의료 분야에서 빅데이터를 활용하여 큰 성공을 거둔 사례다. 어떻게 빅데이터를 사용하였는지 사다리를 타고 내려가 확인해 보자.

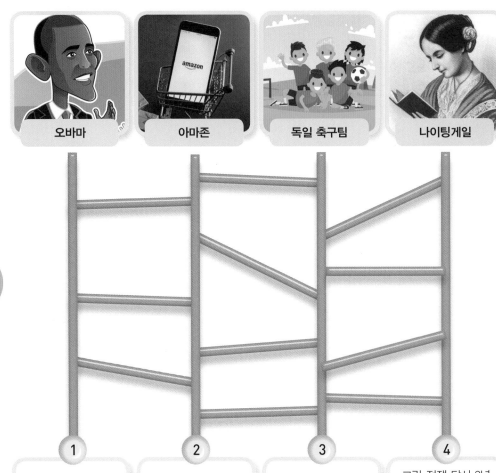

오바마　　　아마존　　　독일 축구팀　　　나이팅게일

1 유권자의 개별 정보를 분석하여 정치 성향을 파악하였다. 쟁점은 무엇이고 어떤 공약을 해야 할지 분석한 후 그에 맞춘 선거 전략을 세워 성공했다.

2 선수들의 몸에 센서를 부착해 데이터를 수집하고 파악하였다. 선수의 장단점에 맞는 전략과 전술로 훈련에 임하여 2014년 월드컵에서 우승하였다.

3 고객의 구매 이력을 분석하여 소비자 취향과 관심사를 파악하였다. 좋아할 만한 책과 음반을 추천하여 매출이 크게 올랐다.

4 크림 전쟁 당시 2년 동안 부상병의 정보를 상세히 기록하였다. 비위생적인 환경으로 감염 사망자가 발생했다는 것을 분석하고 위생을 개선하여 사망율을 낮췄다.

세종대왕의 빅데이터

조선 시대에도 빅데이터 전문가가 있었다. 바로 세종대왕이다. 세종대왕이 실시한 빅데이터에 관해 알아보고 〈보기〉를 참고하여 문서의 지워진 글자를 추리해 보자.

세종대왕은 과전법(토지 소유분에 따라 세금을 거두는 제도)을 공법(토지의 비옥도, 풍년과 흉년에 따라 세금을 책정하는 제도)으로 바꾸는 과정에서 1430년 3월부터 5개월간 전국에 걸쳐 ❶ 　　　　　　을 모았다.

70만 호에 이르는 가구 중 17만 호를 직접 찾아다니며 ❷ 　　　　　를 수집했다. 조선 역사상 최대 규모의 국민 투표라 할 수 있다. ❸ 　　　　　　을 토대로 공법을 보완했고 연분 9등법과 전분 6등법으로 최종 확정하였다.

19

보기

찬반 의견, 국민의 의견, 여론 데이터

나도 빅데이터 전문가가 될 수 있을까?

빅데이터 전문가가 나의 소질과 적성에 맞을까? 아래의 질문에 답하며 나의 소질과 적성을 확인한 후 빅데이터 전문가가 될 수 있을지 알아보자.

그렇다–5점, 보통이다–3점, 아니다–1점

1. 분석하고 통계 내는 것을 좋아한다.	(　　　)
2. 집중력이 뛰어나다.	(　　　)
3. 유행에 민감하고 관심이 많다.	(　　　)
4. 정확하게 파악하는 것을 좋아한다.	(　　　)
5. 동영상, 블로그, SNS 등을 많이 사용한다.	(　　　)
6. 창의력이 뛰어나다.	(　　　)
7. 무언가를 보면 누가 이런 것을 좋아하는지 궁금하다.	(　　　)
8. 통계학, 컴퓨터 공학, 기계 공학을 좋아한다.	(　　　)
9. 새로운 것을 기획하는 일은 언제나 흥미롭다.	(　　　)
10. 사람을 만나고 이야기하는 것을 좋아한다.	(　　　)

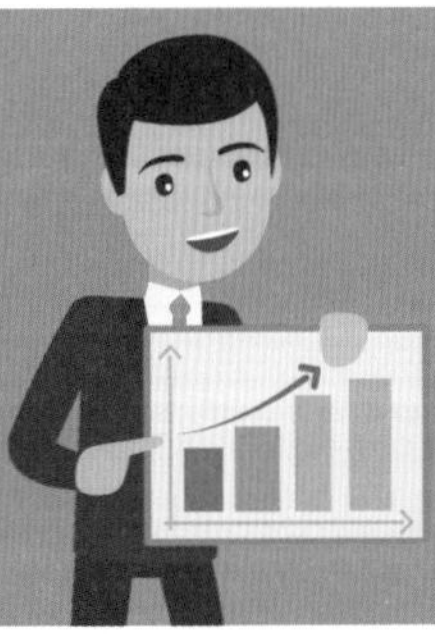

40점 이상	빅데이터 전문가가 적성에 딱 맞아!
30점 이상	빅데이터 전문가가 되기 위한 자질이 충분해!
20점 이상	빅데이터 전문가가 되고 싶다면 미래를 위해 조금 더 노력해 봐!
19점 이하	지금은 빅데이터 전문가로 일할 소질이나 적성이 부족해. 먼저 빅데이터에 관심을 가져 봐!

다른 그림 찾기

다음은 빅데이터를 추출하는 모습을 그림으로 표현한 것이다. 두 그림을 비교해 보고 서로 다른 곳을 찾아보자. (다른 곳은 다섯 군데)

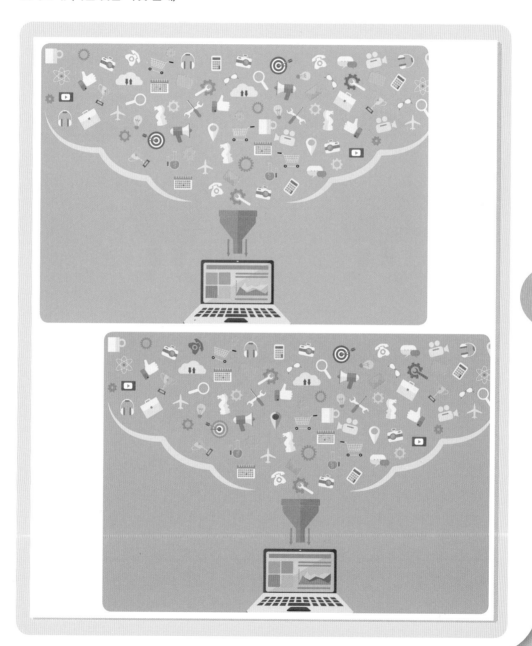

찬성 VS 반대

CCTV는 주차장, 건물, 도로 등 곳곳에 설치되어 개인의 일상을 들여다본다. 응급 사고나 여러 가지 문제에 빠르게 대처할 수 있는 장점이 있지만 사생활을 침해한다는 문제점도 있다. CCTV 빅데이터를 활용하는 것에 관해 생각해 보고 자신의 의견을 말해 보자.

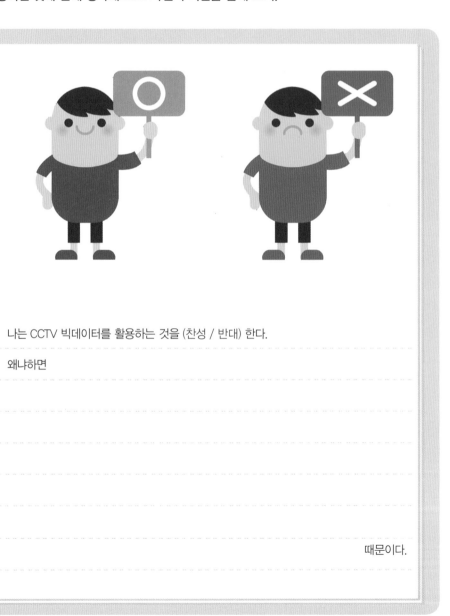

나는 CCTV 빅데이터를 활용하는 것을 (찬성 / 반대) 한다.

왜냐하면

때문이다.

내가 빅데이터 전문가라면?

내가 빅데이터 전문가라면 어떤 데이터를 이용하여 어떤 분야에 활용하고 싶은지 생각해 보자.

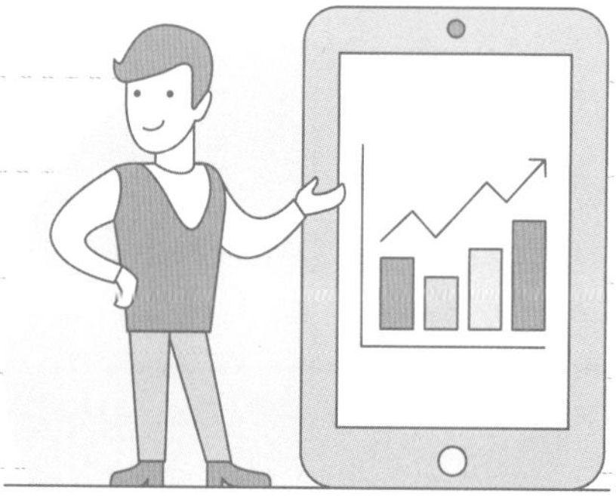

해답

4. 탐정, 빅데이터 전문가, 빅데이터
5. ①, ②, ③, ④
6. ①, ②, ③
7. ① 시장 동향 ② 기사와 논문 ③ 통계학 ④ 설계 기법
8. K / 열쇠
9. 빅데이터 마케팅 경영자
10. ①, ③
11. 정아, 찬호
12. **빅데이터 컨설턴트** – 사업 구상, 경영 전략 수립, **빅데이터 사이언티스트** – 구체적 요건을 통해 분석하고 시각화, **빅데이터 개발자** – 최적화된 시스템 구축, **빅데이터 운영자** – 시스템의 성능과 장애 처리
13. ○, ×, ○, ×, ○
14. 거대한 크기, 빠른 속도, 다양한 형태, 가치, 정확성
15.

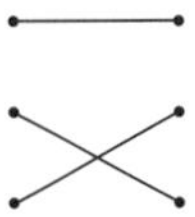

16–17. ① 교통 ② 스포츠 ③ 기상·기후 ④ 정치·선거
⑤ 범죄 수사 ⑥ 번역 ⑦ 방송 ⑧ 의료

18. 오바마 – ①, 아마존 – ③, 독일 축구팀 – ②, 나이팅게일 – ④
19. ① 찬반 의견 ② 여론 데이터 ③ 국민의 의견
21.

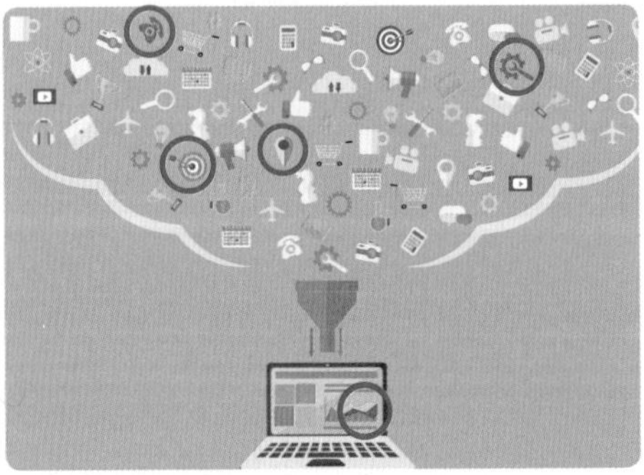